全国船舶工业职业教育教学指导委员会"十三五"重点规划教材

U0659283

游艇安全与管理

主　编　孙　霞　唐永刚
主　审　滕宪斌

哈尔滨工程大学出版社
Harbin Engineering University Press

内 容 简 介

本书内容主要包括游艇与游艇俱乐部、游艇安全操作与应急处理、游艇安全设备与急救措施、游艇维护与保养、游艇人员海上求生、游艇防污染管理、游艇与游艇码头管理七个部分。

本书在编写过程中对理论知识和专业技能进行了梳理、筛选和整合,并配备了大量的图片,图文并茂,使抽象的知识更加易懂、专业的技能更加形象。每章结尾均设置了习题,可以帮助学生巩固本章所学游艇知识,还可提高学生解决问题和知识迁移的能力。

本书可作为高职高专游艇相关专业学生的教材,也可作为游艇专业技术人员、游艇安全运营管理从业人员和游艇爱好者的参考书籍。

图书在版编目(CIP)数据

游艇安全与管理/孙霞,唐永刚主编. —哈尔滨 : 哈尔滨工程大学出版社,2023.5
ISBN 978-7-5661-3002-0

Ⅰ. ①游… Ⅱ. ①孙… ②唐… Ⅲ. ①游艇-安全管理-高等职业教育-教材 Ⅳ. ①U674.91

中国国家版本馆 CIP 数据核字(2023)第 077038 号

选题策划	雷 霞
责任编辑	刘海霞
封面设计	李海波

出版发行	哈尔滨工程大学出版社
社 址	哈尔滨市南岗区南通大街 145 号
邮政编码	150001
发行电话	0451-82519328
传 真	0451-82519699
经 销	新华书店
印 刷	黑龙江天宇印务有限公司
开 本	787 mm×1 092 mm 1/16
印 张	11.75
字 数	274 千字
版 次	2023 年 5 月第 1 版
印 次	2023 年 5 月第 1 次印刷
定 价	40.00 元

http://www.hrbeupress.com
E-mail:heupress@ hrbeu.edu.cn

船舶行指委"十三五"规划教材编委会

前　言

为贯彻落实《国务院关于加快发展现代职业教育的决定》《现代职业教育体系建设规划（2014—2020年）》《教育部关于深化职业教育教学改革全面提高人才培养质量的若干意见》等重要文件精神，依据《高等职业教育创新发展行动计划（2015—2018年）》《海洋工程装备制造业中长期发展规划》等关于高等职业教育改革发展的要求，全国船舶工业职业教育教学指导委员会（简称船舶行指委）经研究决定开展"十三五"规划教材编写工作。

游艇集航海运动、娱乐健身、休闲旅游、商务活动等功能于一体，随着经济社会的不断发展、人民生活水平的不断提高，水上旅游休闲正成为国民日益青睐的户外活动，游艇业也越来越受到社会各界的广泛关注。游艇的设计制造技术人员、运营管理从业人员和运动旅游休闲爱好者，对游艇的建造与质量、舒适与美观、安全与管理等均给予了高度重视。

本书编写坚持以习近平新时代中国特色社会主义思想为指导，全面贯彻党的二十大精神，坚持"立德树人"根本任务，有效融入思政元素，着力培养适应中国式现代化建设需要、满足游艇业高质量发展需求的高素质技术技能人才。内容选取以游艇专业岗位需求为出发点，结合高职高专学生的实际情况，对游艇相关专业应知应会的理论知识与核心技能进行筛选和整合，全面介绍了游艇与游艇俱乐部、游艇安全操作与应急处理、游艇安全设备与急救措施、游艇维护与保养、游艇人员海上求生、游艇防污染管理、游艇与游艇码头管理，以及相关的海事法规等内容（相关法律法规通过二维码形式呈现，读者可以扫码阅读）。教材具有较强的思想性、科学性、针对性和实用性，既可以作为高职高专学生专业教材使用，也可以作为游艇专业技术人员、游艇安全运营管理从业人员和游艇爱好者的参考书籍。

参加本书编写工作的有：江苏省无锡交通高等职业技术学校孙霞、唐永刚（联合编写第四章、第五章），珠海城市职业学院刘晓丽（编写第一章），益阳职业技术学院熊凯（编写第二章、第三章），天津海运职业学院李亮宽（编写第六章、第七章），全书由江苏省无锡交通高等职业技术学校孙霞、唐永刚统稿。本书在编写过程中参考了大量网站资料、图书、杂志（在书末以参考文献等形式列出），在此对书籍与资料的作者表示衷心的感谢。此外，本书在编写过程中还得到了海事部门和游艇主管部门的大力支持，尤其是相关游艇设计制造企业和游艇俱乐部的无私帮助，在此一并表示感谢。

由于编者经历和水平有限，书中内容难免有疏漏和不足，希望各相关单位在积极选用和推广本教材的同时，及时提出修改意见和建议，以便再版修订时改正。

编　者
2023年2月

相关海事法规

目　　录

第一章　游艇与游艇俱乐部

【知识目标】

1. 了解游艇的起源与发展；
2. 了解游艇俱乐部及其发展现状；
3. 了解游艇俱乐部的创办与运营管理模式。

【能力目标】

1. 了解游艇的发展趋势；
2. 熟悉游艇俱乐部的运营管理模式。

第一节　游艇的起源与发展

一、游艇的相关定义

游艇是一种水上娱乐专用高级消费品，它集航海、运动、娱乐、休闲等功能于一体。目前世界上关于游艇没有统一的定义，不同国家及一些游艇检验机构各有不同的界定。

国际上，欧洲在法律上对游艇的界定为：长度不小于2.5 m，不论属于何种性质的器具或设备，只要其作为或可作为水上移动装置的航水器具，且用于非营利性的海上活动、钓鱼或其他娱乐，都称之为游艇。而意大利法律中规定：小型游艇指10 m和10 m以下的动力艇或帆船，中型游艇指10~24 m的动力艇或帆船，大型游艇指24 m以上的动力艇或帆船。

《中华人民共和国游艇安全管理规定》中对游艇的表述：仅限于游艇所有人自身用于游览观光、休闲娱乐等活动的具备机械推进动力装置的船舶。中国船级社（CCS）颁布的《游艇入级与建造规范》（2020）中对游艇的定义为：从事非营业性游览观光、休闲娱乐等活动的船舶，包括以整船租赁形式从事前述活动的船舶。

综上所述，界定是否是游艇的关键在于其主要用途，就其本质而言，游艇是指拥有人自用于休闲娱乐、游览观光、航海运动或商务接待等水上活动的船舶。它包括各类旅游客船，不包括运输用船、军用船舶和渔业船舶。随着人民生活水平的逐步提升，游艇成为越来越多的人实现高档休闲娱乐生活方式的选择。

二、游艇的起源

游艇起源于300多年前的荷兰，开始作为皇家贵族巡航和休闲娱乐的工具，后被作为欧洲皇族间的互赠礼品。17世纪中叶，英王查尔斯二世继位时，荷兰送给英王一艘20 m长、

5.6 m 宽的做工精细、具游艇意义的皇家狩猎渔船,命名为"YACHT",这是现代游艇的雏形。"YACHT"成为今日游艇的语源。

18 世纪,游艇逐步发展并成为欧洲海洋国家的贵族、富豪夸耀自我、显示地位的一种象征。越来越多的欧洲贵族、富豪竞相通过改造帆船来炫耀身份和财富。19 世纪,英国制造商首次把螺旋桨和蒸汽机装备在游艇上。20 世纪中叶,第二次世界大战之后,西方发达国家在第三产业中逐渐衍生出了游艇俱乐部,游艇行业进而取得了更为蓬勃的发展。

三、游艇的发展历程

现代意义的游艇取得长足发展,始于第二次世界大战后。美国、英国和意大利均为游艇制造业的先驱国。20 世纪 50 年代至今,世界游艇业经历了 6 个重要的发展阶段。各阶段的主要特征如下:

(1)萌芽阶段:20 世纪 50 年代,世界游艇年销售量约 3 100 艘,销售金额约 5 270 万美元,其中 71% 为木质结构的小型机动艇和帆艇,少量为铝质结构的机动艇。

(2)发展阶段:20 世纪 60 年代,这个时期现代游艇的发展以美国和意大利厂商为代表。世界游艇年销售金额达到 16 亿美元,其中玻璃钢游艇占 60%。西方游艇工业已发展成为更加完善的集制造、销售、修理、服务、金融、保险等综合配套为一体的工业体系。

(3)四级格局阶段:20 世纪 70 年代,世界游艇业得以迅速发展,亚太地区以日本、中国台湾、新加坡、中国香港、韩国等国家或地区为首,国际上形成以美国、西欧、北欧、亚太地区为四级的游艇市场格局。

(4)空前旺盛阶段:20 世纪 80 年代,随着西方各国经济的恢复和发展,游艇购买力大幅度提高,游艇市场对各类游艇的需求量越来越大,世界主要游艇生产消费国都处于最繁荣的时期;20 世纪 80 年代末,受两次能源危机影响,世界游艇市场开始疲软,游艇和零配件厂商纷纷谋求转移生产基地。

(5)相对成熟阶段:当部分国家的游艇市场仍在低迷之际时,日本、英国、荷兰、德国、澳大利亚、瑞典等国家的市场仍显平稳。特别是日本,1990 年日本仅从美国进口的游艇总额就达 1.63 亿美元,比 1989 年提高了 84%。

(6)市场高度集中阶段:进入 21 世纪,世界游艇市场高度集中,形成北美洲和欧洲两大市场,亚太地区国家游艇市场份额不断减少,美国仍然是世界上最大的游艇消费国和游艇市场,现在西方国家几乎把所有的最先进的科技产品装备到游艇上。游艇装备甚至超过了汽车,成为当今世界仅次于私人飞机的奢侈游乐场所。

第二节　游艇俱乐部

一、俱乐部的由来

"俱乐部"一词是日本人对英文"club"的音译,一般是指由企业经营者出面组织,会员在自愿、互助、互惠的基础上自主参加,并有相应的权利和义务的协会或团体。

俱乐部文化起源于英国。在 17 世纪的欧洲大陆,绅士俱乐部是上层社会的民间社交场所。这种俱乐部的内部陈设十分考究,除古香古色的房间和美轮美奂的装饰,还设有书房、图书馆、茶室、餐厅和娱乐室。俱乐部除定期组织社交活动外,还向会员提供餐饮、银行保险、联系和接洽等各项服务。随着英国的殖民扩张和商业活动,俱乐部文化逐渐传播到美洲、澳洲等地。

二、游艇俱乐部的产生与发展

游艇俱乐部兴起于 18 世纪的英国,早期游艇俱乐部是为达官显贵中船舶爱好者提供的一个船只停泊、修缮、补给的小船坞。随着英国工业经济的发展,小船坞的规模不断扩大,逐渐演变成社会上流人物的聚集地。

20 世纪 50 年代开始,游艇俱乐部在英国成为一种时尚,这一时期游艇展览会成交活跃,游艇俱乐部、游艇码头应运而生,西方国家的游艇业已发展成为更加完善的制造、销售、修理、服务、金融、保险等综合配套的工业体系。20 世纪 80 年代开始,世界游艇拥有者日渐增多,游艇活动得以广泛开展,游艇俱乐部在世界发达国家和地区蓬勃发展起来。21 世纪以来,随着更多的投资商介入游艇消费领域,我国游艇俱乐部迅速发展。从南方的深圳、珠海,到东部的上海、江苏,乃至北方的天津、大连,甚至还"涉足"到了西部成都、重庆、青海等地的海滨或湖泊区域,陆续冒出了大大小小数十家游艇俱乐部。其中香港特别行政区依赖其发达的经济实力,其游艇俱乐部发展比较完善,并拥有不少条件十分优越的游艇码头。

现代社会的游艇俱乐部,已经从原有的简单功能发展到集餐饮、娱乐、住宿、商务、船只停泊、维修、保养、补给、驾驶训练等多功能于一体的场所。由于它独特的休闲感觉与体验,也受到广大旅游休闲者的喜爱。典型的游艇俱乐部,主要包括游艇、码头、会所、导航、基础设施(防波堤、护岸建筑物)以及活动项目设施等。

码头——游艇俱乐部的核心,其形式有外突式、半凹入式、嵌入式、内陆式等几种,具体采用哪种形式应因地制宜,总的要求是避风避浪,有利于船只进出航行,有利于减少工程土方量和方便水上、陆上活动区域的衔接。

会所——会员制俱乐部必不可少的一部分,是陆上活动区的主体建筑。它具有会员交流、餐饮休息、驾船训练、服务管理等多种功能,实质上是一个综合性的餐饮娱乐与管理建筑。

三、游艇俱乐部的分类

按不同的划分标准,目前游艇俱乐部可划分为多种不同类型。

1. 按管理方式划分

(1)会员制型游艇俱乐部:属于私人开发、管理,一般仅对会员提供服务,同时收取会员的入会费、管理费(年费)等固定费用,会员在会所内消费需要额外支付费用。

(2)公共配套型游艇俱乐部:这类俱乐部属于城市的公共配套设施,一般只有简单的码头设施,类似于"公共停车场",按时(次)收取费用。

2. 按地理位置划分

(1)远郊型游艇俱乐部:一种典型的高端游艇俱乐部,一般位于较为偏远但风景优美的地点,有自成一体的各类休闲、住宿、娱乐设施。

(2)城市中心型游艇俱乐部:这类俱乐部多位于城市的滨水区(带),并作为城市公共景观、公共设施的一部分,这种游艇俱乐部除必要的码头设施之外,各类休闲、娱乐、住宿等设施主要依靠周边城市配套满足。

(3)船坞:一种码头与滨水别墅建筑相结合的家庭型游艇俱乐部,它不设公共游艇码头,而是通过规划设计使每户别墅直接临水,每户有单独的游艇系停码头。这种形式在欧美国家的高档滨水住宅区中大量普及。

3. 按客户群体划分

(1)运动娱乐型游艇俱乐部:这类游艇俱乐部主要满足喜欢水上运动的客户需求,多为中小型游艇,以速度作为卖点,价格相对低,主要面向年轻人。

(2)家庭休闲型游艇俱乐部:这类游艇俱乐部主要面向家庭市场,为家庭度假、休闲聚会等提供服务。在海域、海岸线条件优越的欧美国家,这类俱乐部较为普遍。此类俱乐部的游艇长度一般以 9~14 m 为主,以烘托家庭氛围为卖点。

(3)商务型游艇俱乐部:这类游艇俱乐部主要面向公司高管、社会富裕人士,一般提供较为综合性的娱乐休闲配套设施,包括酒店、会议室、高端餐饮和运动健身场所等。此类俱乐部的游艇多为大尺寸的豪华游艇,因此会费比较高。

四、游艇俱乐部的功能

概括来说,游艇俱乐部的功能可分为基本功能、核心功能、衍生功能、其他功能,具体如下。

(1)基本功能:游艇停泊、维修保养、补给、租赁等。

(2)核心功能:水上休闲度假、商务洽谈、运动娱乐、运动培训等。

(3)衍生功能:餐饮、住宿、会议、娱乐等。

(4)其他功能:其他综合性功能,团队活动策划,如生日联谊、结婚周年、公司年会、商务联谊、商品特卖会、时装展等;口岸联检功能等。

第三节　国外游艇俱乐部发展概况

游艇俱乐部作为游艇产业链的下游环节,受制于产业链上游、中游的游艇设计与制造环节,存在于整个游艇产业的发展脉络之中。据调查数据显示,成熟游艇产业链的收入主要由上游的设备和发动机设计、中游的游艇制造和销售及下游的游艇消费服务构成。游艇消费服务中的核心就是由游艇俱乐部提供的。因此,世界游艇产业的发展直接影响游艇俱乐部的发展。

当今,美国主导着全球的游艇市场。20 世纪 90 年代至今,在经历了 2008 年金融危机的低迷之后,游艇产业逐渐得到恢复。目前美国游艇数量基本维持在 1 700 万艘的水平,参与人数占其人口总数的 1/3 左右;游艇销售额保持在 300 亿美元左右,约占世界游艇总份额的 55%,除欧洲分去 30% 左右的市场份额,美国保持着世界游艇市场的霸主地位。全球游艇厂商共有 3 000 余家,美国虽只有 1 000 多家,但仍是世界上第一游艇消费大国,同时也是游艇制造大国。在产业支持与技术支持方面,欧美等发达国家的游艇产业政策相对比较完善。美国早在 20 世纪 70 年代初就制定了《联邦游艇安全法》,美国船舶和游艇委员会在此基础上制定了行业标准,包括艇体设计、艇用设备、电气和技术咨询等,并出版了《游艇法规和规范》。2007 年开始,美国开始对所有的游艇厂商实施统一管理。另外,美国在游艇买卖登记、航道管理和驾照考核等方面都形成了自己独有的管理体系和规范标准。

表 1-1 为中国船舶工业行业协会船艇分会统计的世界主要发达国家游艇数量及人均拥有比例。

表 1-1　世界主要发达国家游艇数量及人均拥有比例(2014)

国家	游艇数量/万艘	人均拥有比例
美国	1 738	1/14
加拿大	550	1/5.5
法国	400	1/11
瑞典	120	1/7.5
荷兰	69	1/10
挪威	62	1/7
丹麦	37	1/14
新西兰	30	1/8

20 世纪 70 年代以后,亚太地区游艇制造业迅速发展,日本、新加坡、韩国的游艇进入国际市场,日本成为第二大游艇产品出口国。目前世界游艇市场主要集中在美国、西欧、加拿大、澳大利亚和日本等发达国家和地区,以及中东石油输出国等经济富有国家。

世界主要游艇俱乐部见表 1-2。

表 1-2　世界主要游艇俱乐部一览表

国家(地区)	俱乐部名称	创立时间	简介	图片
中国香港	香港(皇家)游艇俱乐部	1849 年	该俱乐部又名香港游艇会,是历史悠久的游艇俱乐部。该俱乐部有一个主会所和两个分会所。2004 年统计,该俱乐部大约拥有 10 200 名会员。通过近些年的发展,该俱乐部现在已和 128 家海外友好游艇俱乐部签订了互惠协议。成立至今已组织过无数次航行竞赛	

表 1-2(续)

国家(地区)	俱乐部名称	创立时间	简介	图片
美国纽约	纽约游艇俱乐部	1844 年	该俱乐部是在一艘游艇上成立的,成立后 4 年间,获得了显著成绩,使得美国政府为它设计了一个旗帜,至今还保留着。目前,该俱乐部有 3 个永久性会所,共有 3 500 余名会员,其中 54%的会员拥有自己的游艇	
美国旧金山	圣·弗朗西斯游艇俱乐部	1927 年	该俱乐部是世界著名游艇俱乐部之一,由 21 个旧金山的游艇爱好者组成,以创新著称。目前,该俱乐部也是世界著名的城市俱乐部,每年在旧金山港举办 40 多次赛舟会,包括每年 9 月举行的大型游艇系列赛。现有 2 300 名会员,他们中间有赛艇运动员、帆船运动员、滑水运动员、滑雪运动员等	
法国戛纳	戛纳游艇俱乐部	1860 年	该俱乐部是法国最古老的航海俱乐部之一,俱乐部会所建立在戛纳滨海大道的尽头。如今,这个最初由法国贵族建立的俱乐部已发展到面向全社会开放的俱乐部。俱乐部举办的法国皇家舟会是法国传统的游艇赛事,从 1929 年举办至今已有 80 多年历史。每年 9 月,在戛纳近海都要举办龙级帆船赛和古典帆船赛	
意大利撒丁岛	歌诗达-斯梅拉尔达游艇俱乐部	1967 年	该俱乐部是一家非营利性体育组织,目的是为海洋运动爱好者和热爱海洋的人提供活动场所。该俱乐部建筑物于 2003 年翻新,不仅拥有漂亮的建筑外观,还有一片迷人的海滩,是一座"活的"帆船博物馆	

第四节　国内游艇俱乐部发展现状

一、国内游艇俱乐部的发展概况

国内的游艇俱乐部最早出现在20世纪90年代初,以苏州太湖水星俱乐部和深圳浪骑游艇会为代表的首批游艇俱乐部开始投入运营,截至2013年,我国已建成的游艇俱乐部有46家,在建的游艇俱乐部有17家,全国已建成游艇泊位6 404个(以上俱乐部不包含港澳台地区,仅指在大陆拥有或经营10个及以上游艇泊位的机构)。此外,还有54家以游艇俱乐部名义注册而实际为游艇服务公司的休闲服务机构(不包含港澳台地区),该类公司将游艇停泊在租借来的码头上,以在游艇上组织活动为主要经营项目,提供游艇租赁、水上运动、会议、商务宴请等服务。国内游艇俱乐部的主要服务对象是在中国就业的外方人员和我国大量的中产阶级及游艇玩水爱好者,同时也服务于当地的旅游活动。游艇俱乐部已成为旅游经济、旅游消费的一个组成部分。

目前,中国正式注册营业的游艇俱乐部主要分布在我国的东部、南部等沿海城市(上海、深圳、广州、珠海、青岛、秦皇岛、天津、大连、三亚)(表1-3),近年来还"蔓延"到了中西部的成都、重庆、青海等地。其中经济发达的长三角是中国游艇俱乐部数量最多的地区,约占总数的42%;高档豪华的游艇俱乐部主要集中在广东和海南岛地区。

表1-3　中国主要游艇俱乐部概况

省份	代表性俱乐部	创立时间	简介	图片
江苏	苏州太湖水星游艇俱乐部	1996年	该俱乐部由世界最大的娱乐设备制造公司美国宾士城集团和我国太湖国家旅游度假区公司合资建立,主要经营游艇、帆船、房艇、摩托艇等各类船艇销售、租赁、停泊及维修保养、餐馆客房、宴会派对等业务,目前有近200个游艇停泊位,是中国第一家以游艇为主题,以东、西山太湖为背景的含精品度假功能型酒店的会员制私人游艇俱乐部	

表 1-3(续)

省份	代表性俱乐部	创立时间	简介	图片
广东	深圳浪骑游艇会	1998 年	浪奇游艇会是一家为会员提供游艇休闲、游艇驾驶培训、游艇停靠与维护以及娱乐、餐饮等服务,以开展海上游艇休闲、旅游、度假、运动、商务活动为宗旨的私人游艇会。会所占地、占海面积 34 万 m²,主要建筑物及设施包括会所大楼、全封闭的会员公寓、800 m 长的防波堤、275 个泊位、400 个干船舱、游艇维护车间等	
辽宁	大连星海湾国际游艇俱乐部	2002 年	该俱乐部地处环境优美的大连星海湾金融商务区西部,交通便利,地理位置优越,不仅是大连市南部海域海上观光游览、休闲旅游、垂钓运动的游艇基地,也是我国北方规模最大、设施最全的俱乐部,现建有 396 m 长的 3 个重力式码头,79 个国际标准浮动游艇泊位	
山东	青岛银海国际游艇俱乐部	2003 年	该俱乐部集专业码头、游艇泊位、帆船训练基地、运动员公寓、健康休闲娱乐、中西餐厅、标准客房等配套设施于一体;是游艇驾驶培训、帆船训练基地及各国运动员专业训练的服务场所。码头按照国际标准建设,设有 366 个专业泊位	
海南	三亚鸿洲国际游艇会	2005 年	三亚鸿洲国际游艇会由鸿洲集团打造,经过多年的发展,现已建成包括游艇租赁、游艇销售服务、游艇泊位、游艇会所、航海文化赛事运营、游艇售后服务基地、游艇商业街及保税仓在内的游艇产业项目,并已铸造成国内综合功能较齐备的游艇港及较为完整的游艇产业链	

二、国内游艇俱乐部的创建条件

游艇俱乐部如何成立及如何经营管理属于鲜为人知的领域,因此作为一名游艇从业人员,必须对这些知识加以掌握,以弥补社会上在该领域的空白。

1. 经济条件

游艇是一种高档消费品,游艇俱乐部作为游艇消费的载体,需要有强大的经济实力作为后盾,这是游艇俱乐部得以发展的最根本动力。根据欧美国家的发展模式,当地区人均国内生产总值(GDP)达到 3 000 美元时,"游艇经济"开始萌芽;当地区人均 GDP 达到 5 000 美元时,"游艇经济"开始发展。据国家统计局发布的数据,2012 年我国人均 GDP 达到 6 100 美元,上海、北京、深圳等地已超过 10 000 美元,这说明中国已进入了可以消费游艇的时期。

2. 区位条件

一个国家或地区拥有的水域(包括海岸线、岛屿、河流、湖泊等)情况将直接影响游艇的需求,这也是游艇俱乐部发展的基础条件。游艇俱乐部选址要求具有便利的交通条件。一般来说,距离城市中心的车程最好在 1~2 h。其坐落地点多在海滨、港湾、湖滨,拥有国际航线和进出口岸通道的港口,更方便周围城市的游艇爱好者进出,并吸引他们云集。

3. 环境条件

游艇俱乐部周围的环境要十分优美,气候要适宜,既要求俱乐部内部有优美的环境,也要求周围的建筑景观配置、休闲氛围达到极佳水准。因此,海湾屏蔽、海面平静度、海潮区域、风力等条件是建立游艇俱乐部的重要因素。

4. 水体条件

水缓浪低,水质清澈,上佳的水位条件,在风浪、海浪较大的地方要求筑有防波堤。防波堤内要求港池平静,水域宽阔,以确保停泊游艇的安全。

5. 设施条件

基本设施:海上设施包括码头泊位、防波堤(也包含邮轮和客班轮停靠码头)、各式游艇、帆船和娱乐船等。游艇泊位基地要求能为出入基地的游艇提供加油、海面救援、办理船舶证照等多方位的服务。陆上设施多为配套服务所用。

配套设施:陆上配套设施包括会所大楼、酒店大楼、酒店别墅、口岸联检楼、干船舱、游艇维修舱、露天游泳池、壁球、室内高尔夫球馆和网球运动场所、船舶驾驶操作培训基地及停车场等。

因此,游艇俱乐部提供的功能多种多样,大致包括:会所功能,餐饮、会议、健身功能,娱乐功能,水上运动培训功能,游艇停泊维护保养功能,休闲度假功能,商务功能,星级酒店功能,甚至团体(或个体)旅游活动策划功能,水上生活功能,口岸联检功能等,具体的配套项目及其提供的服务功能,往往要根据俱乐部本身的市场定位(会员对象、种类、经营特色等)进行确定。

6. 法律法规

建设一家游艇俱乐部要涉及很多方面,包括游艇的设计、购买、驾驶、维修、保养,游艇码头的设计、建造规模等,这些方面都有相关的标准和要求,因此完善的法律法规是发展游艇俱乐部的保障。近年来我国在游艇俱乐部相关的法律法规方面做出了不少努力,出台了一些有利于规范游艇俱乐部创办与管理的规定。如 2009 年 1 月实施的《游艇安全管理规定》中就游艇登记、驾驶、航行等做出了具体规定。2010 年 3 月,我国首个游艇俱乐部协作联盟在海口正式成立,这能更有效地聚集各地的游艇俱乐部,规范游艇航行、建造、驾驶培训等方面的管理,从而更好地推动我国游艇俱乐部的发展。

三、国内游艇俱乐部的发展现状及对策

1. 国内游艇俱乐部发展存在的问题

尽管我国的游艇俱乐部得到了一定的发展,但仍存在一些问题,主要表现在以下几个方面。

很多游艇俱乐部的维护队伍、展示厅和销售厅、游艇码头、游艇港等相关配套设施的建设跟不上形势发展,还需要进一步完善。

从产业发展来看,国内游艇业的管理同其他先进国家相比还存在较大的差距:一是缺乏专门的高水准的公司进行产业链的开发和营运,不能为消费者提供一站式的服务,削弱了消费者购买游艇的欲望;二是经营模式较单一,后续产业链尚未形成,没有达到效益的最大化,影响了投资者的信心。这些都严重影响了游艇业的发展,进而影响到游艇俱乐部的发展。

从政府政策方面来说,目前我国对于游艇俱乐部的管理,除了《游艇安全管理规定》中在安全义务方面有涉及外,尚无全国统一性的管理条例。并且针对游艇专用码头、游艇航道和活动水域、游艇的维修和驾驶保障等配套政策法规目前还比较欠缺,不同行政管辖范围之间游艇的互认机制亦存在法规方面的空白。虽然目前有很多人负担得起游艇的消费,但由于对游艇牌照的发放缺乏统一管理,致使游艇驾照只限本地使用,国内不同地区的游艇不能跨区航行,货运航道和游艇航道没有截然分开,游艇的驰骋空间比较小等。另外,我国游艇的购买、审批等相关手续较为烦琐,政府在游艇业投入不足,主要表现在交通、码头等建设上。

从文化差异方面来说,中国文明属于大陆农耕文化,而游艇文化来源于西方的海洋文化,一种是厚实的黄土地,一种是自由的蓝色梦想,两者之间存在根本的差异。西方人购买游艇大多出于兴趣爱好,而中国人购买游艇多作为商务用途或用来彰显身份地位。因此,要进一步推进我国游艇俱乐部的建设和发展,以"资本、文化创意、商业创新"进行三轮驱动,市场引导和培育必不可少。

从技术和管理上来说,目前我国游艇业刚起步,无论在游艇设计制造、维修、保养等方面,还是游艇俱乐部经营管理方面,相关的技术人才和管理人才都相对缺乏,这也是阻碍游艇俱乐部发展的重要因素。

2. 推进我国游艇俱乐部发展的对策

第一,要不断完善游艇产业发展的法规及管理环境。2009 年 1 月 1 日,中华人民共和国海事局制定的《游艇安全管理条例》和《游艇法定检验暂行规定》正式实施,这是我国第一部关于游艇的法规。《游艇法定检验暂行规定》出台的最主要目的是建立一个宽松的、有利于游艇健康发展的法律环境,以促进游艇行业健康发展。这意味着游艇跨海区巡游成为可

能。除此之外,我国还应借鉴国际规范标准,结合游艇俱乐部发展相对成熟的地区情况,出台一些更加完善的游艇相关法律法规以及游艇俱乐部管理的相关法规,例如审批、航道管理、规范检验、游艇登记、运输吊驳、进出口通关、驾照培训考核、银行信贷等,以促进我国游艇产业及游艇俱乐部的发展。

第二,加快提升配套设施的品质建设。游艇俱乐部配套设施的建设可从两方面入手:一是需要政府的大力支持,由于游艇俱乐部码头及配套项目投资金额大、回收周期长,政府应给予一定时期内减免税收等优惠政策,来扶持游艇俱乐部运营管理;二是挖掘自主品牌的潜力。从长远发展来看,游艇俱乐部的品质提升、功能完善离不开航道水域、港口码头、景观水系等基础设施的配套建设,因此,游艇俱乐部的主管部门需要有计划、有步骤地建设或完善一批拥有国际水平配套设施的游艇俱乐部,以满足游艇消费的需求,同时要注重资源的可持续利用。

第三,要宣扬游艇文化,培育消费市场。宣扬游艇文化,可依托游艇俱乐部这一平台广泛开展游艇文化活动,让智者乐水的概念深入民心。俱乐部应采取一定的策略来提高社会对游艇的认知程度,营造游艇消费的氛围。例如可利用媒体、广告、展览会等形式培养人们的海洋文化意识,加强人们对于游艇以及游艇俱乐部的认识;通过开展一些水上休闲活动,来促进人们对海洋文化的了解;通过社会各种舆论环境、各种大众传媒、各种社会活动,引导潜在的客户群转变观念,使客户群认识到游艇文化的魅力,把潜在的市场转化为现实的市场。同时,游艇俱乐部也应适当调整经营策略,尝试开展新鲜的游艇水上项目,满足不同消费层面的消费者的需求。

第四,需要统筹规划各类优势资源,建立产业联盟。2010 年 3 月 18 日在海口成立的全国游艇俱乐部协作联盟为我国游艇俱乐部的发展提供了有利的发展平台。全国游艇俱乐部协作联盟的成立有利于协调政府关系,为游艇俱乐部争取更大的发展空间,可以通过建立互惠互利的机制使游艇俱乐部的资源得以有效利用,也可以调动同一地区或各个区域的游艇俱乐部强强联手,战略合作,从而建立一个真正联盟的公共平台,共享各地俱乐部资源,互换会员权利,尝试通过协作实现一定程度的规模经济与范围经济。此外,还可以尝试制定全国游艇俱乐部的服务标准和价格结算体系等。各城市游艇俱乐部以及游艇产业中的其他环节都应该加强联合建立战略联盟,并不断完善游艇产业链,从而促进游艇产业及游艇俱乐部的共同繁荣与发展。

第五,注重优秀的专业人才培养。目前已有一些教育机构开设了游艇专业,开始注重对专业人才的培养。为解决游艇专业还不太成熟的问题,政府应整合高等院校丰富的教学科研力量,鼓励教育机构建立集游艇设计、制造技艺和游艇旅游管理等方向为一体的游艇专业,逐步建立以市场需求为导向的人才教育体系,从根本上解决游艇业发展面临的人才匮乏问题。

第五节　游艇俱乐部的创办与运营管理

一、游艇俱乐部的创办流程

根据国外的行业经验,结合国内的行业实际情况,游艇俱乐部创办涉及三大阶段:前期准备阶段——游艇俱乐部可行性分析、初步设计、政府审批、开工准备;工程建设阶段——施工图设计、工程投资预算、资金运作、建设工程安排、施工监控;开业经营阶段——试运营、正式运营。按一般顺序主要包括以下 5 步。

1. 基地选择与开发可行性研究

首先根据所在地的水域、陆域等条件确定游艇俱乐部的基地;然后调查当地社会高档消费群体的经济收入、休闲娱乐需求状况,进行项目开发的可行性研究,形成可行性研究报告。可行性研究报告的具体内容必须就游艇俱乐部的规模、市场定位、营运模式等做出详细、综合、全面的论证分析。

2. 游艇码头规划与设计

咨询码头规划设计专家,就可行性报告的内容着手游艇码头的规划设计,确定码头的结构样式、泊位数量、各类设施的功能布局,以及投入资金的数量、来源等。

3. 政府相关手续办理

游艇俱乐部的创办需要通过公安部、交通运输部、海关等政府部门的批准,因为国际游艇俱乐部要求会所内设公安、海关、边检等窗口,直接为游艇会员办理通关手续。

4. 工程施工的核算与计量

待码头规划设计完毕并通过政府批准审定,即进入工程施工与建造阶段。通过工程与施工的具体核算,确保码头按照预期投资和规划所要求达到的功能、质量以及效果进行建造。

5. 游艇码头的营运与管理

码头工程施工完成并交付验收后,方可进入营运阶段。

二、游艇俱乐部的运营模式

不同类型的游艇俱乐部,往往有其特定的市场运作规律。根据产业链定位和运营手段的差异,本书将国内的游艇俱乐部归纳为以下几种主要运营模式。

1. 会所型模式

这是国内游艇俱乐部的主流模式。这类游艇俱乐部需要一个区域城市群的辐射影响,规模大、投资多,对环境与配套服务要求较高,主要通过会员制来发展相对固定的消费群体,服务不对外开放,会籍价格较高,会员形成了特定的圈层,享受俱乐部高规格的个性化服务。这种模式抓住了国内主流游艇客户的需求,除了游艇活动相关的服务以外,更重要的是借由游艇俱乐部,形成了一个特定的交际平台,满足了会员们运动、交际、商务、休闲等多种复合功能需求。

2. 水上娱乐型模式

这类俱乐部主要依托旅游城市或大型景区的辐射作用,以游艇商务、游览活动包租为中心,以实现旅游休闲市场需求为目标,开展不同档次的经营活动。这种运营模式是推动游艇活动向平民化发展的重要推手,是专业航运部门向行业纵深发展的可选之路。这类俱乐部的泊位规模相对比较大,会采用联营合作的方式,主要为客户提供短期的游艇租赁服务,为没有购买游艇的客户提供游艇生活服务。

3. 综合兼顾型模式

这类游艇俱乐部的主要特点是依托体育部门的水上专业训练基地,利用专用船艇器材开发兼容型旅游项目和教练培训项目,如滑水、帆船、龙舟等学习训练活动,此种类型俱乐部充分利用现有器材和技术教练条件,结合专业训练开设游艇驾驶、海钓教习、游艇展示试用等经营项目,是专业体育部门寻求横向发展、提升社会经济效益的有益探索。

4. 运动型模式

这类俱乐部主要是为运动赛事的组织开展服务,其中为赛事投资兴建的游艇会所、泊位资源一般由企业经营,经营上一般也是覆盖游艇停泊维护、租赁服务、支持服务、配套消费等中后端游艇产业链,经营的核心并不在于满足会员多种需求,而是更强调游艇赛事举办,发挥泊位等自然资源,故吸引了不少白领和有能力的游艇爱好者参与。

5. 房地产配套型模式

随着国内旅游地产开发的热潮,在房地产楼盘开发中加入"游艇会"这浓墨重彩的一笔,不失为一个高性价比的房地产综合开发策略。所以市场上为了配合楼盘开发而兴建的游艇俱乐部如雨后春笋般产生。这类俱乐部的主要特点是依托楼盘项目的辐射作用,倡导现代生活新概念。通过对游艇的展示、活动、建设带动高档居住社区开发,形成所在城市的理想栖居地、社会名流的聚集地。将游艇俱乐部与房地产开发捆绑,两者的经营会产生品牌、功能和客户群的协同。游艇俱乐部有助于房地产项目品牌的提升、功能的完善和客户群的聚合。

三、游艇俱乐部的管理

游艇俱乐部的管理一般实行会员制。俱乐部创办起来后,根据自身品牌定位和战略定位,制定科学的会员体系。从制定本俱乐部会员章程,明确申请入会条件、会员福利、会员类型等,到确定收费标准、可以享受的服务内容,设立管理部门的运行架构等,都是游艇俱乐部会员管理的主要内容。如何做好会员增值服务的连续性,让会员活动参与性更强,更好地完善客户管理体系,加强会员资源共享一直是游艇俱乐部会员管理方式上要优化的问题。

在游艇管理方面,游艇俱乐部会使用专门的游艇登记监管系统,通过实时系统跟踪,实现对游艇的实时监控,有些游艇俱乐部也设置了专门的部门,对港池内游艇的情况进行实时管理。

【本章习题】

1. 什么是游艇？
2. 世界游艇业发展经历了哪几个重要的发展阶段？
3. 什么是游艇俱乐部？
4. 游艇俱乐部有哪些种类？
5. 游艇俱乐部有哪些功能？
6. 创办国内游艇俱乐部需要具备哪些条件？
7. 创办游艇俱乐部需要经过哪些流程？
8. 游艇俱乐部的经营模式有哪些？

第二章 游艇安全操作与应急处理

【知识目标】

1. 掌握游艇搁浅后的应急安全措施；
2. 掌握船舶在恶劣海况下的安全管理事项；
3. 掌握主机、副机和舵机发生故障时的应急安全措施；
4. 了解一些船舶应变部署与应急反应；
5. 了解轮机部的一些安全操作注意事项；
6. 了解机舱应急设备的使用和管理。

【能力目标】

1. 熟练运用船舶搁浅后的应急安全措施；
2. 具备船舶在恶劣海况下进行安全管理的能力；
3. 熟练运用主机、副机和舵机发生故障时的应急安全处理措施；
4. 具备船舶应变部署与应急反应的能力；
5. 具备使用和管理机舱应急设备的能力。

第一节 游艇搁浅、碰撞后的应急安全措施

一、游艇搁浅后的应急安全措施

游艇发生搁浅、擦底或触礁时，应迅速备车并按船长命令正确操纵主机。其安全措施如下。

1. 应急处理

（1）轮机长迅速进入机舱，指令值班人员做好备车工作，遵从驾驶台指令正确操纵主机。

（2）主机降速航行。游艇进入浅水区时，因为游艇阻力增加，所以主机转速下降，或者在全制式调速器作用下自动增加油门致使柴油机超负荷运行。当值班轮机员发现主机转速和功率变化异常时，应考虑搁浅的可能，主动与驾驶台联系询问情况，并采取降速措施。

（3）使用机动操纵转速。搁浅后，无论驾驶台采取冲滩或退滩措施，机舱所给车速都应使用机动操车转速或系泊试验转速，防止主机超负荷。

（4）换用高位海底阀。搁浅时值班轮机员应立即将低位海底阀换为高位海底阀，防止海水吸入管吸入泥沙，堵塞海水滤器。

（5）清洗海水滤器。换用高位海底阀后，如果发现海水压力仍然较低，应立即开启另一舷侧的高位海底阀，清洗被泥沙部分堵塞的海水滤器。如不及时换另一舷侧的高位海底阀并清洗被泥沙堵塞的海水滤器，可能会发生海水低压、冷却系统无压工作，使主机不能正常运行，甚至导致发电机因高温不能工作。

2. 搁浅后的检查

搁浅后可能引起船体变形，所以必须检查轴系的情况。判断轴系状态可用下列方法。

（1）盘车检查：为了判断轴系是否正常，可用盘车机盘车检查轴系运转是否受阻，查看盘车机电流的变化情况是否正常。必要时应松脱某些中间轴承的地脚螺丝。

（2）柴油机运转检查：盘车检查正常，可在柴油机慢转的情况下进行下列检查。

①检查中间轴和艉轴的温度。

②检查中间轴和艉轴是否跳动。

③检查中间轴地脚螺栓情况。

④检查曲轴箱的湿度和声响。

⑤检查齿轮箱的声音是否正常。

（3）柴油机曲轴臂距差检查：若条件允许应及早测量曲轴臂距差。通过曲轴臂距差来判断曲轴中心线的变化和船体的变形，决定主机是否合法正常运行或减速运行。

（4）双层底舱柜的检查：搁浅时双层底舱柜可能变形破裂，要注意反复检查和测量各舱柜的液位变化，注意海面有无油花漂浮等，并做好机舱排水准备工作。

①连续检查主机滑油循环柜的液位。

②测量干、油水舱等双层底舱柜，如有漏水可将测量管、透气管封死。

③检查机舱舱底的污水变化情况。

（5）舵系的检查：搁浅时舵系有可能被擦伤和碰坏，因此搁浅后必须对舵系进行检查。

①检查舵柱有无位移现象。

②进行操舵试验，检查转舵是否受阻。

③检查舵机负荷是否增加，电机电流和舵机油压是否正常。

④检查转舵时间（从任一舷的35°转至另一舷的30°）是否符合要求。

⑤转舵时，检查舵柱是否振动。

3. 记录

记录搁浅发生的时间和脱浅的时间，记录所采取的各项应急措施，记录所造成的直接损失和间接损失等，为海事处理提供正确和必要的法律依据。

二、游艇碰撞后的应急安全措施

游艇发生碰撞、触礁事故，会使船体破损进水，引起船身倾斜甚至沉船，造成严重后果。因此，当游艇发生碰撞、触礁后必须做到以下几点。

（1）轮机长立即进入机舱，监督值班轮机员按照船长命令操纵主机，做好轮机日志、车钟记录簿的记录。

（2）对轮机部所辖范围做检查，将损坏部位的损坏情况记入轮机日志。

（3）视情况切断碰撞部位的油、水、电、气、汽源，关闭柜的进出口阀。

（4）反复测量受损部位及其附近油水舱、柜的液位调试变化情况。

（5）如有火情、进水发生，应按应急布置表的规定，各职责人员迅速进入指定的岗位。

（6）在统一的指挥下，根据船体破损、进水情况，采取相应的堵漏、排水措施。

（7）详细记录机电设备的损失或损失的估计、发生的时间和抢救措施，为海事处理提供法律依据。

（8）万一自救失败，处理好轮机部弃船时必须完成的工作，轮机长携带轮机日志和其他重要文件最后离开机舱。

第二节　船舶在恶劣海况下的安全管理事项

海上气象变化莫测，恶劣的天气和海况，给船舶的航行安全带来了不可估量的影响。如集装箱船舶在航行时遭遇大风浪袭击，会致使大面积集装箱坍塌、坠海，船体严重受损，危及船舶、船上人员的安全，危害海上环境，为此国际海事组织海上安全委员会先后发布了1228号通函《对"不利气象和海况时避免危险局面的船长指南"的修正》和《2008年国际完整稳性规则》。

一、大风浪中航行时船舶安全管理事项

（1）轮机长要督促全体轮机部人员集中精力加强检查，防止主机、辅机和舵机发生故障，必要时备车并加强值班。

（2）值班轮机员不得远离操纵室，注意主机转速变化，防止主机飞车和增压器喘振，认真执行船长和轮机长的命令。

（3）根据海上风浪、船体摇摆情况，以及主机飞车和负荷变化情况，轮机长应适当降低主机负荷，并调整好主机的限速装置。

（4）安排船员将机舱管辖范围的门窗和通风道关好。

（5）将机舱里的行车、工具、备件和可移动的物料、油桶等绑扎好。

（6）尽量将分散在各燃油舱柜里的燃油驳到几个或少数燃油舱柜中，以减少自由液面，并保持左右舷存油平均，防止驳油时造成船体倾斜。

（7）日用油柜和沉淀油柜要及时排放残水，并保持适当的油温。

（8）注意主机、辅机燃油系统的压力，酌情缩短清洗燃油滤器的时间，以免燃油滤器堵塞而影响供油。

（9）主机滑油循环油柜的油量应保持正常，不可过少。

（10）密切注意辅锅炉和废气锅炉的工况，特别是辅锅炉的水位，防止出现假水位。

（11）机舱舱底水要及时处理。

（12）必要时增开一台发电机。

（13）根据实际工作的需要，无人值班机舱可临时改为有人值班机舱，以便及时处理各种报警并排除故障，确保航行安全。

二、大风浪中锚泊时轮机部安全管理事项

（1）按航行状态保持有效的安全值班。

（2）影响航行和备车的各项维修检查工作必须立即完成，使所有与航行有关的机电设备保持良好的工作状态。

（3）定期检查所有运转和备用的机器。

（4）按驾驶台命令使主机、辅机保持备用状态。

（5）采取措施，防止本船污染周围环境并遵守各防潮规则。

（6）所有应急设备、安全设备和消防系统均处于备用状态。

（7）注意做好大风浪中航行的各项准备，加强对机舱动力设备的管理，应经常在机舱及舵机间巡回检查，及时处理可能发生的故障。

第三节 主机、副机和舵机发生故障时的应急安全措施

一、主机发生故障时的应急安全措施

主机突然发生故障时要采取正确的安全措施，以保证船舶、主机和人身安全。

（1）当机械设备发生故障不能执行驾驶台命令时，应立即通知轮机长，值班驾驶员应报告船长，并将故障情况记载于轮机日志。如需停车，应先征得值班驾驶员同意；但是在发生人身事故以及重要机件损坏等严重威胁主机安全的危急情况时，可先停车，并立即报告值班驾驶员和轮机长。

（2）迅速备车，并严格执行船长命令。

（3）柴油机运转过程中，出现下列情况应立即停车：

①柴油机运转已危及人身安全或导致机损时；

②滑油、燃油管系破裂，导致油类外泄，造成严重污染并危及柴油机安全时；

③曲轴箱、扫气箱爆炸时。

（4）主机停车后应合上盘车机进行盘车，淡水冷却与滑油系统应继续运转进行冷却。

（5）停车后15 min，待曲轴箱温度下降时方可小心地打开曲轴箱道门，进行认真检查。

二、副机发生故障时的应急安全措施

1. 船舶在狭窄水道或进出港航行中突然失电的紧急处置

船舶应迅速启动备用发电机组尽快恢复供电，同时应立即通知驾驶台并停止主机运转。在应急处理过程中必须有人坚守主机操纵台，随时与驾驶台联系。如情况危急，船长必须用车时，可按车令强制主机运行而不考虑主机后果。按照显示信号、借助通信设备告知周围船舶主动紧急避让。

2. 船舶海上航行中突然失电的紧急处置

（1）应停止主机运转并立即报告驾驶台，然后迅速启动备用发电机组，尽快恢复供电。

(2)如果情况特殊急需用车避让,只要主机有可能短时运转就应执行驾驶台命令。如备用发电机组也不能启动,则应启动应急发电机(正常情况下,应急发电机应自动启动),并首先给导航设备和舵机供电。

(3)在恢复正常供电后,再启动为主机服务的各电动泵,然后再启动主机。

三、舵机发生故障时的应急安全措施

船舶运行的方向全靠舵来控制。船舶舵机发生故障或舵叶受损,可能导致其他难以设想的后果。

舵机损坏及失舵时的紧急措施:驾驶部船员对转移操舵的机械和设置地点等应该十分熟悉,并要时常进行演习。平时应对人力操舵设备(俗称太平舵)进行保养,在紧急情况发生时合上离合器立即可以使用。船舶发生舵机失灵时,首先应立即停车,并报告船长通知机舱。有应急舵的船舶,应立即改用电动应急舵或人力应急舵;船队可通知驳船帮舵,同时发出失控信号。

双螺旋桨船可利用主机正倒车短时间操纵船舶。若舵机发生故障,且存在5°以上的舵角,或有一部主机损坏严重时,不宜用主机的正倒车来控制船舶,应尽快选择好地点锚泊抢修。在情况危急或航行条件受限时,停车抛双锚稳住船(如在海上已经进入漂流状态,在有风浪时应投下海锚或缆绳,以保持良好的顶风状态。必要时可制作临时舵继续航行或请求他船援助)。

第四节　船舶应变部署与应急反应

一、消防应变部署

(1)船舶消防必须以防为主,同时要立足于自救。如果发现异味、烟雾或局部失常升温等情况,应立即报告值班人员和领导。一旦发现火警,应沉着镇定地根据火种性质和火情立即用附近适宜的灭火器材进行扑救,就近按启警铃,并大声呼喊,值班人员或驾驶台应迅速发出警报信号。

(2)听到消防警报信号后,所有船员应按部署表规定的职能迅速到位。

(3)消防应变部署。消防应变部署是船舶应变部署中的一个单项。它规定了火灾警报信号及每个船员在消防应变中所负的责任和行动。消防部署中,船长是总指挥,大副是现场指挥。在机舱内发生的火灾,轮机长是现场指挥,大副协助。火警中驾驶台、电台和机舱应有固定人员值班,其余人员则分编成消防、隔离和救护三个队。

消防队一般由三副或水手长任队长,直接负责现场探火和灭火。可根据船舶所配不同性质的灭火器材将队划分成若干小组,如水龙组、固定灭火系统组、手提灭火机组、应急消防泵组等,分别操纵、使用各类灭火器材灭火。

隔离队一般由木匠和轮助任队长。其任务是根据火情,关闭有关的门窗、舱口、见机、挡火闸和孔道,切断局部电路,搬开近火处易燃物品,阻止火势蔓延。

救护队一般由医生、管事或大厨担任队长。其任务是维持现场秩序,准备担架,救护伤员,管理急救药箱等。

(4)在客船或客货船上,船员应维持好旅客秩序,适当地介绍火情及施救情况,说服旅客不要惊慌乱动,禁止旅客跳水逃生。在听到弃船警报信号后,应按部署组织旅客转入弃船救生应变。

(5)消防学习的部署和动作与正式应变相同,要求所有船员在听到警报信号后,在2 min 内到达各自岗位,机舱值班人员应在 5 min 内开泵供水。

(6)机舱火灾应急处理:

①发现机舱火情,当值人员应迅速发出火警信号并及时灭火,控制火势蔓延。

②轮机长迅速进入机舱,做出正确判断,进行现场指挥。

③轮机部全体人员立即进入应变部署岗位,服从统一指挥。

④在施救过程中,如认为有必要,可要求船长减速、改变航向或停车,切断火场电源。如局部起火,应根据火情性质选用水、CO_2 灭火系统或干粉等灭火。

如大面积起火,必须用大型 CO_2 灭火系统时,应关闭下列设备并确认机舱人员全部撤离。

a. 释放锅炉安全阀和空气瓶安全阀(对于机、炉舱分设的,可视着火地点固定)。

b. 释放燃油速闭阀。

c. 释放风、油应急切断装置。

d. 关闭机舱见机和风筒防火板。

e. 关闭天窗(如有)及与外界相通的部位。

在实施上述工作时应充分利用应急遥控装置。

⑤如果用水灭火,应注意机舱排水。

⑥火灾扑灭后,要查找隐火,严防死灰复燃,并救护伤员、机舱通风、清理现场、检查机电设备、排除舱底积水。

⑦查清火灾原因,起火、灭火准确时间,灭火过程,火灾损失情况,需要修理项目,善后处理,并记入轮机日志。将有关情况电告公司,为下一步处理做好必要的准备。

⑧如进入火区抢救应三人一组,穿好消防衣,佩戴呼吸器,做好支援、通信联络工作。

(7)消防演习。消防演习是船舶应变演习的一个重要部分。按规定消防演习应每月举行一次。客船每次出航后,应在最短时间内(条件许可,应在24 h 内)召集旅客一次,向旅客讲解防火注意事项。演习时,应假想船上某处发生火警,组织船员扑救。假想的火警性质及发生的地点应经常改变,以使船员熟悉各种情况。全体船员必须严肃对待消防学习,听到警报后,应按消防部署表的规定,迅速到达火警现场,听从指挥,认真操演。演习结束后,由现场指挥进行讲评,并检查和处理现场,还要对器材进行检查和清理,使其恢复至可用状态。必要时,船长可召开全体船员大会,进行总结。

(8)防火控制图。防火控制图是船上防火总布置图,应张贴在船舶应急部署表的附近。防火控制图应清楚地标明每层甲板的各个控制站,A 级和 B 级分隔所转成的各个区域,连同探火和报警系统、喷水器装置、灭火设备、各舱室和甲板出入通道等设施以及服务于每一区域通风识别号码的细目。经主管同意,上述细目可记入一小册子,每一高级船员一本,并应有一份放入船上易于到达的地方,可随时取用。控制图和小册子应保证是最新资料。如有改动,应尽可能立即加以更正。远洋船的控制图和小册子还应译成英文。此外,船上灭火和抑制火灾用的所有设备和装置的保养和操作说明,应保存在一个封套内,并放在易于到达的地方,以便随时取用。

在所有船上,还应有一套防火控制图或具有该图的小册子的复制品,永久性地置于甲板室外面有醒目标志的风雨密封盒子里,有助于岸上的消防人员应急时登船使用。

二、堵漏部署

(1)船舶因碰撞、搁浅、触礁、爆炸或遭受武器攻击从而造成船体破损渗漏,应及时发出堵漏警报信号,组织船员堵漏抢救。

(2)听到警报信号后,所有船员应按部署表规定的职责迅速赶到现场,编队集合待命。

(3)堵漏抢险之关键是尽快寻找出准确部位,确认漏情。寻找部位时,除派人到各自可以直观的地方检查外,还可以用下述方法判断和寻找。

①倾听各空气管内的沙场。

②观察船旁水面有无气泡,并记下部位。

③在舱内以听声或目观进一步查清渗漏部位,并尽可能查清漏洞的大小和形状。

④通知机舱迅速排水,根据漏洞大小和位置正确估算进排水量差,充分估计险情发展,采取正确有力的堵救抢修措施。

⑤对进水的堵漏应急通常分成排水、隔离、堵漏、救护四队,分别由轮机长、三副、水手长(三管轮)、医生(管事)担任队长,大副为现场指挥。

⑥堵漏学习的部署和动作与正式应变相同,要求所有船员在听到警报信号后,于 2 min 内到达各自岗位,听候指挥。

三、人员落水救生部署

该部署通常在值班驾驶员直接指挥下,由甲板部人员执行。

(1)船员发现人员落水,应立即就近投下救生圈并大声呼喊,迅速告知驾驶台人员落水部位。驾驶台发现人员落水,应立即就近投下救生圈,同时甩开船尾,发出人员落水报警信号,派专人瞭望。

(2)听到人员落水警报信号后,应变部署有指定任务的船员应穿着救生衣立即赶到艇甲板,做好放艇准备,听令行动。

(3)人员落水救生学习的部署和动作与正式应变相同,在听到警报信号后,相应人员应在 2 min 内到达各自岗位。

四、弃船部署

弃船是在船舶自救已经无效,外援救助已不可能的情况下,在最后关头实施船员自救、保存船舶海事资料而采取的重要行动。该决定由船长做出并对之负责。有关弃船时的应

急安全措施如下:

(1)船长任总指挥,携带船舶证书及重要文件。

(2)大副任艇长,负责现场指挥,携带双向无线电话,持有船员名单,核对艇员,检查艇内物品,指挥放艇。

(3)二副负责驾驶台值班,携带有关海图、航海日志、电台日志、艇电台、双向无线电话,释放最后求救信号。

(4)三副任副艇长,携带船舶证书及重要文件、现金及账册、双向无线电话,持有船员名单,检查登乘人员,移出安全插销,操纵释放装置。

(5)水手长负责指挥关闭水密门窗、舱口、孔道、甲板开口,打开艇架下的制动器,操纵吊艇架。

五、综合应变部署

船舶若遭遇其他事故,如袭击、战争等情况,应执行船舶守卫部署及人员救护部署;尤其在客船上应执行更为严格的守卫部署与旅客救护部署,以确保旅客生命安全。当船舶因海事导致严重险情,如碰撞后导致船体进水、起火爆炸、人员落水甚至伤亡等,除上述应变部署需要执行之外,总指挥(船长)还应做出综合部署,全面高速安排人员,制定周密计划,以解决当时的紧急、严峻局面。

第五节　轮机部安全操作注意事项

一、拆装作业

1.检修主机

(1)悬挂警告牌。在主机操纵处悬挂"禁止动车"的警告牌,并应合上转车机,以防流水带动推进器。

(2)检修中转车。须经驾驶员同意,应特别注意检查各有关部位是否有人或影响转车的物品和构件,并应发出信号或通知周围人员注意,以防伤人或损坏部件。

2.检修整机和各种辅机及其附属设备

应在各相应的操纵处或电源控制部位,悬挂"禁止使用"或"禁止合闸"的警告牌。

3.检修发电机、电动机

应在配电板或分电箱的相应部位悬挂"禁止合闸"的警告牌,如有可能还应取出控制箱的保险丝。

4.检修管路及阀门

应事先按需要将有关阀门置于"正确"状态,在这些阀门处悬挂"禁动"的警告牌,必要时用锁链或铁丝将阀固定住。

5.检修锅炉、油水舱内部

(1)应打开两个及以上导门给予足够通风。

(2)作业期间应经常保持空气流通并悬挂"有人工作"的警告牌。

(3)派专人守望配合,注意在内部的工作人员的情况。

6.检修锅炉汽包等汽水空间

应参照4,5两项执行,如在连通的其他部位仍有压力,还应事先检查并确认阀门无漏,并派专人看守阀门。

7.检修空气瓶、压力柜及有压力的管道

应先泄放压力,禁止在有压力时作业。

8.检查照明灯具

(1)在锅炉、机器、舱柜等内部工作时应用可携式低压照明灯。

(2)油柜内应使用防爆式的照明灯具,使用前必须认真检查并确保其状态良好。

9.拆装带热部件

要穿长袖工作服并戴帽及手套。

10.拆装冷冻部件

拆装冷冻部件一般应先将其抽空,拆装时必须戴手套、防护眼镜或面罩,以防冻伤和中毒。

11.检修气门室、气缸、透平内部、减速齿轮以及其他较为隐蔽或不易接近的部位

(1)作业人员衣袋中不得携带任何零星杂物,以免落入机内造成事故。

(2)检查减速齿轮时,必须在主管检修的轮机员的亲自监督指导下方可打开探视门,收工前必须关闭探视门,严禁在无人看守时敞开探视门。

12.更换喷油器

柴油机在运转中如发现喷油器故障应立即更换:停车—打开示功阀—泄放气缸内压力并更换。禁止在运转中或气缸尚有残存压力时拆卸喷油器。

13.试验柴油机喷油器

禁止用手触摸喷油器的油嘴或油雾。

14.检修电气设备

(1)裸露的高压带电部位悬挂危险警告牌或用油漆书写危险标记。

(2)严禁带电作业。

(3)确需带电作业时,必须使用绝缘良好的工具。

(4)禁止单人作业,只有一名电机人员的船上,轮机长应指派一名合适的人员进行协助。

(5)作业中注意防止工具、螺栓、螺帽等物件掉入电器或控制箱内。

(6)看守人员应密切注意工作人员的操作情况,随时准备采取切断电源等安全措施。

(7)作业完毕后,应再认真检查。

(8)一切电气设备,除主管人员外,任何人不得自行拆修。

(9)禁止使用超过额定电流的保险丝。

15.警告牌挂卸

(1)一切警告牌均由检修负责人挂卸,其他任何人不得乱动。

（2）因检修移走栏杆、花铁板或盖板后，应在其周围用绳子拦住，以防人员不慎踏空造成伤亡。

二、吊运作业

1. 严禁超负荷使用起吊工具

（1）在吊运部件或较重的物件前，应认真检查起吊工具、吊索、吊钩以及受吊处，确认牢固可吊运。

（2）禁止使用断股钢丝、霉烂绳索和残损的超员工具。

（3）吊起的部件应在稳妥可靠的地方放下，并衬垫绑系稳固。

2. 起吊工具的使用

（1）应先低速将吊索绷紧。

（2）摇晃绳索，注意观察是否牢固、均衡，起吊物是否已经松动，再慢慢起吊。

（3）如发现起吊吃力，应立即停止，进行检查或采取相应措施，防止超负荷。

3. 吊运作业过程中的注意事项

（1）在吊运过程中禁止任何人员在下方通过。

（2）非必要时不得在吊起的部件下方进行工作。

（3）如确属必须，应采取有效的防范措施。

三、上高和多层作业

（1）离基准面 2 m 以上为高空作业，作业工具如系索、敞车、脚手架、座板、保险带、移动式扶梯等，在使用前必须严格检查，确认良好，脚手架上应铺防滑的帆布或麻袋。

（2）作业人员应穿防滑软底鞋、系带保险带并系挂在牢固的地方，必要时应在作业处下方铺张安全网。

（3）上层作业所有的工具和所拆装的零部件放在工具袋或桶内，或用软细绳索缚住，以防落下伤人或砸坏部件。

（4）当上层有人作业时应尽量避免在其下方停留或作业，如属必须，应佩戴安全帽。

四、车、钳工作业

1. 车床、钻床作业

（1）严格遵守操作规程，工件应夹持牢固，夹头扳手用完应立即从夹头上取下。

（2）操作者衣着要紧身，袖口要扣好，戴好防护眼镜。

（3）禁止戴手套操作。

2. 磨制工具、砂轮机作业（包括除锈除炭）

（1）作业者应戴防护眼镜和口罩，禁止戴手套。

（2）和砂轮旋转方向偏离 45°角。

（3）禁止使用手柄不牢的手锤。

五、焊接作业

(一)焊接守则

1. 报告制度

(1)航行途中,焊接作业时轮机长须报告船长,征得同意后进行操作,并报上级机关备案。

(2)船靠码头或在装卸作业期间如须进行焊接必须遵守港口国主管当局有关规定,征得同意后方可进行焊接作用。

2. 焊前风险评估

(1)清理现场,现场不得有任何易燃物品。

(2)检查周围环境有无易燃的物品和气体,必要时应予挪移,并保持通风。

(3)根据不同环境备妥适当的灭火器材。

3. 施焊时注意事项

(1)两人作业,一人操作,一人监守。

(2)作业人员应穿长袖衣裤、戴手套、防护眼镜,必要时还应戴防护面具;电焊时必须使用面罩,不得用墨镜代替。

(3)严禁对存有压力的容器、未经清洁和通风的油柜、油管进行施焊。

(4)在狭窄舱、柜内或其他空气不流通的部位施焊要特别注意通风,施焊持续时间不应太久,照明灯具应使用低压型并注意电线不能距离施焊处过近。

(5)焊件的焊处应清洁、干燥,防止焊后产生裂缝,焊接大件时,应先预热以消除内应力,必要时可加夹具。

(6)对有色金属或合金施焊时应注意通风,作业人员应在上风位置或戴防护面具,以防中毒。

(7)敲打焊渣时,必须戴防护眼镜并注意角度,以防碎屑飞溅伤眼。

(8)焊件未冷,作业人员不应离开现场,如属必要,应采取防范措施,防止误触烫伤。

(9)施焊完毕,应将工具整理好并复归原处,将现场打扫清洁,仔细检查周围有无火种隐患,确认无患后方可离开。

(10)如由船厂部门施焊时,应由主管部门同意,派专人备妥消防器材,并监督施焊以防发生火灾;如认为施焊不安全时,有权停止其作业,施焊完毕后应仔细检查,特别应注意施焊物的背面有无隐患,待施焊物完全冷却后方可离开。

(二)电焊时注意事项

(1)严格遵守电焊机的使用操作规程,开机时应逐步启动开关,不可过快,注意防止焊夹和焊条碰地。

(2)经常检查焊机温度及运转是否正常,禁止施焊时调整电流。

(3)禁止在运转中的机电设备、起重用的钢丝绳、乙炔-氧气管或钢瓶上通过电焊线。

(4)电焊完毕或较长时间停焊应切断焊机电源。

（三）气焊时注意事项

（1）连接各部分焊具前,应先吹净阀口,检查并确认各阀门有无漏气。任何时候,阀口和焊枪喷嘴均不应对人。

（2）连接胶管时(尤其应注意焊枪一端)要注意着色标志,接氧气的应是蓝色或黑色,接乙炔的应是黄色或红色,不能反接。

（3）胶管要牢固,接口要紧密,不宜用铁丝捆扎胶管接口,以防扎孔或断裂。烧焊时胶管不应拉得过紧,并尽量远离火焰和焊件。

（4）一般情况下,气瓶总阀的开度不得超过1/2,以便应急关闭。

（5）气焊结束后,应先关掉焊枪上的控制阀,然后关闭气瓶总阀。

（6）点火、熄火、回火。

①点火。打开钢瓶上的阀门,转动减压器的调节螺丝,将氧气和乙炔调到工作压力,(氧气为0.3~0.5 MPa,乙炔为0.01~0.05 MPa)。然后打开焊枪上的乙炔阀门,稍开氧气阀,在喷嘴的侧面点火。点着后慢慢开大氧气阀,将火焰调到中性焰(或碳化焰、氧化焰)。

● 中性焰的焰芯较圆且呈蓝白色,轮廓清楚,外焰中长,呈淡橘红色,这种火焰常被用来焊接低碳钢。

● 碳化焰的焰芯较长且尖,呈绿白色,轮廓不清楚,外焰很长,呈橘红色,这种火焰常被用来焊接铸铁、高碳钢和硬质合金。

● 氧化焰的焰芯短小且呈蓝白色,外焰看不清,同时发出急剧的"嘶嘶"声响,这种火焰常被用来焊接黄铜。

②熄火。先将氧气阀关小,再将乙炔阀关闭,火即熄灭。然后关闭氧气阀(如使用割炬时,则先关切割氧气阀,再关乙炔和预热氧气阀)。

③回火。施焊中有时会出现爆响,随之火焰熄灭,同时焊枪有"吱吱"声响,这种现象称为回火。如遇回火,应速将胶管曲折握紧,先关闭焊枪上的氧气阀,再关闭乙炔阀,回火即可免除。处理回火时动作要迅速准确,防止气瓶爆炸酿成重大事故。

六、清洗和油漆作业

（1）油管及过滤器、加热器等如有泄漏应尽快清除,并注意防止漏油流散。

（2）机舱地板上的油污必须即时抹去;在用水冲洗机舱底部时,要防止水柱和水珠冲到电机设备上引起损坏,并防止人员滑倒跌伤。

（3）使用易燃或有刺激性的液体清洗部件时,一般应在艉部甲板等下风处进行,不宜在机舱进行,同时要注意防止发生污染海面的事故。

（4）在处理酸、碱及其他化学品,或进入有毒气体处所时,需相应地戴手套、防护眼镜、口罩、面罩等。

（5）油漆空气瓶内部或其他封闭处所不能同时多人作业,且时间不能太久,应轮流作业并相互配合,防止油漆中毒。

第六节　机舱应急设备的使用和管理

一、应急动力设备的使用

1. 应急电源

(1)客船和 500 总吨以上的货船均应设独立的应急电源。

(2)应急电源应布置于经船级社同意的最高一层连续甲板上和机舱棚以外的处所,以确保当发生火灾或其他灾难致使主电源装置失效时能起作用。整个应急电源的布置,应能在船舶横倾 22.5° 和纵倾 10° 时仍起作用。

(3)应急电源包括应急发电机和蓄电池组。

①应急发电机。它由具有独立的冷却系统、燃油系统和启动装置的柴油机驱动,原动机的自动启动系统和原动机的特性均应能使应急发电机在安全而实际可行的前提下尽快地承载额定负载(最长不超过 45 s)。

②蓄电池组。当主电源供电失效时,蓄电池组应自动连接至应急配电板,应能承载应急负载而无须再充电,并在整个放电期间保持其电压在规范允许范围之内。

(4)应急电源功率应满足船级社对不同类型船舶的规定。

(5)应急照明即船上常称的小应急,是由蓄电池供给的低压照明电。

2. 应急空气压缩机

应急空气压缩机应采用手动启动的柴油机或其他有效的装置驱动,以保证对空气瓶的初始充气,应急空气压缩机是船舶以"瘫船"状态恢复运转的原始动力。

3. 应急操舵装置

(1)根据《钢质海船入级规范》规定,每艘船舶应配备主操舵装置和辅助操舵装置,并且两者之一若发生故障,不能导致另一装置不能工作,但如果主舵机有两台并可分别工作,可不设辅助操舵装置。

(2)辅助操舵装置应能于紧急时迅速投入工作,并能在船舶最深航海吃水和以最大营运前进航速的一半或不小于 7 kn(取大者)前进时,在 60 s 内将舵自一舷 15° 转至另一舷 15°。

(3)对于辅助操舵装置,其操作在舵机室进行,如系动力操纵也应能在驾驶室进行,并应独立于主操舵装置的控制系统。

(4)驾驶室与舵机室之间应备有通信设施。

二、应急消防设备

1. 应急救火泵

应急救火泵是当机舱进水、失火或全船失电时,用来提供消防水的设施。

根据《钢质海船入级规范》要求,2 000 总吨以下船舶的应急救火泵可为可携型的,常用汽油机驱动的离心泵;2 000 总吨以上船舶应设固定式动力泵。固定应急救火泵应设在机舱以外,其原动机为柴油机或电动机;电动应急救火泵需由主配电板和应急配电板供电。

应急救火泵的排量应不少于所要求的消防泵总排量的40%,且任何情况下不得少于25 m³/h。

2.燃油速闭阀

双层底以上的主机、发电柴油机、锅炉的各个油柜的出口管上应装有速闭阀。这些速闭阀除能就地开关外,在机舱外尚需设有遥控关闭装置,以便机舱失火时远距离关闭速闭阀,防止油舱柜的油渣流出扩大火势。

三、应急救生设备

1.救生艇发动机

救生艇发动机应定期检查,确保在发生紧急状况的时候能正常运行。

2.脱险通道

货船和载客不超过36人的国际航行客船,在机舱处所内,每一机舱、轴隧和锅炉舱应设有两个脱险通道,其中一个可为水密门。在未设水密门的机器处所内,两个通道应为两组尽可能远离的钢梯,通至舱棚上同样远离的门,从该处至登艇甲板应设有通路。

从机器处所的下部起至处所外面的一个安全地点,应能提供连续的防火遮蔽。

四、机舱进水时的应急设备

1.应急舱底水吸口及吸入阀

机舱应设一个应急舱底水吸口(简称应急吸口)。应急吸口应与排量最大的一台海水泵相连,如主海水泵、压载泵、通用泵等。少数船舶的应急吸口还与舱底水泵相通,其管路直径应不小于所连接泵的进口直径。应急吸口与泵的连接管路上装设截止止回阀,阀杆应适当延伸,使阀的开关手轮在花铁板以上的高度至少为460 mm。

2.水密门

(1)水密门应为滑动门、铰链门或其他等效形式的门,任何水密门或其他等效形式的门的操作装置,无论是否为动力操作,均须满足船舶向左或向右倾斜至15°时能将门关闭。

(2)水密门的关闭装置应能两面操纵和远距离操纵,在远距离操纵处应设有水密门开关状态的批示器。

【本章习题】

1.游艇搁浅后的应急安全措施有哪些?

2.船舶在恶劣海况下的安全管理事项有哪些?

3.主机、副机和舵机发生故障时的应急安全措施有哪些?

4.船舶应变部署及应急反应有哪些?

5.轮机部安全操作注意事项有哪些?

6.机舱应急设备有哪些?如何进行使用和管理?

第三章　游艇安全设备与急救措施

【知识目标】

1. 熟悉游艇航行安全知识；
2. 了解游艇安全设备的种类和使用方法；
3. 掌握游艇防火与灭火的知识；
4. 掌握游艇人员常用的急救知识；
5. 了解游艇上常见伤病的急救方法；
6. 了解救生筏上常见病类型；
7. 了解游艇在救助中常用绳结的打法。

【能力目标】

1. 具有较强的安全意识；
2. 能够使用游艇安全设备；
3. 能够对游艇进行防火与灭火；
4. 能够对游艇人员进行急救；
5. 能够掌握游艇常见伤病的基本处置方法；
6. 会打出常用的绳结。

第一节　航行安全意识

在航海技术、航海设备不断发展的今天，船舶的事故率理应很少，而事实却并非如此，相反，船舶航行事故率仍然很高，经统计，造成船舶航行事故的原因中，80%是人为因素引起的。而人为因素中，主要原因并不在于技术上的掌握与否，而是安全意识不足、危险防范意识不到位。我们先来看一些航海事故的案例。

一、航海事故案例

1999年11月24日，山东大舜号滚装船在气象台通知天气不适宜出海的情况下，仍载客304人、汽车61辆，由烟台港出航。途中遇特大风浪试图返航，调整航向时，船舶遭遇横风横浪，开始大角度横摇无法正常行驶，与此同时，船上运载车辆系固不良，横风横浪天气下车辆发生碰撞，导致甲板燃起大火，机器失灵，施救无效。最终造成295人死亡或失踪，直接经济损失约9 000万人民币。人为因素被认定为造成此次海难的决定性因素，事故主要原因为：决策失误；操纵不当。

2010 年 11 月 9 日,南京远洋公司南远钻石号载 25 名中国海员在某一海域沉没,仅 3 人获救,22 人死亡或失踪。造成此次事故的人为因素是海员弃船后未发出求救信号;船舶倾斜后采取不当措施;船上货物装载不当;海员更换安排不当,临时被集体替换上钻石号,对货轮状况都不熟悉,彼此间缺少磨合,仓促出航;没有对装货港口和航线做有效风险评估。

2012 年 10 月 1 日晚,香港"南丫四"号从南丫岛前往维港海域,开船约 5 分钟后,与"海泰"号相撞,并且在撞船后一两分钟迅速下沉。由于沉速过快,救援不及时,事故造成 38 人死亡。专家分析导致香港"南丫四"号事故沉速过快的原因包括:出入口没有防水门;船舱椅子不够稳固。

2009 年油船"海观山 117"轮事故,因值班海员没有严格执行船舶安全管理体系关键性操作程序,在装油前没有详细检查管路和阀口,致使装油过程中货舱的燃料油流入海河。后经调查组汇报,"海观山 117"轮海员对操纵船舶和安全操作程序均不熟练,安全规则执行不力,出现违规操作的情况。

由此可见,在航运界安全规则执行不力会造成人员伤亡和财产损失,给自然环境带来严重的生态破坏。

再例如 1989 年美国油轮"埃克森·瓦尔迪兹"溢油污染事故,该油轮载约 17 万吨原油驶往洛杉矶,途中为避开冰块航行到常规航道以外,发生搁浅,8 个油舱破损,泄漏 3.5 万吨原油。此次事故对当地造成了巨大的生态破坏,海獭死亡 4 000 头,海鸟死亡 10 万~30 万只,事故损失 80 亿美元,专家认为生态恢复需 20 多年。

以上几起典型案例在不同程度上反映了因人为因素导致海难事故发生,人员伤亡惨重。航运业的发展很大程度上要依靠海员综合素质的提高,海运事业成为经济社会发展支柱的同时,海员综合素质缺陷造成的重大水运安全事故也给社会稳定、经济发展、海洋环境带来了严重的影响。我们再来看另外几起案例。

2014 年韩国"世越"号沉船事故中,客轮参考载货量为 987 吨,而实际载货量为 3 608 吨,属于严重超载,这不仅是道德素质同时也是业务素质存在问题的表现,这种明知不可为而为之,一心牟取私利的行为给船舶安全埋下了严重的隐患。而在事故发生之后,"世越号"船长和海员抛弃乘客率先逃生,船上的乘客大多为高中生,面对突发海难事故不具备自我保护能力,更是体现了"世越"号海员的职业道德严重缺失,责任意识和敬业精神存在极大问题,直接或间接地导致了 200 多名乘客丧生。

在现实社会中,由于海员自身素质有缺陷且禁不住现实利益诱惑,部分海员价值观出现偏差,更容易导致行为过失的出现。一旦海员过于看重经济收益不能正确地平衡经济利益和航行安全之间的关系,对船舶安全和乘客性命就会造成威胁。例如 2002 年塞内加尔"乔拉"号沉船事故,船身的机械故障造成了轮船发动机工作不正常,最终造成 1 863 人死亡。事故的主要原因包括严重超载、旧伤复发。官方总结人为因素占主导地位。这些事故中,海员为了减少航运成本、节约时间,不惜违规操作,此类行为使驾驶的船舶面临事故发生的可能性远高于平均水平。

2014 年 4 月 16 日上午,韩国客轮"岁月"号在韩国西南海域倾覆并迅速沉没,报道事故的原因是触礁,客轮上载船员和乘客共 460 余人。但"岁月"号倾覆的真实原因仅仅是因为触礁吗？专家说明，这是一条成熟的航行路线，有许多船只来往，而且现在的客船都配备了先进的设备，几乎没有可能触礁。如果触礁真的是船舶倾覆的原因，那"岁月"号客轮肯定偏离了原定航线。据了解，"岁月"号于1994年在日本建造，往来于日本鹿儿岛和冲绳之间有18年。在它"退役"后被韩国买入，韩国随意改造了船体结构，把船尾改造成客舱，增加了载人数量，且航行时严重超载，超过额定载重3倍。"岁月"号此次航行的船长是代理船长，且在事故发生前船长离开驾驶台，留下只有4个月海上航行经验的三级航海师（以下简称"三副"）。

"岁月"号倾覆的根本原因是船舶所有公司和船员的风险意识不够。

首先，船舶公司的风险意识不够。船舶所有者对船舶的船体结构进行了改造，使船舶自身质量增加了300吨左右，这艘客轮是一艘滚装船，滚装船的重心高，对船舶的盲目改造使船迅速沉没的风险增大。船舶公司这一举动是十分不明智的，只考虑了船舶的盈利，为了金钱利益最后得不偿失。根据调查，在沉没两天后"岁月"号船头依然浮在水面上，导致这种现象最有可能的原因是在船舶出海前，为了用来抵所超载货物的质量，船头的平衡水被减少，调查表明该船舶所超载货物的质量超出两千吨。不管是火车、汽车还是船舶超载都是极其危险的。而且在原来船长休假的情况下找来了代理船长，显然是不合理的。正由于船东的风险意识不够，才让该代理船长上船作业。

其次，韩国有关部门及海关的风险意识不够。"岁月"号多次出海，且每次都是在超载严重的情况下出海，海关却依然放行，对其纵容，完全没有考虑船上人员和财产的安危，也间接导致了事故发生。

再次，代理船长的风险意识也不够。当时出现大雾天气，很多船只选择不出海，"岁月"号却出海了。而且由于比预计时间稍迟，为了赶时间，代理船长擅自改变航线，这是此次船舶倾覆事故的根本原因。在事故发生前，代理船长还离开了驾驶台，留下了只有4个月海上航行经验的三副掌舵。作为代理船长，应该在船舶行驶中更为谨慎，时刻注意船舶动态，而该代理船长却不以为然忽略了这一点。

最后，该船三副的风险意识差。在航行时，应开启一切辅助监测设备，若能及早发现暗礁，并采取相应措施就能避免事故的发生。

"岁月"号事故是惨痛的回忆，伤亡及失踪人数众多，损失惨重。据统计，"岁月"号的人员生还率仅为37.8%，这令人联想到一百多年前的"泰坦尼克"号，相比"泰坦尼克"号32%的人员生还率，"岁月"号并没有高出多少，在科技发达的今天还如此，真令人心寒。"岁月"号的倾覆与各个有关单位风险意识差有关，由于各种疏忽引起了海上事故的发生。因此，培养和加强船员风险意识对航海安全至关重要，也应受到越来越多的重视。

二、加强船员海上航行安全意识

1. 船员海上航行安全意识的培养

船员海上航行安全意识的培养离不开航海实践，在实践中发展和加强是至关重要的。

（1）加强对船舶的管理。在航行中，根据船舶的实际情况，分析风险存在的方面，加强对船体本身的检查，时刻关注船体变化，保证船舶处于安全适航状态，做到防患于未然，从根源上扼杀风险。

（2）加强对船员的管理。在航行中,加强对船员的管理,使他们在任何时刻都不松懈,保持警惕性。船舶关键性操作必须由取得适任资格证书的、经过安全管理部门考核的适任人员来完成,并且要明确按照规章制度操作。船员应建立风险意识,在工作中要做到细心和耐心,并严格遵守《国际海上避碰规则》《1978 年海员培训、发证和值班标准国际公约》（简称 STCW 公约）及《中华人民共和国海船船员值班规则》等规定。

（3）注重信息的有效交流,保证船舶在海上能与陆地保持有效的信息交流。一旦出现机械设备问题,应及时解决,以免在意外发生时不能及时向救援组织求救。

2. 船员自我提升安全意识的途径

（1）正确认识航海风险的本质。航海风险是与人类航海活动共存的,是同时出现且不可分割的;风险也随着社会的发展和环境的变化而不断变化,所以要正确认识航海风险的本质,提升风险意识。

（2）熟练掌握先进设备。随着当今时代科技水平的迅猛发展,越来越多先进的仪器和导航设备应用于航海事业,有利的一面是这些设备的应用给航海的安全带来很大的保障,然而船员对先进设备的依赖也加大了;不利的一面是若船员不能很好地掌握设备的使用方法,同时又缺乏对基本的航海技术应用的掌握,就给海上航行带来很大的风险。所以作为船员,要全面而又熟练地掌握各种先进设备的应用和航海技能。

（3）打好专业知识的基础。船员要认真学习专业知识,熟练掌握船舶的操纵,拥有良好的船艺。航海方面有许多的知识,上至天文,下至地理,一个航海家,他的知识面肯定是很广的,要对知识有渴求。在平时积累尽可能多的知识是培养风险意识的基础。

（4）要培养自己的工作态度。在工作时严谨认真,胆大心细。航行有许许多多的规则和条款,在工作时要知道什么时候应该严格遵循和值守,什么时候可以适当的变通。在遇到紧急情况时应冷静分析判断,在危险不能避免时采取措施将损失降低。

（5）提高与人沟通的能力和外语水平。向比自己经验丰富的船员请教和探讨,参考别人的思维方式进一步提升自己。与不同国家的船员进行沟通,了解他们的航海文化,并交流借鉴学习;同时,对比自己年轻的船员,也要大方地分享自己的经验。

（6）能够进行自我调节。面临来自各方面的压力能冷静地判定分析和处理,建立积极向上的工作和生活态度;能够快速适应各种生活和工作环境,培养风险意识。

（7）增强责任心。一个有责任心的船员,会主动学习有关的知识和经验,通过不断的学习和培训来充实自己。有责任心的船员一定是风险意识高的船员。

第二节　游艇安全设备的种类和使用

游艇在海上航行,游艇操作人员必须要掌握游艇的安全设备及应急情况下如何操作,从而保护乘客和游艇的安全,避免事故的发生,一旦出现紧急情况,应全力救助,消除危险。

游艇救生设备的性能应符合中国海事局《国内航行海船法定检验技术规则》的有关规定。救生设备在一切有助于探测的表面,应具有鲜明易见的颜色,并装贴认可的逆向反光材料。

一、救生衣

救生衣如图 3-1 所示。

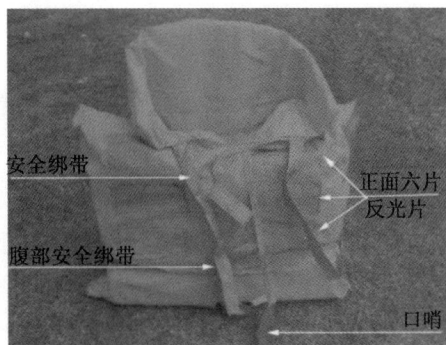

图 3-1　救生衣

1. 一般规定

(1)应为每位额定乘员配备救生衣;

(2)救生衣应置于每个乘员的座椅下方或方便取用处;

(3)每件救生衣应备有用细绳系牢的哨笛。

艇上的救生衣两面都可同样穿着使用,穿着救生衣的人可转动身体至安全漂浮姿势,使身体后倾仰浮,脸露出水面,嘴离水面至少 12 cm。

2. 救生衣介绍

救生背心应尽量选择红色、黄色等较鲜艳的颜色,因为一旦穿戴者不慎落水,可以让救助者更容易发现。在救生背心上应该有一枚救生哨子,以让落水者进行哨声呼救。为了在大海中很容易地找到落水者,一般救生衣的面料颜色都是比较鲜艳的,并在救生衣两肩头处装有反射板。

救生衣分为两种,一种是浮力材料填充式救生衣,即用尼龙布或氯丁橡胶做面料,中间填充浮力材料。另一种是充气式救生衣,采用强度高的防水材料制造而成,原理类似充气式救生圈或游泳圈。该救生衣分自动充气式或被动充气式。但是这种救生衣最应该注意的是:应绝对避免尖锐物戳穿或磨破防水层,这是因为漏气后会造成不堪设想的严重后果。

3. 救生衣的使用

游艇上的乘客都必须正确穿着救生衣,以确保安全。救生衣的使用方法为:

穿着塑料(普通)救生衣前,应先检查浮力袋、领口带、腰带等,它们不能有损坏。把救生衣从头套下穿在身上,浮力袋大的一面置于身体前面,把腰带分别从左右两边绕到身后,再绕到前面一周,在胸前用力收紧打一平结系牢。

穿着充气式救生衣前,应检查气嘴和通气管、胸带等,它们应完整无损,并有两个独立的气室,互不连贯,互不漏气,穿着后,系好胸带,并调整好跨带,拉 CO_2 充气瓶拉绳,使救生衣充气成型;或用牙齿将气嘴向前顶紧吹气,松开即自动关闭,并交替进行,使前后平衡,以增大浮力。

4.救生衣的检查与保养

救生衣不得存放在潮湿、有油垢或温度过高的地方。每3个月检查一次有无霉烂、发脆和损坏;如有,应及时修补、清洗和更新。保持救生衣的清洁干燥,每个月应晾晒一次。经常检查救生衣是否存放在正确的位置,是否妥善保管。不要随意把救生衣做枕头或坐垫使用,以免受压后浮力减少,影响其安全使用。

二、救生圈

1.一般规定

(1)艇长小于12 m的游艇至少应配备1只带救生绳的救生圈(图3-2)。

(2)艇长12 m及以上的游艇应至少配备2只救生圈,并分别置于驾驶室或艇操纵位置两侧,其中1只应带救生绳。

(3)救生绳的长度一般不小于18 m。

2.救生圈的使用

如果有人不慎落入水中,落水者应大声呼叫以引起其他人员的注意。发现者应就近拿取救生圈并迅速抛向落水者附近的海面,具体的做法是:

图3-2 救生圈

落水者先抓住把手索,然后双手同时向下压住救生圈的一侧,使救生圈竖起,手和头顺势钻入圈内,再将救生圈夹在两腋下面,保持头部高于水面,身体浮于水中,等待救助(图3-3)。也可以一手抓住救生圈,另一手做划水动作(图3-4)。

图3-3 利用救生圈在水中待救

图3-4 借助救生圈游泳

如果在游艇停泊时,有人落水,此时抛投者应一只手握住救生索,另一只手将救生圈抛在落水者的下流方向。无流而有风时,应抛在上风,以便于落水者攀拿。落水者攀拿后,艇上人员回收浮索,将落水者拉至艇边。也可以把救生索系在栏杆上,两手同时抛投救生圈。当艇与落水者有较大距离时,应将救生圈连救生索一起用力抛出,这样抛投距离比较远(图3-5)。

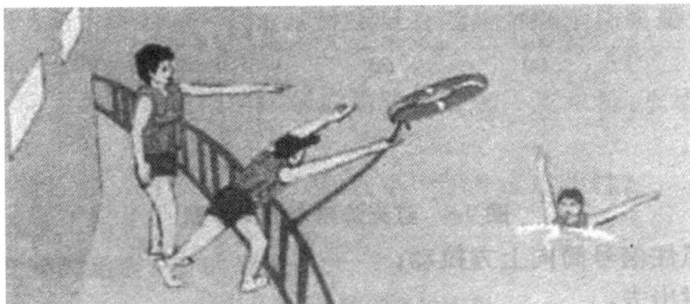

图 3-5　救生圈的抛投

3.救生圈的存放与检查

救生圈应合理布置在游艇两舷侧和容易看见、到达的地方。外表标记应清晰可见,把手绳和救生圈本身应完好无损。

4.救生圈与游泳圈的区别

游泳圈(图 3-6)不是救生圈,千万不能作为救生用具使用。游泳圈与救生圈执行的国家标准是不一样的,救生圈是起救生作用的,它具有很多附属功能;而游泳圈被定义为水上玩具,执行的只是玩具标准。因此,与真正的救生圈相比,游泳圈容易破损漏气,抗压能力很差,极易爆裂,塑料表面遇水湿滑,较难抓握,只能在水上休闲运动中起到一定的辅助或保护作用,如果带到深水区则具有危险性。

图 3-6　游泳圈

而救生圈是水上救生设备的一种,生产工序复杂,要求更为严格。圈体芯材采用闭孔型发泡材料,即聚苯乙烯材料,外面包裹玻璃纤维布,还要涂三层酚醛树脂,然后包帆布并涂刷数层油漆。救生圈圈身必须具备荧光条,方便救援。

三、救生信号

船舶上都有视觉信号设备,当船舶遇险时利用这些视觉信号可以显示出遇险船以及救生艇、筏的位置,以便引起周围船舶、飞机上人员的注意。那么,船舶遇难时如何使用信号弹求救呢?

视觉信号根据使用时机不同分成不同种类,主要有火箭降落伞火焰信号、漂浮烟雾信号、橙色烟雾信号、手持火焰信号、日光信号镜等。

在使用这些信号时应特别注意,白天最好使用烟雾信号,夜间尽可能使用灯光火焰信号,以便达到容易被发现的目的,而且只有当船舶、飞机出现在视线范围内时使用这些信号,才能起到遇险报警的作用。

1.火箭降落伞火焰信号

火箭降落伞火焰信号、手持红光火焰信号以及橙色烟雾信号等,都应按照相关规定将各类救生信号存放于救生艇、筏和船舶驾驶室。信号发射过程中绝对不能将筒体对向他人或自己身体的任何部位。图 3-7 所示为火箭降落伞火焰信号弹。

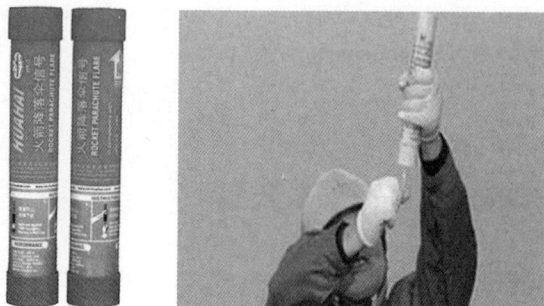

图 3-7　火箭降落伞火焰信号弹

发射火箭降落伞火焰信号时应特别注意:有些火箭降落伞火焰信号在发射时往往会有一段时间延迟,应尽量用双手握住火箭筒体。但如果击发 10 s 后火箭还没有发射出去,则应尽快将其抛入水中,以防发生危险。

2. 漂浮烟雾信号和橙色烟雾信号

漂浮烟雾信号和橙色烟雾信号(图 3-8)的功能相似,只是发出的烟雾颜色不同,主要应用于白天的视觉发现。当激发烟雾信号后,其浓烈的烟雾便于过往飞机或近距离驶过的船舶发现海上遇险求生人员。信号上都注有使用说明及简明的图解,使用时应按照规定的要求操作。

(a)漂浮烟雾信号弹　　　　　　　　　　　　　　(b)橙色烟雾

图 3-8　漂浮烟雾信号弹和橙色烟雾

3. 手持火焰信号

手持火焰信号弹(图 3-9)外观呈圆柱形,类似于火箭降落伞火焰信号,其上端和下端均有水密橡胶盖和防潮膜保护。根据触发装置不同,常见的手持火焰信号主要有擦发式、拉发式和击发式 3 种点燃方式。使用时应按其说明书及图解进行操作。

手持火焰信号主要在夜间使用,其燃烧时发出的火焰光的亮度,便于过往飞机或近距离驶过的船舶发现海上遇险求生人员。使用时将信号点燃后要高举将其伸向艇筏的舷外,有风天气使用时则应把信号点燃后伸向艇、筏的下风舷外,眼睛要避开火焰强烈的光芒。施放时还应注意,持握部位应在信号筒中部以下的空心壳体或支持筒体的塑料夹板上,以免被火焰烫伤。

手持火焰信号弹有如下要求：

(1)装在防水外壳内；

(2)在外壳上,印有清楚简明手持火焰信号用法的须知或图解；

(3)具有整套装在一起的点燃装置；

(4)当按制造厂的操作须知使用时,人员握持外壳不致感到不舒适,燃烧中的或熄灭的渣滓不致危害救生艇、筏。

手持火焰信号应：

(1)能发出明亮红光；

(2)燃烧均匀,平均光强不小于 15 000 cd；

(3)燃烧时间不小于 1 min；

(4)在浸入 100 mm 深的水中历时 10 s 后,仍能继续燃烧。

图 3-9　手持火焰信号弹和施放图

4.日光信号镜

日光信号镜(图 3-10)是遇险后用于发出求救光信号的镜子,主要用于空中、海上、防灾领域等。

日光信号镜使用方法：

(1)手持信号镜,将位于其中心的瞄准器孔置于眼前；

(2)通过瞄准器,找到目标物(船舶或飞机)；

(3)转动信号镜角度,使太阳光照射到信号镜上,直到瞄准器上看到一亮点；

(4)继续转动信号镜角度,将这一亮点移动到瞄准器孔；

图 3-10　日光信号镜

这时,太阳光线经过信号镜正好反射向目标物,从而达到向目标物发送信号的目的(质量好的镜子,在强烈日光下可被 10 n mile 外的目标发现)。

四、应急无线电示位标

应急无线电示位标(emergency position indicating radio beacon,EPIRB)常简称为示位标,

因工作频率在 406 MHz 附近也常被简称为 406,如图 3-11 所示。含全球定位系统(GPS)的应急无线电示位标常被称为卫星应急无线电示位标。

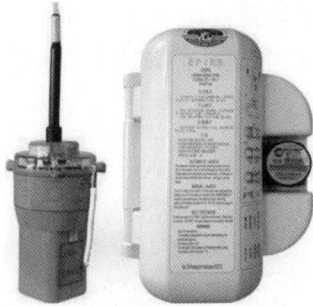

图 3-11　应急无线电示位标及外盒

在有关海洋的各项活动中,面临的一个重大的问题就是安全与救生问题。可能会发生的触礁、风浪、海洋生物威胁、海盗、平台/船碰撞、失去动力等具有毁灭性的事故,严重威胁人身安全和海洋活动。如无法解决海上遇险救援报警问题和降低人员伤亡数量的问题,将直接影响海洋的发展。

在发生事故时,往往因船只沉没,或平台进水,或失去能源动力,或电磁扰动等原因,失去能源供应或使电台进水,卫星通信、手机等常常无法使用,其中手机和电台的使用还受距离约束,在很多海域无法正常使用。

为避免发生此类因无法救援或救援不及时带来的人员伤亡,国际上成立了 COSPAS-SARSAT 卫星组织,制定了紧急无线电示位标的产品规范。COSPAS-SARSAT(COSPAS 是俄文的拉丁化,英文全称是 space system for search of distress vessels,SARSAT 的英文全称是 search and rescue satellite aided tracking)系统,原称为"低极轨道搜救卫星系统",该系统后来引入了静止卫星作为转发器,因此系统更名为"国际搜救卫星系统"。

应急无线电示位标在沉船后,会自动弹出浮到水面,发出遇险求救信号,该求救信号通过 COSPAS-SARSAT 系统(含 GPS 的紧急无线电示位标信号也可通过静止轨道卫星)转发到地面站,报告当前位置、平台信息等。紧急无线电示位标也可在遇险时人工触发,如遇海盗、外国军警侵犯时。因信息及时,救援组织往往能在第一时间抵达遇险海域开展救援工作。

作为海洋活动中人命安全的最后一道保障,应急无线电示位标具有其他产品不可替代的作用,由示位标-卫星-地面站-控制中心-营救协调中心-救助单位组成的系统在 1982 年到 1984 年的试验期间在 115 例遇险事故幸存的 333 人中成功营救了 289 人。在 2010 年,示位标信号帮助 641 起遇险事故,2 338 人获救。

随着海洋经济的大发展、从业人员的激增,卫星应急无线电示位标必将在保障人命安全、保障海洋经济安全方面发挥不可估量的作用。

五、搜救雷达应答器

1. 搜救雷达应答器介绍

搜救雷达应答器(search and rescue radar transponder, SART)如图3-12所示。按SOLAS公约1988年修正案规定,每艘客船和500总吨及以上的货船,每舷应至少配有1台9 GHz搜救雷达应答器;300总吨到500总吨的货船至少应配备一台9 GHz搜救雷达应答器。该项要求对于1992年2月1日以后建造的船舶,建造时配备,对于1992年2月1日以前建造的船舶,在1995年2月1日必须完成该设备的配备。

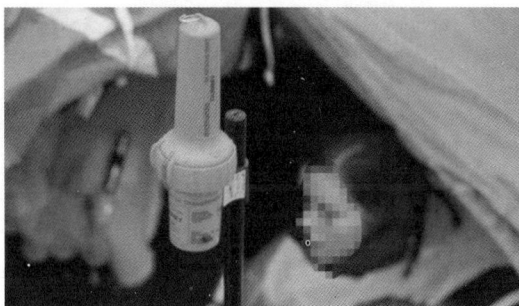

图3-12　搜救雷达应答器

搜救雷达应答器应存放在能迅速放入任何救生艇、筏的位置处。或者,应在每一救生艇、筏上存放1台搜救雷达应答器。至少配有2台搜救雷达应答器以及配备自由降落救生艇的船上,其中的一台搜救雷达应答器应存放在一艘自由降落救生艇内,另一台存放在紧邻驾驶室之处,以便能在船上使用,并能便于转移至其他救生艇、筏上。

在全球海上遇险与安全系统(GMDSS)中,遇险船舶可利用各种手段进行遇险报警,报警信息中,包含遇险船舶的位置信息,但是由于受到客观原因的制约,例如遇险船舶使用的定位系统的精度等因素的影响,遇险船舶或幸存者报告的位置与实际的位置可能存在一定的误差和变化,考虑遇上恶劣海况、浓雾或黑夜,现场搜救幸存者的工作难度很大。为尽快发现幸存者,在GMDSS中,公约船都按要求配备了搜救雷达应答器,这解决了现场搜救不易发现失事地点或幸存者的问题,使得遇险船舶,救生艇、筏或幸存者可能被迅速发现和获救。

搜救雷达应答器是GMDSS中用来近距离确定遇难船舶,救生艇、筏及幸存者位置的主要方式;是遇险现场使用的设备,能引导搜救飞机或搜救船舶尽快地搜寻到遇险者,并可让持有搜救雷达应答器的幸存者知道是否有救助飞机或救助船舶在靠近他们。

搜救雷达应答器实际上是一个被动触发式的雷达信号产生器,该设备开启后,在没有被雷达信号触发前,设备处于接收状态,当被3 cm导航雷达波触发以后,应答一个雷达信号,会在导航雷达上显示一连串的点,使搜救船舶和飞机非常容易就能够发现和辨别。

当船舶遇险弃船时,必须携带搜救雷达应答器下船,然后安装并启动搜救雷达应答器,遇险同时,搜救雷达应答器在受到探测脉冲作用时,蜂鸣声和指示灯闪亮发生变化,持有搜救雷达应答器的遇险者,可以从搜救雷达应答器蜂鸣声和指示灯的变化得知是否有救助船舶或救助飞机在靠近他们。

2. 搜救雷达应答器操作要求

在操作上对搜救雷达应答器的要求是:工作可靠,操作简便,便于携带,容易发现。具体如下。

(1)应能容易由非熟练人员操作;

(2)应装有防止意外启动的装置;

(3)应装有监听或监视(或二者兼备)装置,以指示应答器是否正常工作和告知幸存者已有搜救船只在靠近他们;

(4)应能人工启动和关闭,也能在紧急时自动启动;

(5)应能提供待命状态的指示;

(6)应能从 20 m 高落入水中而不损坏;

(7)在 10 m 深水处,至少应能保持 5 min 而不进水;

(8)在浸入水中条件下,受到 45 ℃热冲击时应仍能保持水密;

(9)单独落入水中,应能自动正向立起,指示灯在上面;

(10)应有一根与搜救雷达应答器连接的浮动绳索,以供遇难幸存者系在身上使用;

(11)应能抗海水和油的浸蚀;

(12)长期曝露在阳光下及在风雨浸蚀下,技术指标不应降低;

(13)所有表面应呈可见度高的橘黄色;

(14)外围构造平滑,以防止损伤救生筏和事故中的幸存者。

搜救雷达应答器的作用距离主要与它的安装高度和搜救者雷达的天线高度有关。一般情况下,如果搜救雷达应答器的安装高度离海面 1.5 m,雷达天线高度离海面 15 m 以上,搜救船在至少 5 n mile 远处就能探寻到搜救雷达应答器信号;飞行高度 3 000 ft、雷达峰值功率 10 kW 的搜救飞机能在 40 n mile 远处探寻到搜救雷达应答器信号。

影响探寻搜救雷达应答器信号距离的因素还有以下三方面。

首先,与雷达天线的高度和雷达的类型有关。一般来说,大型船舶的雷达有较高的天线增益,离海平面较高,探寻搜救雷达应答器的距离也较远。

其次,与天气和海况的影响有关。对于平静的海面,电波多径传输可影响到搜救雷达应答器的接收;相反在大浪时,搜救雷达和搜救雷达应答器仰角要发生变化,可能导致更远距离的接收,但是在波谷时,也会降低探测距离。

最后,搜救雷达应答器的安装高度也同样会影响发现搜救雷达应答器的距离。实际使用搜救雷达应答器时,应当将搜救雷达应答器启动后安装在尽可能高的地方,并注意不要对搜救雷达应答器有任何遮挡。

IMO 建议搜救雷达应答器的性能标准为:当搜救雷达应答器安装在离海平面 1 m 以上,搜救雷达天线高 15 m 时,能达到至少 5 n mile 的探测距离,实际上,对于远洋船舶,雷达天线的高度一般在 30 m 左右,搜救雷达应答器安装的高度也在 2 m 以上,因此在 10 n mile 以外的范围内,就可以发现幸存者。

实验得知:将搜救雷达应答器平放在地板上时,作用距离为 1.8 n mile;垂直放在地板上时,作用距离为 2.5 n mile;当搜救雷达应答器漂浮在水中时,作用距离为 2.0 n mile。一般天气情况下,适当地安装搜救雷达应答器,对大船雷达,发现距离要 10 n mile 以上。如果安装不好,或者在救生艇、筏内使用,或者漂浮在水中,发现距离甚至比视距还要近。

便携式搜救雷达应答器应安装在驾驶室两侧容易接触到的地方。在船舶遇险时,应有专人把它带到救生艇上,或者由幸存者手持,或者安放在遇险船的船舷上,作为出事点的标志。搜救雷达应答器启动后应尽量安装在高处,以提高作用距离。

搜救雷达应答器平时是以关机状态保存的,船舶遇险时要从搜救雷达应答器的安装容器中取出,开机使其处在待机(接收)状态,尽可能地安装在高处,准备应答搜救船舶或者搜救飞机的雷达的触发信号。具体的搜救雷达应答器的使用方法,请参照设备的使用说明书。

注意:搜救雷达应答器和雷达反射器不能在同一救生艇、筏上使用,因为雷达反射器可能阻挡搜救雷达应答器的信号。

3.应急无线电示位标(EPIRB)与搜救雷达应答器(SART)的区别

两者都起到示位的作用,但应急无线电示位标的报警距离远(全球),搜救雷达应答器的作用距离近,且无法发送详细信息,如果附近没有带有雷达的船舶则无法起效用。

应急无线电示位标是将详细位置信息和船的信息通过卫星发出求救信号,如在中国附近,该信号会发往北京或香港的国际卫星地面搜救中心。一般而言,应急无线电示位标报警后,搜救组织派搜救船舶到附近,搜救雷达应答器会在搜救船舶抵达附近后起作用。如果应急无线电示位标自带 121.5 MHz 寻位信号,也能指引搜救平台快速找到该标体,但普通商船无法识别应急无线电示位标所发射的 121.5 MHz 信号。船沉后,船员会把应急无线电示位标带走,随时向卫星发送人员当前位置信号,指引搜救,而当附近没有船舶时搜救雷达应答器则无法起到示位作用。

六、防水服(保温服)的穿戴和使用

防水服如图 3-13 所示。

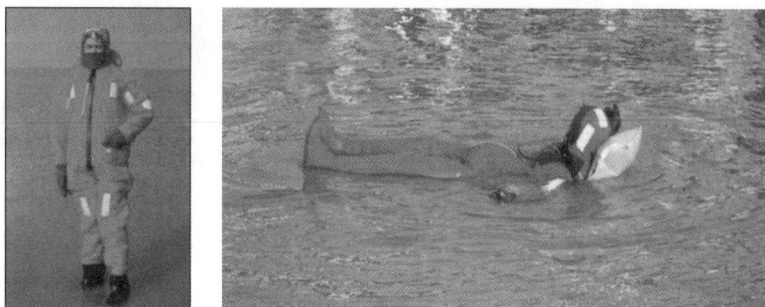

图 3-13　防水服

（1）穿着时间：≤2 min。

（2）存放温度：-30~65 ℃。

（3）使用温度：-1~30 ℃。

（4）质量：4 kg±0.5 kg。

（5）规格：分为大小两种（小号适合身高 1.75 m 以下人员，大号适合身高 1.75~1.90 m 人员）。

（6）保温性：着装于 0 ℃平稳循环水中浸 6 h，体温下降≤2 ℃，手脚和腰部皮肤温度不降至 10 ℃以下。

（7）浮力：着装者能在 5 s 内从任何位置转至面部向上漂浮，嘴离水面至少 11 cm；在淡水中浸 24 h 后，其浮力不降低 5% 以上。

（8）穿着须知：

①根据穿着者的身高选择合适的服装，并检查衣服是否完好，拉链是否损伤，否则不应使用。

②打开水密拉链，松开腰带，放松腿部限流拉链。

③先穿两脚，再穿双手，戴上帽子，使面部密封圈和脸部接触完整，再缚紧腰带，拉上水密拉链。

④收紧腿部限流拉链，拉紧袖口松紧带，再拉上挡浪片，最后抽紧脑后的带子，使面部密封圈绷紧。

⑤脱险后，按上述相反顺序卸装。

七、紧急逃生呼吸装置

紧急逃生呼吸装置（emergency escape breathing device，EEBD）如图 3-14 所示，它是根据国际海事组织 MSC.98(73)决议通过的，于 2002 年 7 月 1 日成为强制性要求的，《国际消防安全系统规则》规定配备的装置，常见的有正压储气式和化学氧式。

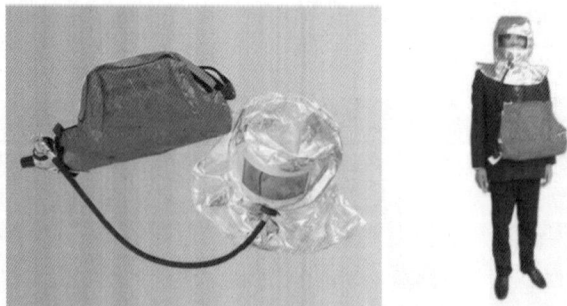

图 3-14 紧急逃生呼吸装置

正压储气式紧急逃生呼吸器由压缩空气瓶、减压器、压力表、输气导管、头罩、背包等组成，能提供个人 10 min 或 15 min 以上的恒流气体，可供处于有毒、有害、烟雾、缺氧环境中的人员逃生使用。

空气瓶上装有压力表始终显示空气瓶内压力。头罩或全面罩上装有呼气阀,将使用者呼出的气体排出保护罩外,由于保护罩内的气体压力大于外界环境大气压力,所以环境气体不能进入保护罩,从而达到呼吸保护的目的。该装置体积小,可由人员随身携带且不影响人员的正常活动。

正压储气式紧急逃生呼吸器结构简单,操作简便,使用者在未经培训的情况下,简要阅读使用说明后即可正确操作。主要技术参数见表3-1。

表3-1 正压储气式紧急逃生呼吸器主要技术参数

产品型号	THDF-10I	THDF-15I
空气瓶容积/L	2.2	3.2
额定储气压力/MPa	21	21
持续使用时间/min	≥10	≥15
产品质量/kg	≤6	≤8

第三节 游艇防火与灭火

在介绍游艇的防火与灭火时,我们先来学习一下燃烧的知识。

燃烧的定义:可燃物质与氧化剂作用发生的放热反应,通常伴有火焰发光和(或)发烟的现象,称为燃烧。人们通常所说的"起火""着火",就是燃烧的习惯叫法。对于燃烧的认识,我们将从以下几方面加以阐述。

一、燃烧三要素

燃烧需要一定的条件才能发生,它必须具备的三个条件又称三要素,这三要素是指可燃物质、助燃物质和着火源。但也不是三个条件同时存在,就一定会发生燃烧现象,还必须要这三个要素相互作用才能发生燃烧。因此结合船舶火灾的特点,对燃烧的三个条件进行深刻地认识和理解是非常重要的,这是船舶防火的基础。

1. 可燃物质

凡能与氧化剂反应,同时发光、发热的物质称为可燃物质。可燃物质有固体燃料、液体燃料和气体燃料三种。

2. 助燃物质

与可燃物质相互结合能导致燃烧的物质称为助燃物质,如氧气、氯气等。

一般来说,空气中的含氧量至少有11%才能够维持燃烧。但是,闷火只需要3%的氧气,所以如棉花等物质的燃烧仅需要很少的氧气就可闷燃,而且一旦获得氧气的补充容易死灰复燃。

3. 着火源

在火灾发生初期提供燃烧赖以维持的热能源称为着火源,如明火、电气火花、摩擦撞击产生的火花、雷击、辐射热、化学反应热等。

在火灾发展过程中,可燃物质本身燃烧所释放出的热量也可以维持本身的火势,并促使其继续向四周发展蔓延。

二、灭火的基本方法

任何火灾都必须具备物质燃烧三要素,这三要素缺一不可。因此船舶的一切防火、灭火措施都是围绕物质燃烧的三要素进行的。根据这一原理,船舶灭火的基本方法有以下几种。

1. 隔离法

针对可燃物,将在火场周围的可燃物与燃烧物分隔开来使火势不能蔓延,并使燃烧因缺乏可燃物而停止。如将燃烧物迅速转移到安全地点或投入海中;移走火源附近的可燃物,易燃、易爆物品;关闭可燃气体或液体进入燃烧地点的开关等。

2. 窒息法

关闭火场的通风筒、门窗,停止或减少氧气的供给,使燃烧因得不到足够的助燃物而熄灭。常用的覆盖物有石棉毯、黄沙、泡沫等。常用于冲淡火场空气中含氧量的不燃气体有二氧化碳(CO_2)、卤代烃、水蒸气和氮气等。

3. 冷却法

将灭火剂喷洒到燃烧物上,迅速降低其温度,当燃烧的温度降低到燃点以下时,火就会熄灭。通常用水来冷却降温。另外,将水洒在火场附近的建筑物或燃烧物上,使之降温可以阻止火势的蔓延。

三、报警装置

1. 报警工具

报警工具主要有警钟、汽笛、警铃等。

2. 火灾报警装置

在火灾自动报警系统中,用以发出区别于环境声、光的火灾警报信号的装置称为火灾警报装置。火灾探测器是火灾自动报警系统的传感部分,是组成各种火灾自动报警系统的重要组件,是火灾自动报警系统的"感觉器官"。它能对火灾参数(如烟、温度、火焰辐射、气体浓度等)进行响应,并自动发出火灾报警信号,或向控制和指示设备发出现场火灾状态信号,以警示人们采取安全疏散、灭火救灾措施。报警系统应有自动和手动两种触发装置。各种类型的火灾探测器是自动触发装置,而在防火分区疏散通道、楼梯口等处设置的手动火灾报警按钮是手动触发装置,它应具有在应急情况下,人工手动通报火警的功能。手动火灾报警按钮如图3-15所示。

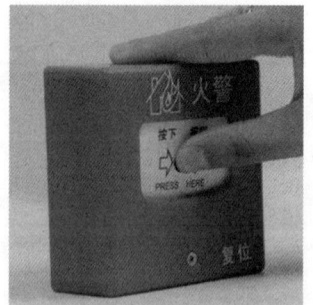

图3-15 手动火灾报警按钮

火灾自动报警系统包含如下三种。

（1）感温式火灾探测器

感温式火灾探测器（图 3-16）应用于机舱、起居室、服务处等地方，包括定温式探测器、差温式探测器和差定温式探测器。

定温式探测器设定温度有 57 ℃、74 ℃、87 ℃ 三种，当达到设定温度时，报警器发出警报。

差温式探测器温升速度 15 ℃/min，风速 0.8 m/s 时动作时间 16 s~3 min。

图 3-16　感温式火灾探测器

差定温式探测器是定温式探测器与差温式探测器结合的产品。

（2）感烟式火灾探测器

在火灾初期，由于温度较低，物质多处于阴燃阶段，所以产生大量烟雾。烟雾是早期火灾的重要特征之一，感烟式火灾探测器（图 3-17）就是利用这种特征而开发的，是能够对可见的或不可见的烟雾粒子响应的火灾探测器。它是将探测部位烟雾浓度的变化转换为电信号实现报警目的的一种器件。

（3）感光式火灾探测器

物质燃烧时，在产生烟雾和放出热量的同时，也产生可见或不可见的光辐射。

感光式火灾探测器又称火焰探测器（图 3-18），它用于响应火灾的光特性，即扩散火焰燃烧的光照强度和火焰的闪烁频率的一种火灾探测器。根据火焰的光特性，目前使用的火焰探测器有两种：一种是对波长较短的、光辐射敏感的紫外探测器，另一种是对波长较长的光辐射敏感的红外探测器。但感光式探测器使用效果不如感温式和感烟式两种好，因此在游艇上较少使用。

图 3-17　感烟式火灾探测器　　**图 3-18　感光式火灾探测器**

3. 报警器效用检查

探测器的效用检查每半年进行一次。只需用相应设备使三种报警器达到其报警条件即可，方法如下：

①感温式火灾探测器效用检查（用电吹风）。

②感烟式火灾探测器效用检查（用香烟）。

③感光式火灾探测器效用检查（用手电）。

四、灭火剂

灭火剂的最重要特性是它的不燃性。灭火剂的实质是使着火的三要素分离。常见的灭火剂有如下几种。

1. 水

由于蒸发时能从烟中移去热量,因而水是一种良好的灭火剂。水灭火剂如图 3-19 所示。水具有吸收较大热量的能力,液体蒸发形成水蒸气时,吸收的热量大。水的汽化热很高故用水来灭火十分有效。液体汽化必须从某些热源吸收热量,把水放到火焰上时,即从火物质中吸收热量,最终得以汽化,当热量由高温物质转移给冷水时,物质的温度下降,从而使火熄灭。作为一种最丰富、最便宜的不燃物质,尤其就水路运输而言,船上水源丰富,是随时随地可取用的灭火剂,水的性质如此优越,如果运用恰当,着火物质的温度即可降到大气温度左右,在一般情况下足以使物质中断燃烧。但水不是一种万能的灭火剂,有时因为用水而造成的破坏常常超过火灾造成的直接破坏。水对固体火灾是有效的,但对液体尤其是油类火灾就不完全有效,水的密度比油类物质大,而大多数油类和易燃液体不溶于水,因而用水扑灭液体火灾时,水能沉到燃料的火焰表面下,故不能通过蒸发移去热量。此外,水会破坏灵敏电路,对于电气火灾用水扑灭则更为危险,因含有天然盐类的水能够导电,故可能造成操作水龙带的人触电死亡,此外还能使金属起反应,故水不能扑救此类火灾,反而能助燃。有时受条件限制,用水灭火并不是一种有效的方法。用于大火时,由于大部分水会流散,因而起不到降温作用,但此时如果使用雾状水则可以大大提高水灭火的效率。雾状水具有较大的表面积,可以迅速除去热量而达到中断燃烧的目的。

图 3-19　水灭火剂

2. 二氧化碳

二氧化碳由于可以起覆盖作用,并能减少火场空气中的含氧量,使火焰熄灭,所以可作为一种良好的灭火剂。与水相反,二氧化碳对火场破坏很小,而且二氧化碳不导电,因此可用于气体火灾的扑灭。常温常压下纯净二氧化碳是无色无味的气体,其本身不助燃,降温、加压便能使其液化,制造方便,便于储存。灭火器中喷出的实际上是固态或液态的二氧化碳,虽然其能降低温度,对燃烧物有一定的冷却作用,但远不能扑灭火灾,它的作用是增加空气中的不燃也不助燃物的成分,相对减少空气中的氧含量。经实验表明,当燃烧区域中含氧量低于11%,或二氧化碳浓度为30%~35%时,绝大多数燃烧都会自行熄灭。由于二氧化碳是一种特殊气体,对绝大多数物质没有破坏作用,灭火后能很快散开,不留痕迹又没有毒性,所以它适用于液体火灾以及那些容易受水、泡沫等灭火剂玷污的固体物质的火灾。此外,二氧化碳是一种不导电的物质,用于扑灭气体火灾也很好。但二氧化碳具有窒息作用,使用时会逐渐扩散到空气中,引起火场缺氧,这样会危及扑救人员的安全,因此在施救时,扑救人员应先撤出该区。二氧化碳有一定的渗透力、环绕力,可以达到一般喷射不容易达到的地方,但仍难扑灭固体火灾和一些纤维物质内部的阴燃火,所以用二氧化碳扑灭固体火灾时,应注意防止死灰复燃,最好扑救后再用水灭火。

在一般情况下,二氧化碳是化学性质不活泼的气体,但在高温下,它能与钠、钾、镁等金属起反应,例如金属镁能在二氧化碳中燃烧,在反应中释放大量的热,因此二氧化碳不能用作锂、钾、镁、钛、镉、铀的金属及其氢化物的火灾,同样也不能用于扑灭那些惰性介质中自身供氧燃烧的物质(如硝化纤维火药)引起的火灾。

二氧化碳灭火剂(图3-20)是一种历史悠久的灭火剂,价格低廉,获取、制备容易,主要依靠窒息作用和部分冷却作用灭火。二氧化碳具有较高的密度,约为空气的1.5倍。在常压下,液态的二氧化碳会立即汽化,一般1 kg的液态二氧化碳可产生约0.5 m³的气体。因而,灭火时,二氧化碳气体可以排除空气而包围在燃烧物体的表面或分布于较密闭的空间,降低可燃物周围或防护空间内的氧浓度,产生窒息作用而灭火。另外,二氧化碳从储存容器中喷出时,会由液体迅速汽化成气体,而从周围吸收部分热量,起到冷却的作用。二氧化碳灭火剂具有流动性好、喷射率高、不腐蚀容器和不易变质等优良性能,可以用来扑灭图书、档案、贵重设备、精密仪器、600 V以下电气设备及油类的初起火灾。

图3-20 二氧化碳灭火剂

3. 泡沫

灭火的泡沫是泡沫液与水混合,通过化学反应或机械方法产生的。泡沫能在燃烧物质的表面形成覆盖层,使之与空气隔绝,起窒息和防止辐射作用;泡沫受热蒸发可起到冷却作用,产生的水蒸气又可降低氧气的浓度。它是甲类火和乙类火的良好灭火剂。泡沫分为化学泡沫和空气泡沫两大类,船上固定灭火系统都采用空气泡沫。泡沫灭火剂适用于机器处所、货油泵舱、滚装船的特种装货处所。

泡沫灭火剂(图3-21)也有它的局限性,对可以溶解于水的易燃液体,它的灭火作用就不显著,如对于醇类、酮类、酐类以及有机酸引起的火灾,如采用一般的水溶性蛋白空气泡沫施救,泡沫里的水分会很快被这些易燃液体所溶解,起不到隔绝空气的作用。因而必须用抗溶性的泡沫液来代替一般的水溶性船用泡沫液。另外,由于泡沫带水,没切断电源的电器火灾、忌水物品火灾均不宜使用泡沫灭火剂。

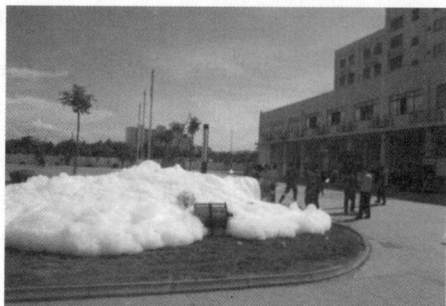

图3-21 泡沫灭火剂

使用泡沫灭火剂时,水和泡沫灭火剂不能同时喷射在一起,否则易被冲散或搅动火液面,从而难以形成一定厚度的覆盖层,起不到灭火应有的效果。

4. 化学干粉

化学干粉是一种固体粉末,装在机筒内,使用时压缩的二氧化碳或氮气这类惰性气体推动喷射,它对燃烧起抑制作用,主要是干粉能对燃烧中的大量活性物质发生作用,使其成为不活性物质,从而中断燃烧连锁反应,使燃烧连锁反应终止。干粉反应后分解出不燃气体和粉雾,可以稀释空气中的含氧量和阻碍热辐射。

化学干粉灭火剂(图3-22)主要用于扑救液体、可燃气体的火灾和一般带电设备的火灾,液化气体船上则广泛使用干粉灭火剂。由于干粉对蛋白泡沫塑料和一般泡沫有较大的破坏作用,因此干粉不能与上述两种泡沫联用。干粉使用时,粉末飞扬,会影响救火人员呼吸,须加以注意。

图3-22 化学干粉灭火剂

对轻金属火灾,普通干粉没有效果,应采用金属型干粉,如采用7150干粉扑救。

5. 消防沙

黄沙、干土也常被用作灭火剂(图3-23),主要用于初期小火,火灾初始时常是一个火点,面积不大,产生热量不多,如没有其他灭火剂在附近,随手使用黄沙、干土等去覆盖,也能起隔绝空气、阻止氧气进入的作用,达到灭火效果。

对于镁粉、铝粉、闪光粉等易燃固体引起的火灾,使

图3-23 消防沙

用砂土扑救是很适宜的。应该注意的是,砂土不能用来扑救爆炸品的火灾。

五、火灾的分类

掌握不同物质燃烧的特征,比较有效的方法就是对其进行分类。对火灾分类,各国有不同的方法,现在国际海事组织采用欧洲共同体的火灾分类法,将火分为甲、乙、丙、丁四类。

1. 甲类火

(1)定义

常见的固体可燃物质着火,称为甲类火。可用水和水溶液去扑灭。这些物质包括木材、木基物质、布、纸、橡胶以及某些塑料等。

虽然建造船舶的主要材料是金属,但是船上有很多的易燃物品。可能有甲类物质的地方如下。

①驾驶室内(有木制的书桌、海图、其他航海图书资料等可燃品)。

②木工房里(可能有各种各样的木材)。

③水手长物料间(可能有各种各样的绳索)。

④驾驶室侧翼的应变柜(存放有抛绳器用的火药和炸药)。

⑤金属集装箱的下面(通常是用木头和木质材料制成的)。

⑥可能存放在甲板下面(用来垫舱、做手脚架以及其他用途的木料)。

(2)扑灭甲类火

最好的灭火剂是水,但要注意用水灭火可能对货物造成损失和引起船舶稳性不足。

2. 乙类火

(1)定义

易燃的或可燃的液体、可溶的固体、润滑质和类似的物品着火,称为乙类火。这类火只限于表面燃烧,但有爆炸的危险。扑灭乙类火首先应切断物质的来源,再采用泡沫施救。船上也装有大量的用作动力和发电的可燃液体,即柴油或汽油,在储存、输送这些燃料时也存在危险性。如果管道有裂缝,会使油泄漏出来,被火源点燃。大量的油溢漏,就会引起大规模的火灾。

其他有可燃液体的地方是厨房以及使用和储存滑油的各类舱室和地点。

(2)扑灭乙类火

应尽快切断已经失火的易燃或可燃液体的来源,使火得不到燃料的供应,并且使消防人员能够用下面几种方法灭火。

①少量的溢油:用化学干粉灭火器或泡沫灭火器,或者雾状喷水。

②大量溢油:使用大型化学干粉灭火器,架设泡沫水雾水带以备使用。将水喷洒在着火现场的物体上以防止被火引燃。

③溢流到水面上:如果能抑制火势,则使用泡沫把火窒息。否则,须使用大量雾状喷水。

④船上厨房:使用二氧化碳灭火器和化学干粉灭火器。

⑤燃油设备:使用泡沫灭火器或雾状喷水。

3.丙类火

(1)定义

可燃气体着火称为丙类火,如液化石油气、天然气及各种可燃气体所引起的火灾,扑灭丙类火宜采用的灭火剂是干粉。

物质在气体状态下,其分子不是聚集在一起的,而是自由自在活动的。因此气体本身没有形状。易燃气体在空气中达到了一定的范围和被加热到一定温度时,就会燃烧。船舶通常以下列三种方法储存或运输气体。

①压缩:压缩气体就是在正常温度时,在容器内的压力下,完全呈气体状态的气体。

②液化:液化易燃气体,就是在 100 ℉下,雷德蒸汽压力至少为 40 绝对压强的气体,即在正常温度时,在容器内的压力下,一部分或全部呈液态的气体。

③冷凝:冷凝气体就是在容器内的温度大大低于正常温度及压力低到中等情况时呈液态的气体。

(2)扑灭丙类火

易燃气体着火可用化学干粉灭火器去扑灭。二氧化碳和汽化液体可以扑灭某些气体的着火。但是这些火会释放出高温辐射,严重危害消防人员安全。此外在火被扑灭之后,仍有不断跑气而造成失火和爆炸的危险。化学干粉和喷雾水能够有效抵挡气体失火所释放出来的辐射,而二氧化碳和汽化液体则不能。控制这种火的标准程序是在关闭气源之前,只能任其燃烧。如果不可能堵住燃料的来源,则不可能达到灭火的目的,供火燃烧的气体未被切断之前,应该防止周围暴露于火的物品燃烧(暴露于火的物品指的是那些能够被子火焰或热辐射所点燃的可燃物品,通常使用水柱或喷雾水来保护周围暴露于火的物品)。容器内的气体不再外漏时,气体的火焰就会立即消失。液化易燃气体(如液化石油气及液化天然气)着火时,可用厚的泡沫层盖住泄漏燃料的表面加以控制和扑灭。

4.丁类火

(1)定义

可燃金属引起的火灾称为丁类火。如轻金属钠、铝、镁、钛、钾引起的火灾。扑灭丁类火,可以通过使用吸热的灭火剂,如金属干粉 7150(一种特殊干粉)或砂土。

金属一般被认为是非易燃的,但是他们通过某些途径会增加失火的危害性及增强火势,钢和铁这类有色金属产生的火星能够点燃周围的易燃物质。在高温下,粉碎的金属很容易被点燃。有几种金属特别是其被粉碎以后,在某种条件下很容易自己生热。这个过程很容易引起火灾。像钠、钾、锂这类金属,遇水后会起强烈的化学反应,释放出氢气,而这个过程产生的热量,足以点燃氢气。大多数粉末状的金属就像灰尘一样,能够被点燃,也曾经因此导致猛烈的爆炸。除此之外金属因为燃烧、结构崩塌以及其所产生的毒气,也会伤害消防员,许多金属如镉,在失火中受到高温的影响,会释放出有毒气体,某些金属烟雾也有毒性。因此扑灭金属着火应携带呼吸器具。

几种常见金属(或金属材料)的特性和危害如下。

①铝。铝是一种导电性能很好的轻金属,通常形状的铝在大多数失火中都不易起火。

然而铝的熔点是 660 ℃,低的熔点受高温后很容易使构件崩塌。铝碎片和铝屑也会引起失火,而铝粉则有严重的爆炸危险。铝不会发生自燃,而且也被认为是无毒的。

②钢和铁。钢和铁在一般的失火中是不会燃烧的,如造船用的钢构件这类体积大的钢铁。但是极细的钢丝和钢粉可能被点燃,而当铁粉暴露于高温或火焰之下的时候,就有失火或爆炸的危险。

③镁。镁是一种发亮的白色金属。它柔软,有延性和韧性。在轻合金中,它作为基底金属,可以增加轻合金的强度和硬度。它的熔点是 648.8 ℃。粉末状或片状的镁极易被点燃,而实心镁块只有被加热到超过其熔点时,才会燃烧。镁燃烧时,异常猛烈,会发出耀眼的白光。镁受热后会和水以及所有的水分发生强烈的化学反应。

④钛。钛是一种高强度的白色金属,它比钢轻,在约 2 000 ℃时熔化。它同钢熔合后成为合金,以增强其高温性能。显然大块的钛失火的危险性极小。但是小块的钛很容易被点燃。钛是无毒的。

(2)扑灭丁类火

许多种金属失火时,常和水产生强烈的反应导致火势的蔓延和爆炸。如果仅是少量金属失火而且火势已受到限制,则可让火自己燃尽。此时只需对周围的物品加以隔离或保护。

金属失火可用一些合成液体来扑灭,但是船上通常没有这种合成液体,使用 ABC 灭火剂或多用途干粉灭火剂扑灭金属火有一定的效果。船上的消防人员可以使用这类灭火器。沙子、石墨等其他各种粉状灭火剂以及不同种类的盐扑灭金属失火也有一定效果。但至今还没有一种灭火方法被证明能够有效地扑灭丁类火。

电气火灾并不划分在哪一类。其灭火方法是首先切断电源,断电后的电路火灾可作为甲类火扑救;如无法断电,应采用不导电的卤代烃、干粉和二氧化碳等灭火剂加以扑救。

六、手提式灭火器

灭火器是扑救初起火灾最常用的灭火器材,在仓库中尤其以手提式和推车式灭火器使用普遍,使用面广。游艇上使用最多的是手提式灭火器,下面介绍几种常见的手提式灭火器。

按照充装灭火剂的种类方法进行分类,可分为二氧化碳灭火器、泡沫灭火器、干粉灭火器三类。

下面分别对上述灭火器做介绍。

1.二氧化碳灭火器

二氧化碳灭火器(图 3-24)主要用于扑救贵重物品、档案资料、仪器仪表、600 V 以下的电器及油脂等火灾。使用时,尽可能站在火源的上风方向,压下压把,将喷筒对准火源根部喷射。注意灭火器在喷射过程中保持直立状态,切不可平放或颠倒使用。当不戴防护手套时,不要用手直接握喷筒或金属管非隔热部分,以免发生冻伤。在室内窄小空间使用以及灭火后操作者应迅速撤离,以防二氧化碳窒息而发生意外。

图 3-24　二氧化碳灭火器

用二氧化碳灭火器扑灭室内火灾后,进入舱室前应先打开门窗通风,然后再进入。二氧化碳灭火器不能用来扑救金属火。在使用时,应首先将灭火器提到起火地点,放下灭火器,拔出保险销,一只手握住压把,一手握住喷管(图 3-25)。对没有喷射软管的二氧化碳灭火器,应把喇叭筒往上扳 70°~90°。使用时,不能直接用手抓住喇叭筒外壁或金属连接管,防止手被冻伤。二氧化碳灭火器不应放置在采暖或加热设备附近和阳光强烈照射的地方,存放地点温度不宜超过 42 ℃。对二氧化碳灭火器每年要检查一次质量,泄漏量超过 1/10 时应检修补气,方法是:将二氧化碳灭火器一年前称出的质量与一年后称出的质量进行比较,检查前后两次的质量差是否符合要求。每五年进行一次水压试验,合格后方可使用。二氧化碳灭火器一经开启,必须重新充装,维修及充装应由专业单位承担。二氧化碳在搬运过程中应轻拿轻放,防止撞击。

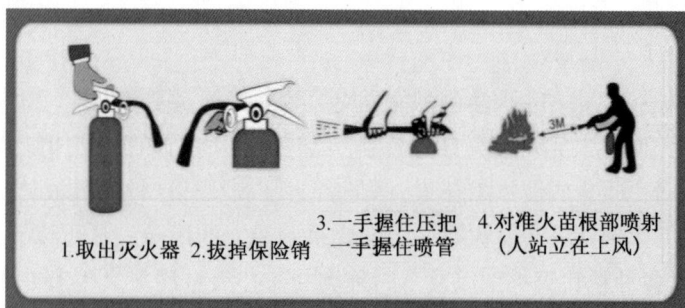

图 3-25　二氧化碳灭火器使用方法

2. 泡沫灭火器

泡沫灭火器包括化学泡沫灭火器和空气泡沫灭火器两种,均是通过筒内酸性溶液和碱性溶液混合后发生化学反应,喷射出泡沫,覆在燃烧物的表面上,以隔绝空气,起到窒息、灭火的作用。这类适用于扑救一般 B 类火灾,如石油制品、油脂等火灾,也适用于 A 类火灾,但不能扑救 B 类火灾中的水溶性可燃、易燃液体的火灾,如醇、酯、醚、酮等物质的火灾,也不能扑救带电设备以及 C 类和 D 类火灾。

(1)化学泡沫灭火器

使用方法(图 3-26):使用时用手提筒体上部的提环,迅速奔到火场。这时应注意不得使灭火器过分倾斜,更不可颠倒,以免两种药液混合而提前喷出。当距离着火点 10 m 左右时,即可将筒体颠倒,一只手紧握提环,另一只手扶住筒体的底圈,让射流对准燃烧物。在扑救可燃液体火灾时,如已呈流淌状燃烧,则泡沫应由远而近喷射,使泡沫完全覆盖在燃烧液面上;如在容器内燃烧,应将泡沫射向容器的内壁,使泡沫沿着内壁流淌,逐步覆盖着火液面。切忌直接对准液面喷射,以免由于射流的冲击,反而将燃烧的液体冲散或冲出容器,扩大燃烧的范围。在扑救固体物质的初起火灾时,应将射流对准燃烧最猛烈处。灭火时,随着有效喷射距离的缩短,使用者应逐渐向燃烧区靠近,并始终将泡沫喷射在燃烧物上,直至扑灭。使用时,始终要保持倒置状态,否则将会中断喷射。

图3-26　化学泡沫灭火器使用方法

在使用过程中必须注意,不允许将筒盖和筒底对向人体,以防因爆破而造成事故,当灭火器已颠倒,但不喷泡沫时,应把筒身放在地上,用铁丝疏通喷嘴,切不可先旋开筒盖以免筒盖飞出伤人,最好将其移至安全地点另换一个灭火器。如扑救容器内的油品火灾,应将泡沫喷射在容器的器壁上,使泡沫沿器壁流下,再平行地覆盖在油品表面上,不要直接冲击油面。当油品液位较高时,泡沫射流的冲击力可能将油品冲出容器而扩大火灾范围,增加灭火困难。喷射时,尽量减少泡沫射流与地面的夹角,使泡沫由近到远形成有效连续的覆盖层,迅速灭火。泡沫灭火器不能用来扑救带电设备、气体和金属火灾。

(2)空气泡沫灭火器

空气泡沫灭火器内部充装90%的水和10%的空气泡沫灭火剂,依靠二氧化碳气体将泡沫压送至喷射软管,经喷枪作用产生泡沫。按照所装灭火剂种类不同,分为蛋白泡沫灭火器、氟蛋白泡沫灭火器、抗溶性泡沫灭火器和"轻水"泡沫灭火器。它们扑救可燃液体火灾的能力要比化学泡沫灭火器高3~4倍。虽然它们类型各异,但组成及使用方法大体相似。

下面以"轻水"泡沫灭火器为例做一介绍,它的使用方法:

将灭火器提至距燃烧物6 m左右地方,拔下保险销,一手握住喷枪,另一手握住开启压把,将压把按下,刺穿储气瓶密封片,泡沫混合液在二氧化碳的压力下,从喷嘴喷出,与空气混合,产生泡沫,覆盖燃烧物灭火。注意不能将该灭火器颠倒或横卧使用,否则会中断喷射。

3.干粉灭火器

干粉灭火器(图3-27)是以高压二氧化碳为动力,喷射干粉灭火剂的器具。干粉灭火器是利用二氧化碳气体或氮气作为动力,将干粉灭火剂喷出灭火。干粉灭火剂是一种干燥的、易于流动的微细固体粉末,由能灭火的基料和防潮剂、流动促进剂、结块防止剂等添加剂组成,主要有磷酸铵盐、碳酸氢钠、氯化钠、氯化钾干粉灭火剂等。干粉灭火器适用于一般固体、可燃液体、可燃气体、金属(注意:金属火应采用特殊干粉)、电气和化学物品等火灾的扑救。

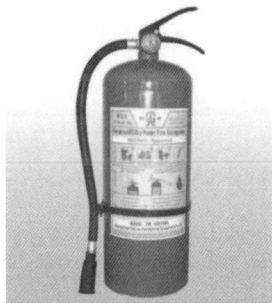

图3-27　干粉灭火器

使用外装式干粉灭火器灭火时,一只手握住喷嘴,另一只手提起提环,握住提柄,将喷嘴对准火焰根部。当提起提环时,阀门即打开,二氧化碳气体经进气管进入筒身内,在气体压力作用下,干粉经过出粉管、胶管由喷嘴喷出,形成浓云般粉雾。灭火器应左右摆动,由近及远,快速推进灭火。注意使用前,先要上下颠倒几次,使干粉松动后,再提起提环喷粉。

干粉灭火器最常用的开启方法为压把法。将灭火器提到距火源适当位置后,先上下颠倒几次,使筒内的干粉松动,然后让喷嘴对准燃烧最猛烈处,拔去保险销,压下压把,灭火剂便会喷出灭火。开启干粉灭火器时,左手握住其中部,将喷嘴对准火焰根部,右手拔掉保险卡,旋转开启旋钮,打开贮气瓶,滞时 1~4 s,干粉便会喷出灭火。

干粉灭火器应放置在被保护物品附近、干燥通风和取用方便的地方。要注意防止受潮和日晒,灭火器各连接件不得松动,喷嘴塞盖不能脱落,以保证密封性能。灭火器应按制造厂商规定要求和检查周期,进行定期检查,如发现灭火剂结块或储气瓶气量不足时,应更换灭火剂或补充气量。灭火器的检查,应由专业人员进行。

干粉灭火器一经开启必须进行再次充装,再次充装应由经过训练的专人按制造厂商的规定要求和方法进行,不得随意更换灭火剂的品种和质量。充装后的储气瓶,应进行气密性试验,不合格的不得使用。经修复的灭火器,应有经当地消防监督部门认可的标记,并应注明维修单位名称和修复日期。灭火器每半年检查一次,防止干粉受潮结块,并对驱动器瓶称重,当发现干粉结块或气瓶内气量不足时,应更换干粉或充气。

七、游艇消防的相关规定

1. 一般规定

(1)游艇上所配备的消防用品均应是相关部门认可的产品。

(2)灭火设备应保持良好状态,并能随时使用。

(3)容易失火以及燃烧时会散发出大量烟雾或有毒气体的材料不能用于机舱、舱室及厨房内。

(4)用于电动机、配电板、控制箱、蓄电池等电气设备的处所的灭火器应适合扑灭电气火灾,例如干粉灭火器或二氧化碳灭火器。

(5)手提式灭火器应适当地分布于各被保护舱室内,通常应在舱室内的出口附近放置最少 1 个手提式灭火器。

(6)二氧化碳灭火器不应用于密闭的舱室。

2. 消防泵及消防管件

(1)艇长大于等于 15 m 的游艇应设置消防泵,消防泵及其通海控制阀应设于机舱之外。如消防泵位于机舱之内,则应能在机舱外启动。

(2)消防泵及消防总管的布置应确保有一股水柱喷射到艇在航行时乘员通常可到达的艇上的任何部分。如机舱只设一个消火栓,则其应设于机舱外近入口处。

(3)消防总管和消防水管的直径尺寸应能保证有效地分配消防泵最大出水量的需要。但喷嘴的直径应不小于 10 mm。

(4)每个消火栓应至少配备一根消防带或消防软管和一支水枪,水枪应是水柱、水雾两用形式。

(5)消防泵的容量应能从喷嘴射出一股射程不少于 6 m 的水柱。

3. 固定式灭火系统

封闭的机器处所和燃料油柜所在处所应按下列要求设置固定式灭火系统。

(1)固定式灭火系统的部件应可靠地紧固于艇结构上,以承受正常运行时的运动、冲击和振动。气瓶所在位置的环境温度应适于气瓶的设计工况。

(2)释放装置应为可见或其部位应有可见的标记,并应标明其保护的处所。释放装置应在受其保护的处所失火时易于到达并进行释放。在释放装置附近明显易见处应设有该系统的操作说明。

(3)如果灭火介质是窒息性的,则在灭火剂释放前应首先确认受保护处所的人员已全部撤离,并关闭所有受保护处所的开口。可以让空气进入或允许气体排出的被保护处所的开口应能从该处所外部予以关闭。

(4)灭火系统的容量应符合下列要求。

①二氧化碳系统,设计成能至少放出相当于被保护处所总容积40%的自由气体。

②干粉系统,设计能力至少为每立方米 0.5 kg 干粉。

③压力水雾系统,设计供水能力为在一定范围内。

④认可的其他等效灭火系统。

(5)可以接受用手提式二氧化碳灭火器代替固定式灭火系统,该灭火系统应能至少放出相当于所保护处所总容积40%的自由气体。在受保护处所上应设有喷放孔,无须进入该受保护处所就可以用灭火器向内喷放。所要求的手提式灭火器应存放在喷放孔附近。

(6)固定灭火系统中,最常见是固定二氧化碳灭火系统,其操作如下。

①施放前要警报,撤离人员,严密封舱。

②施放二氧化碳灭火剂。

③检查封舱情况。

④用水冷却失火舱室的舱壁,注意保护、检查、监视失火舱室周围。

⑤不要过早开舱,以免发生复燃。

4. 水枪的使用方法

(1)启动消防泵。

(2)铺展开水带,把水带一端连接于消火栓上,另一端连接好水枪。

(3)打开消火栓阀门。

(4)选择合适的水流方式,水枪对准火源灭火。

5. 告示牌

如果灭火剂为窒息性的,则应在施放装置附近和在被保护处所的任一入口处张贴告示牌。手提式二氧化碳灭火器附近应张贴告示牌。告示牌应是中文或中英对照,语句、图形、符号应简洁易懂,可参照公认的国际或国家标准。

第四节 游艇人员常用急救方法

一、人工呼吸

人工呼吸是急救中最常用而又简便有效的急救方法,它是在呼吸停止的情况下利用人工方法使肺脏进行呼吸,让机体能继续得到氧气和呼出二氧化碳,以维持重要器官的机能。呼吸停止后,可随时发生心跳停止。如同时发生心跳停止,应与人工胸外挤压结合进行。

由于中毒、溺水、触电、休克或其他原因所引起的呼吸停止,均可进行人工呼吸。

1. 进行人工呼吸时的注意事项

(1)将患者置于空气流通的地方。

(2)保持呼吸道通畅,如解松衣领、复位后坠的舌头、清除呼吸道异物,如有活动假牙也应一并取出,以免阻塞呼吸道。

(3)采用仰头抬颌法使呼吸道畅通。抢救者一手置于病人前额使头部后仰,另一手的食指与中指置于下颌处,抬起下颌,保持呼吸道畅通(图3-28)。

(4)人工呼吸要有节奏地、耐心地进行,直到自动呼吸恢复或死亡征象确已出现。

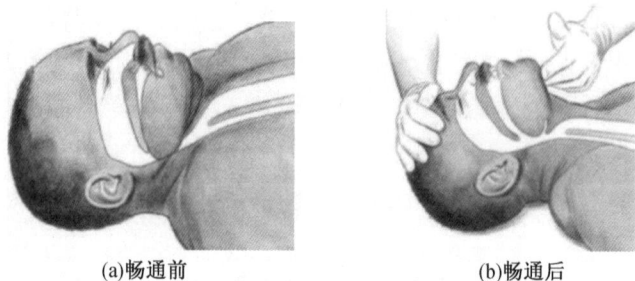

(a)畅通前   (b)畅通后

图3-28 采用仰头抬颌法使呼吸道畅通前后对比

2. 人工呼吸的方法

人工呼吸的方法有多种,因口对口人工呼吸方法吹气量大,所以最为简便和有效。

口对口人工呼吸法(图3-29):

(1)采用仰头抬颌法使患者呼吸道畅通。

(2)用右手捏住患者鼻孔,防止漏气。

(3)操作者每次先深吸一口气,对患者口部吹入,至胸廓隆起为止。

(4)吹气停止后,松开双手,注意患者呼气声,待胸廓复原,稍休息后,再行吹气,反复进行。每分钟16~20次。

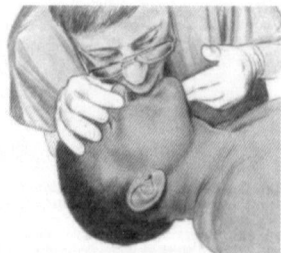

图3-29 口对口人工呼吸

如果部分游艇上有专用设备,如简易呼吸器(图3-30(a)),也可及时使用(图3-30(b))。方法:将面罩紧紧扣住口鼻部,匀速挤压,每次气体量500~600 mL,以产生可见的胸廓起伏为准。

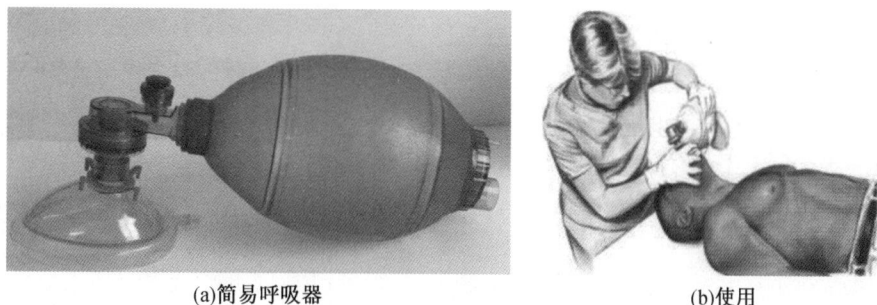

(a)简易呼吸器   (b)使用

图3-30 简易呼吸器及使用

二、心肺复苏

心搏骤停一旦发生,如得不到及时地抢救复苏,4~6 min 即会造成患者脑和其他人体重要器官组织的不可逆的损害,因此心搏骤停后的心肺复苏(cardio pulmonary resuscitation,CPR)必须在现场立即进行。

心搏骤停(cardiac arrest,CA)是指各种原因引起的、在未能预知的情况和时间内心脏突然停止搏动,从而导致有效心泵功能和有效循环突然中止,引起全身组织细胞严重缺血、缺氧和代谢障碍,如不及时抢救可能会立刻失去生命。心搏骤停不同于任何慢性病终末期的心脏停搏,若及时采取正确有效的复苏措施,病人有可能被挽回生命并得到康复。

心搏骤停的识别一般并不困难,最可靠且出现较早的临床征象是意识突然丧失和大动脉搏动消失,一般轻拍病人肩膀并大声呼喊以判断意识是否存在,以食指和中指触摸颈动脉以感觉有无搏动,如果二者均不存在,就可做出心搏骤停的诊断,并应该立即实施初步急救和复苏。如在心搏骤停5 min 内争分夺秒给予有效的心肺复苏,病人有可能获得复苏且不留下脑和其他重要器官组织损害的后遗症;但若延迟至 5 min 以上,则复苏成功率极低,即使心肺复苏成功,亦难免造成病人中枢神经系统不可逆性的损害。因此在现场识别和急救时,应分秒必争并充分认识到时间的宝贵性,注意不应要求所有临床表现都具备齐全才肯定诊断,不要等待听心音、测血压和心电图检查而延误识别和抢救时机。

当病人呼吸停止、心脏停搏时,应现场对病人实施胸外心脏按压、人工呼吸及电除颤,以维持和促进呼吸、循环功能的恢复。

1.操作方法及程序

(1)判断意识(图3-31)并观察有无自主呼吸(或正常呼吸)

摇晃或拍肩并大声呼叫病人(意识丧失:呼之不应,推之不动)。

观察自主呼吸,叹息样呼吸是无效呼吸。

(2)呼救(图3-32)

单人急救时先呼救后抢救,启动急救绿色通道,讲明地点、情况、报信电话、所给处理;两人或多人时,一人抢救,一人协助通知。

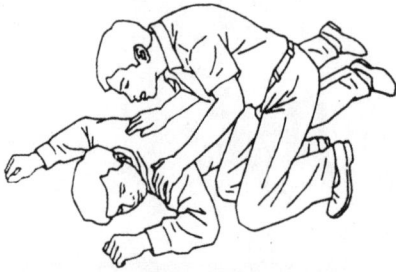

图 3-31　判断意识

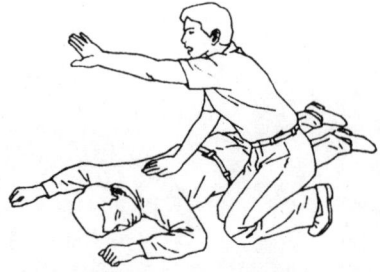

图 3-32　呼救

(3)体位(图 3-33)

去枕仰卧、肢体不扭曲,脊椎外伤时整体翻转(头、颈与身体同轴转动),放在地面或硬床板上(软床垫硬板),解衣露胸、解开腰带。

(4)判断脉搏(图 3-34)

触摸同侧颈动脉搏动:触摸部位为气管两侧 2~3 cm,胸锁乳突肌前缘凹陷处,轻触,靠近检查者一侧更容易判断,判断时间要小于 10 s,判断不清时按无脉搏对待。对于非专业急救人员,不再强调训练其检查脉搏,只要发现无反应的患者没有自主呼吸就应按心搏骤停处理。

图 3-33　摆放仰卧体位

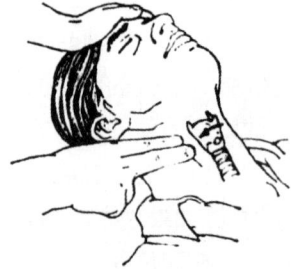

图 3-34　触摸颈动脉判断脉搏

(5)胸外按压

①术者体位:根据个人身高及病人位置高低采用踏脚凳或跪式等体位。定位方法:沿肋骨缘向上滑到剑突与胸骨交界处,剑突向上两指位置,即为按压位置(图 3-35),男性也可定位于两乳头连线和胸骨交界处。

②按压姿势:如图 3-36 所示,双臂绷直不得弯曲,与胸部垂直,以髋关节为支点,腰部挺直,用上半身重量往下压,按压后必须完全解除压力,胸部弹回原位。

③按压力量:胸骨下陷大于 5 cm。

④按压频率:至少 100 次/min。

⑤按压与放松:比例适当(1:1),按压与放松时间相同,放松时手不能离开胸膛。

⑥按压与人工呼吸的比例:单人或双人操作的心脏按压与人工呼吸的比例均为 30:2,应"用力、快速"按压,但不得冲击式按压。

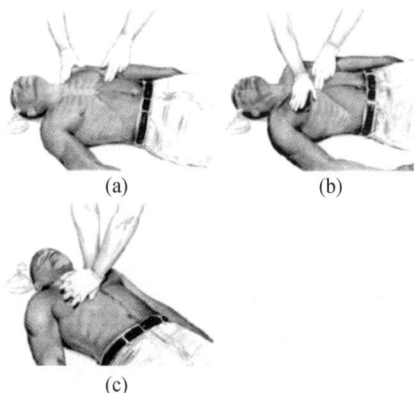

图 3-35　按压位置——剑突上两指

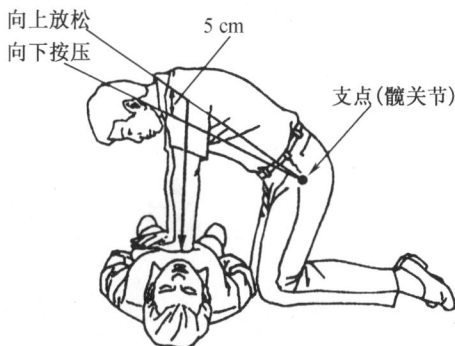

图 3-36　按压姿势

（6）开放气道、人工呼吸

①开放气道方法——仰头抬全颌法。

抢救者一只手置于病人前额使头部后仰,另一只手的食指与中指置于下颌处,抬起下颌,保持呼吸道畅通。

②人工呼吸。

口对口人工呼吸（图 3-37）:开放气道、口张开、捏鼻翼;病人吸气后,口唇包裹病人口唇,吹气时间大于 1 s,吹气量每次 500~600 mL,以产生可见的胸廓起伏为准;吹气后松开口鼻。

口对鼻人工呼吸（图 3-38）:用于口腔外伤,牙关紧闭者,开放气道,封闭口腔,口包鼻吹气,时间大于 1 s,吹气量每次 500~600 mL,以产生可见的胸廓起伏为准;吹气后松开口鼻。

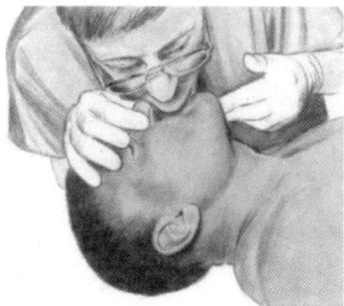

图 3-37　口对口人工呼吸

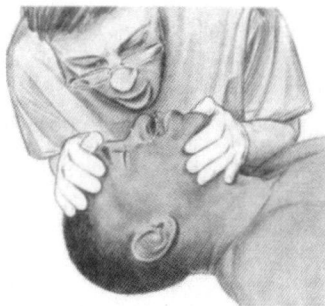

图 3-38　口对鼻人工呼吸

（7）检查

做 5 个周期或 2 min CPR 后再检查心跳和呼吸。如仍无心跳、呼吸,再重复做 5 个周期或 2 min CPR,如此反复直到成功或终止心肺复苏。

（8）电除颤

心律分析证实为室速、室颤时,应在做完 5 个周期或 2 min CPR 后,电除颤一次,之后做 5 组 CPR 后再检查心律。单相波除颤首次电击能量选择 360 J;双相波除颤首次电击能量选择为 150 J 或 200 J。电极位置为右侧放置于患者右锁骨下区,左侧电极放置于左乳头侧腋中线处。电击时要提示在场的所有人员不要接触患者身体。

（9）复位

复苏成功后放置病人于复苏体位。要求：舒适、稳定、防误吸。建议侧卧位（图3-39）。

图3-39　恢复体位

注意事项：

①判断心跳呼吸停止：意识丧失（呼之不应，摇之不动），呼吸消失，大动脉搏动消失。

②心肺复苏有效指征：可触摸到大动脉搏动，上肢收缩压大于60 mmHg，口唇面色变红润，散大的瞳孔变小，自主呼吸恢复，意识逐渐恢复。

③终止心肺复苏指征：

a. 心跳呼吸恢复；

b. 心肺复苏已进行30 min以上，仍无心跳呼吸，瞳孔散大或固定，对光反射消失，呼吸仍未恢复，深反射活动消失，心电图呈直线。

2. CPR2010与CPR2005的区别

为了更好地实施高质量的心肺复苏，CPR2010国际新指南做出一些更改建议，最大的修改之处就是将成人及儿童的基础生命支持程序（不包括新生儿），从过去的A—B—C—D（开放气道、人工呼吸、胸外按压、电击除颤），更新为C—A—B—D（首先做胸外按压）。

C：circulation，胸外心脏按压30次。

A：airway，徒手开放气道。

B：breathing，器械或徒口人工呼吸2次。

D：defibrillation，体外电击除颤（AED）。

尽管这一根本性更改将需要对所有曾学习过心肺复苏的人员重新进行培训，但参与制定心肺复苏指南的人员及相关专家一致认为，为此付出努力必然是值得的。仔细追究其理由有下列3个：

（1）最主要的原因在于，绝大多数心搏骤停都发生在成年人身上；而在各年龄段的患者当中，发现心脏停搏的最高存活率均为有目击者的心脏骤停，对于抢救这些患者来说，基础生命支持的关键操作是胸外心脏按压和早期电击除颤。但在原A—B—C—D程序中，当施救者开放气道以进行人工呼吸、寻找防护装置或准备并装配面罩-球囊的过程中，胸外按压注定会被延误。更改为C—A—B—D程序后可以尽快开始胸外按压，同时也能尽量地缩短通气延误的时间（也就是说，当第一施救者做首轮30次胸外按压的时候，另一施救者可以同时开放气道和准备人工呼吸；如果为婴儿或儿童进行复苏，延误时间则会更短）。

大量证据证明，延误或者中断胸外按压将明显降低复苏成功率和出院生存率，而过度

通气会加重中枢神经损害,说明心脏按压比人工通气更为重要,应该避免过度通气,因此新指南提出6个更改要求:

①先"压"后"吹"(第一步就是按压);

②多"压"少"吹"(比例仍为30:2);

③快"压"慢"吹"(按压频率至少100次/min、而人工呼吸只需8~10次/min,两者之间比较相差了十多倍);

④急"压"缓"吹"(每次按压用时不得超过0.6 s,而人工通气每次至少持续1 s,直到患者胸部被吹抬起为止);

⑤重"压"轻"吹"(胸外按压幅度至少为5 cm,要求每次用力压出患者颈动脉搏动,而人工潮气量小于10 mL/kg);

⑥只"压"不"吹"(如果旁观者未经过心肺复苏培训,则应进行hands-only CPR,即仅为突然倒下的成人患者实施单纯胸外按压而不做人工呼吸,当然医护专业人员必须按30:2交替做)。

(2)基础生命支持被描述为一系列操作,应进一步强调通过团队形式实施。因为医护专业人员都以团体抢救患者,不只是一个人在战斗,且团队成员通常可同时执行各个基础生命支持操作。例如,第一名施救者立即开始胸外按压,另一名施救者拿取除颤仪、面罩-球囊并求援,而第三名施救者开放气道并进行通气。从而使胸外按压—电击除颤—开放气道—人工呼吸4个操作几乎都能同步施行,但仍以按压为最先。

(3)不幸地是,大多数院外心脏骤停患者没有由任何旁观者进行心肺复苏。这是多种原因造成的,但其中一个障碍可能就是A—B—C—D程序,该程序的前两步通常是施救者认为最困难的步骤,即开放气道并进行人工呼吸。如果先进行胸外心脏按压,可能会鼓励更多的第一目击者立即开始实施心肺复苏。

基础生命支持C—A—B—D—4步程序全部实施完毕,并且胸外按压与人工通气已经按30:2的周期反复轮回5圈以后(大约需要2 s),应该暂停按压与通气,检查评估心肺复苏的效果。

三、外伤性出血与止血

血液是在血管内循环流动着的液体,呈红色,带有黏性。人体内的总血量为体重的8%,即体重50 kg的健康成年人约有4 000 mL血液。在某种因素作用于机体血管之后,引起血管破裂,血液向外溢出称为出血。外伤后血液经由皮肤创口向体外流出,称为外出血。外伤后,引起血液流入胸腔、腹腔,体外看不见者,称为内出血。

如果急性出血,一次的出血量达1 500 mL时,就可能引起休克,出血量如超过全身一半时,生命就可能有危险。因此,对于出血伤员,必须迅速采取有效的措施制止出血。

由于受伤血管性质的不同,出血分3种。

①动脉出血:血色鲜红,出血快,呈喷射状出血,出血量多,如不及时止血,生命就有危险。

②静脉出血:血色暗红,缓慢不停地流出,危险性较小,但如为大静脉出血,出血量也可以很大,时间过久也有生命危险。

③毛细血管出血:血色也是鲜红的,出血不快,血液像水珠样从创面不断地向外渗出,常可自行停止出血,危险性不大。

在紧急情况下根据不同的出血性质,采用不同的止血方法,进行暂时的止血。常用的有指压动脉止血法、止血带止血法、加压包扎止血法和包扎法4种。

1. 指压动脉止血法

这是一种暂时性止血方法,主要用于较大血管特别是动脉损伤时的出血。由于动脉出血量多而快,如不及时处理会危及生命。指压动脉止血法可以迅速施行,以便赢得时间进而采取更有效的止血措施。指压动脉止血法的原则就是在出血部位的近心端施以压迫,将动脉压向骨头阻止流血,以达到暂时止血的目的。由于出血部位不同,压迫的位置也有差别,现把常用的指压止血部位介绍如下。

(1)头部出血

如果出血点在头顶部,伤口小时,压迫伤口两侧即可止血。伤口较大时可在耳屏处压迫颞动脉,手指压向颧骨弓,即可止血(图3-40)。

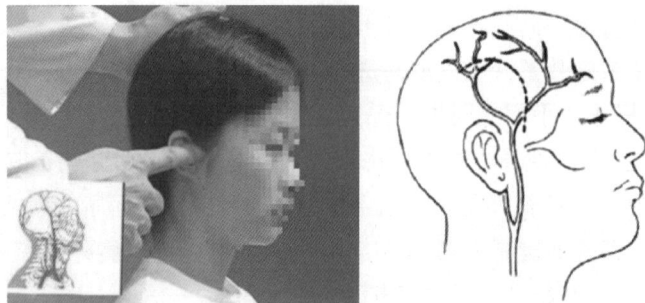

图3-40 颞动脉指压止血

(2)面部出血

如果出血点在口鼻面颊部,则可压迫颌外动脉(也称面动脉),即用手指压迫下颌骨水平支,在下颌角约3 cm的凹陷处(图3-41)。

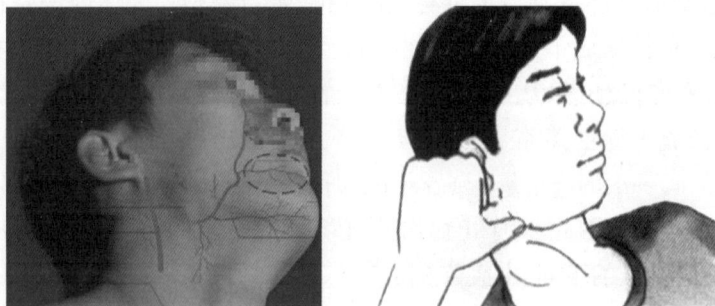

图3-41 颌外动脉指压止血

(3)头颈部出血

头颈部创伤的动脉大出血,在紧急情况下,用手指压在气管旁的颈总动脉(图3-42)。

这种方法可引起脑缺氧,使脉搏变慢、血压下降、昏迷甚至心跳停止,不是特别紧急情况不能使用本法。压迫时间不可过长,千万不要同时压迫双侧颈总动脉。

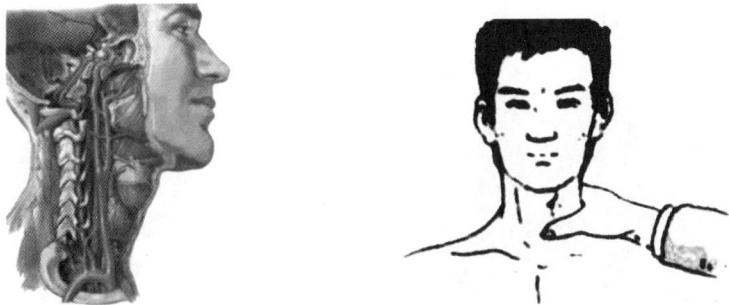

图 3-42　颈总动脉指压止血

(4)肩与上肢出血

当肩部、上臂上部发生动脉出血时,可用手指在锁骨上沿凹部压迫锁骨下动脉。通常用大拇指将动脉压向第一肋骨(图 3-43)。

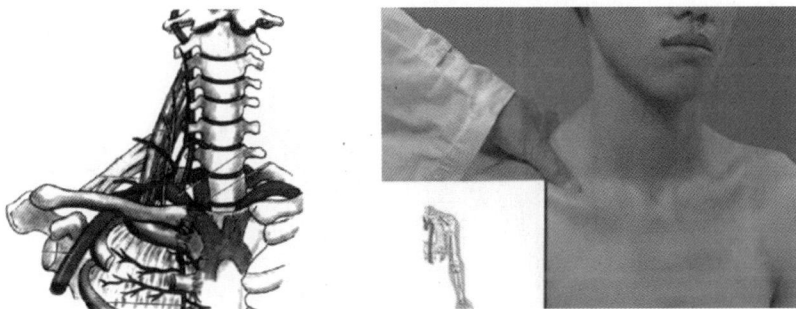

图 3-43　锁骨下动脉指压止血

如果出血在上臂远端或在前臂,则可用手指压迫肱动脉,即在上臂内侧肱二头肌内缘压向肱骨止血(图 3-44)。

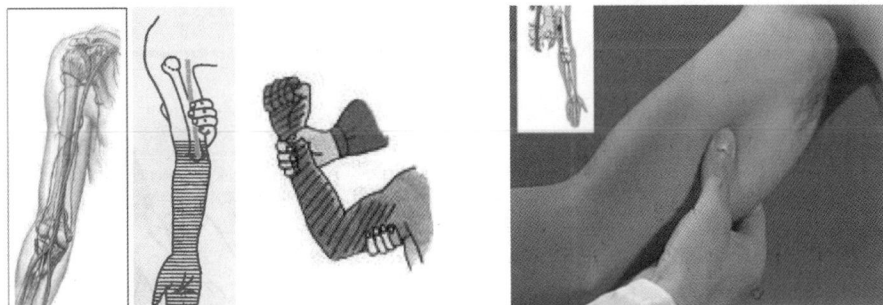

图 3-44　肱动脉指压止血

（5）手部出血

手部的血液主要由桡动脉（手腕横线近心端的大拇指侧）和尺动脉（手腕横线近心端小手指侧）供应，手部出血的止血方法是先用食指在桡骨和尺骨上寻找搏动的桡动脉和尺动脉，再分别用两拇指将桡动脉和尺动脉按压到桡骨和尺骨上，如图 3-45 所示。

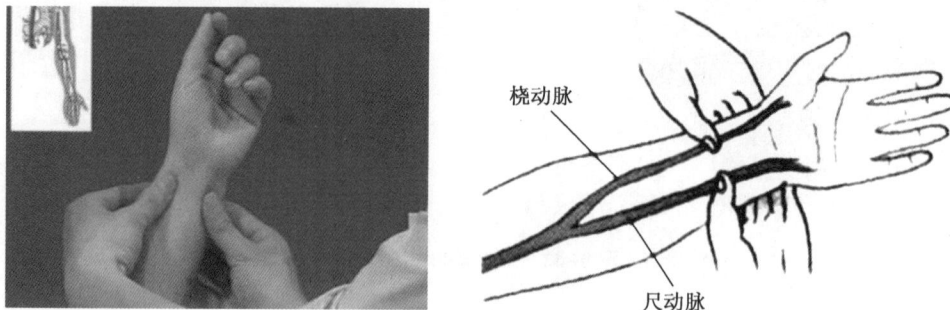

图 3-45　手部出血指压止血

（6）手指出血

手指的血液由手指两侧的动脉提供，手指出血时可按压手指两侧动脉止血，如图 3-46 所示。

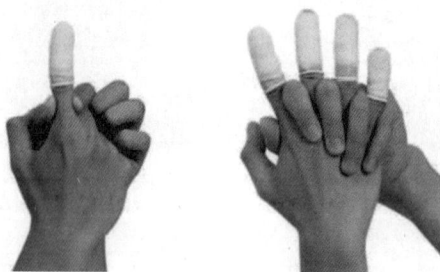

图 3-46　手指出血指压止血

（7）下肢出血

下肢的主要动脉是股动脉。当大腿或小腿外伤动脉出血时，可在大腿根部中间处压迫股动脉。由于股动脉较粗，血流量大，常用两手拇指同时压迫或用手掌根部向外上方压迫止血（图 3-47）。

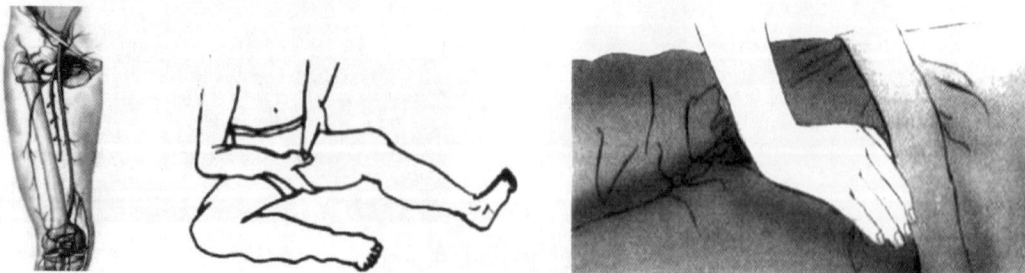

图 3-47　股动脉指压止血

动脉出血的指压法仅能起到暂时止血的作用。如果伤员需要转送医院,则须采用比较有效的止血方法,如压迫包扎或用止血带等。

(8)小腿出血

小腿的血液主要由腘动脉提供,止血方法:先用食指在腘窝处寻找到搏动着的腘动脉;再用拇指按压腘动脉,如图3-48所示。

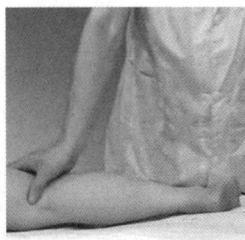

(9)足部出血

足部的血液主要由胫前动脉及胫后动脉供应,止血方法:首先应用两食指在足背中部和跟骨结节与内踝之间分别寻找出搏动着的胫前动脉及胫后动脉;再用两拇指分别按压,如图3-49所示。

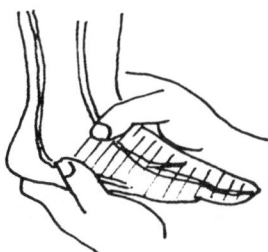

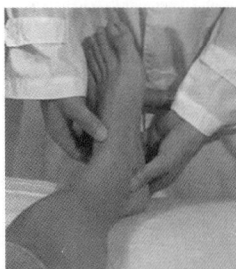

图3-48 小腿出血指压止血

图3-49 足部出血指压止血

2.止血带止血法

止血带有两种形式:弹力卡扣式止血带和乳胶管止血带,如图3-50所示。在现场有时找不到胶皮类止血带,也可用听诊器胶管或三角巾、绷带、手帕等代用。但切不可用绳索、电线或铁丝等物。

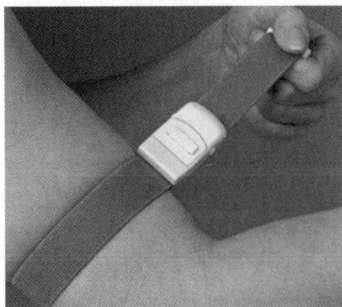

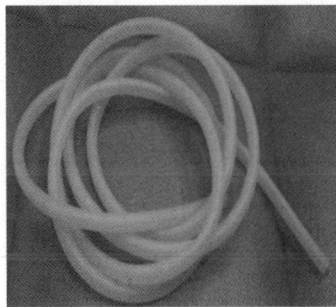

图3-50 弹力卡扣式止血带和乳胶管止血带

止血带的使用方法比较简单,但使用原则较复杂。只有准确地掌握这些原则,使用得当,才能起到挽救生命和肢体的作用,否则将导致截肢致残。弹力卡扣式止血带操作简单,不做介绍,在此介绍乳胶管止血带使用方法:垫好衬垫,用左手的拇指、食指、中指持止血带头端,将长的尾端绕肢体一圈后压住头端,再绕肢体一圈,然后用左手食指、中指夹住尾端后将其从止血带下拉过,由另一端牵出,系成一个活结,如图 3-51 所示。

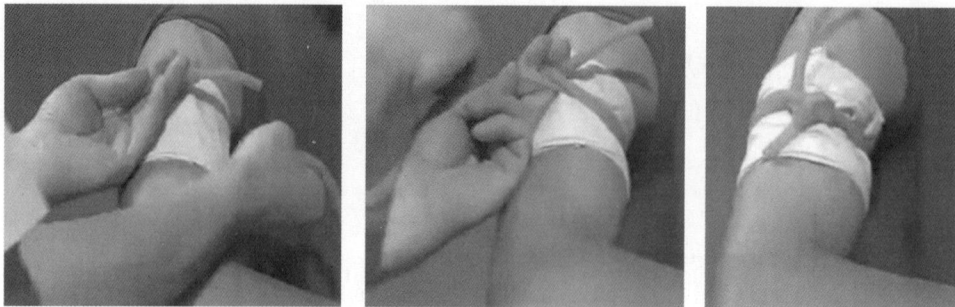

图 3-51　乳胶管止血带使用方法

止血带的止血原理是把通向肢体的动脉血流阻断,使末端没有血液供应从而达到止血目的,因此如果使用不当,例如时间过长,就会带来严重后果。为此,使用止血带时应注意下述事项。

①止血带主要用于四肢的动脉出血,如果不是较大的动脉出血,则不必使用止血带止血。

②上止血带前,应先将伤肢抬高,促使其中静脉血液流回体内,从而减少血液丢失。

③上止血带的位置应在有效止血的前提下,尽量靠近出血部位。但在上臂中段禁止使用止血带,因为该处有桡神经从肱骨表面通过,止血带的压迫可造成桡神经损伤,进而使前臂以下的功能日后难以恢复。

④止血带不能直接绑在肢体上,准备上止血带的部位应先垫一层敷料、毛巾等柔软的布垫,用以保护皮肤。

⑤用毛巾、大手帕等现场制作布性止血带时,应先将其叠成长条状,宽约 5 cm,以便受力均匀。严禁使用电线、铁丝、细绳等过细而且无弹性物品充作止血带,因为这些物品不仅止血效果不理想而且还损伤皮肤,为日后的治疗和康复带来麻烦。

⑥绑止血带时其松紧度以刚压住动脉出血为宜。上带过紧易造成止血带处的皮肤、神经、血管和肌肉的损伤,甚至引起肢体远端的坏死,不利于今后伤肢的功能恢复;上带过松只压住静脉未压住动脉,血液只出不进,不仅达不到止血目的反而加重出血。上带成功的标准是,远端动脉性出血停止、动脉搏动消失、肢端变白。

⑦上止血带的伤员要有明显标志,并在止血带附近或皮肤上明确写上上带时间。为防止伤肢缺血坏死,每隔 40~60 min 放松止血带 1~2 min,松带时动作要缓慢,同时需要指压伤口以减少出血。如果伤员全身状况差,伤口大,出血量多,可适当延长放松止血带的时间间隔。但是止血带使用的总时间不能超过 5 h,否则远端肢体难以存活。若已超过 9 h,但伤员仍在运往医院的途中,则此后不再定时放松止血带,因其远端肢体已无生存的可能。坏死的细胞会释放出钾离子、肌红蛋白和肽类等有毒物质。肢体此时如果松解,这些有毒物质将随静脉流入全身,产生中毒,可导致心搏骤停而突然死亡。与此道理相同,在地震灾区急救时,如果伤员的肢体被埋压的时间过长,因缺血缺氧已发生组织坏死,为防止毒素回

流全身,应迅速将被压肢体用止血带结扎,再清除被压物体,然后送医院做进一步处理。

3. 加压包扎止血法

对较小的血管引起的出血或渗血,可采用在伤口处加压包扎法止血,即在伤口处填塞干净的纱布,用绷带进行加压包扎。

除了在伤口处填塞纱布外,有条件时,尚可在创口上撒上止血药物的粉末,如云南白药、田七粉等,然后再加压包扎以取得更好的止血效果。但要注意创口一定要保持清洁,勿任意用黄土、棉花或香灰等止血。

4. 包扎法

创伤包扎是外伤救护的重要一环。它可以起到快速止血、保护伤口、防止进一步污染、减轻疼痛的作用;防止骨折断端活动,以免造成血管和神经的再损伤;压迫包扎,止住伤口的出血;包扎也用于固定敷料和药物,有利于运转和进一步的治疗。

日常生活中,常用的包扎材料有创可贴、尼龙网套、三角巾、绷带、弹力绷带、胶条等,如果没有这些专业材料,也可就地取材如用手帕、领带、衣服等进行包扎。本节将主要介绍最为常用的三角巾包扎和绷带包扎。

（1）注意事项

①包扎前要先暴露伤口,判断伤情,并对伤口做初步的处理。伤口不必敷药,以免造成清创困难。一般简单包扎即可。包扎材料应就地取材,有条件最好用消毒敷料,敷料要能全盖伤口并最少超出伤口边缘 3 cm。

②对伤口内脱出的组织、内脏、骨骼等禁止塞回伤口内,以免引起深部严重污染及进一步损伤。

③包扎时要注意无菌操作,避免用手指直接接触伤口,禁止用未消毒的水冲洗伤口。

④一般伤口用 2% 碘酒、75% 酒精对其周围皮肤消毒后,用消毒敷料盖上包扎固定。包扎要牢固可靠,松紧恰当。

包扎材料常用的有三角巾、绷带和毛巾等。如果没有这些现成材料,情况又紧急时,可用衣服撕开进行包扎,或利用其他材料包扎。

三角巾应用方便,包扎法容易掌握,下面我们先来学习一下用三角巾包扎的方法。

（2）三角巾包扎法

①头部包扎法:先在三角巾的底边折叠两层(约二指宽),从前额包起,把顶角及左右底角均拉到枕后,先做个半结,压紧顶角,将顶角塞到结里,然后再将左右底角包到前额做结(图 3-52)。

②头部风帽式包扎法:在三角巾顶角和底边中点各打一结,把顶角结放于前额,底边结放于枕骨结节下方,包住头部,两底角往面部拉紧,向外反折成 3~4 横指宽,包绕下颌后,拉至枕后打结固定(图 3-53)。

③面部面具式包扎法:在三角巾顶角处打结一个套,套在下颌部,底边拉向枕部,上提两底角,拉紧并交叉压住底边,再绕至前额打结。包完后根据需要可在眼及口鼻处剪开一小孔(图 3-54)。

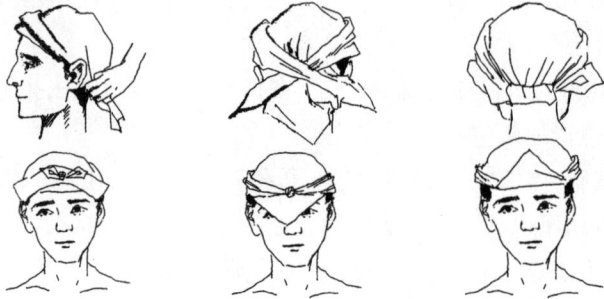

图 3-52 头部包扎法

图 3-53 头部风帽式包扎法

图 3-54 面部面具式包扎法

④面颌部包扎法:将三角巾叠成长带,宽约 10 cm,将下颌兜起,绕过头顶到对侧,然后在对侧颞部将两头绞成十字,于头部横行包扎(图 3-55)。

图 3-55 面颌部包扎法

⑤肩部包扎法:将三角巾折成燕尾式放在伤侧,向后的角稍大于向前的角,两底角在伤侧腋下打结,两燕尾角于颈部交叉,至健侧腋下打结(图 3-56)。

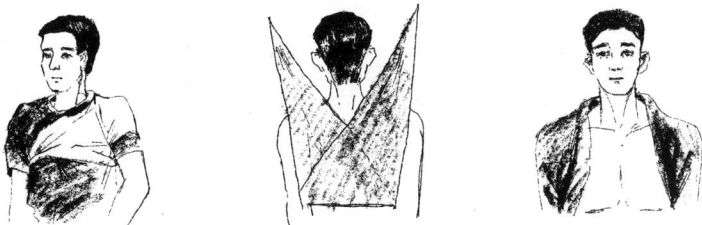

图 3-56 肩部(单肩及双肩)包扎法

⑥上肢包扎法:嘱咐伤者托着伤侧的前臂,使手腕稍高于肘部。将三角巾的一端底角从前臂与胸之间穿过,将上端拉到健侧颈部,从颈后绕到伤侧颈前。将三角巾的下端底角拉起,覆盖前臂,在伤侧锁骨凹陷处与绕到颈前的另一端打结,再将伤侧肘部的三角巾顶角折叠好(图3-57)。

图 3-57 上肢包扎法

⑦单胸包扎法:将三角巾底边横放在胸部,顶角超过伤肩,并垂向背部。两底角在背后打结,再将顶角带子与之相接(图3-58)。

图 3-58 单胸包扎法

⑧双胸包扎法:将三角巾打成燕尾状,两燕尾向上,平放于胸部。两燕尾在颈前打结,将顶角带子拉向对侧腋下打结(图3-59)。

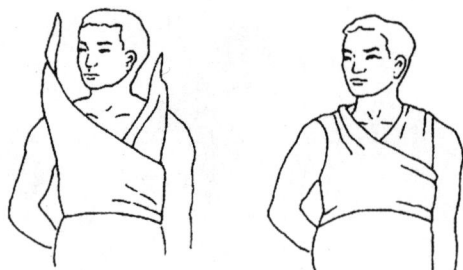

图 3-59 双胸包扎法

⑨下肢包扎法:将三角巾斜放在伤侧臀部,顶角接近臀裂处,将一底角置对侧髂前,用顶角带子绕大腿缠绕,将另一底角反折向上,由臀后绕到对侧髂骨前,与前一底角结扎(图3-60)。

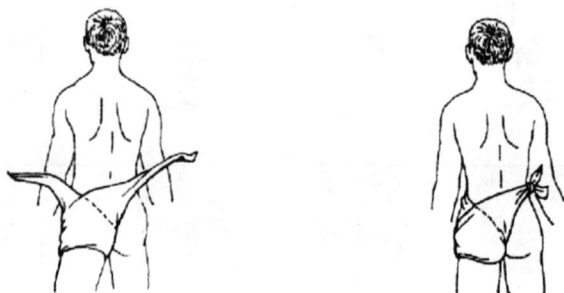

图 3-60 下肢包扎法

⑩单眼包扎法:将三角巾折叠成4指宽的带形,将带子的上1/3盖住伤眼,下2/3从耳下至枕部,再经健侧耳上至前额,压住另一端,最后绕经伤耳上,枕部至健侧耳上打结(图3-61)。

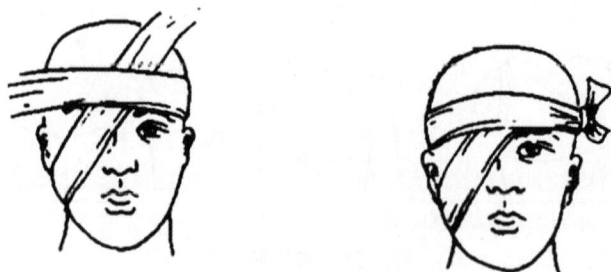

图 3-61 单眼包扎法

⑪双眼包扎法:先将带子中部压住一眼,下端从耳后到枕部,经对侧耳上至前额,压住上端,反折上端斜向下压住另一眼,再绕至耳后、枕部,至对侧耳上打结(图3-62)。

(3)绷带包扎法

①环形包扎法:用于肢体粗细相等的部位。首先将绷带做环形重叠缠绕。第一圈环绕稍做斜状;第二、三圈做环形,并将第一圈斜出一角压于环形圈内,最后用粘膏将带尾固定,

也可将带尾剪成两个头,然后打结(图 3-63)。

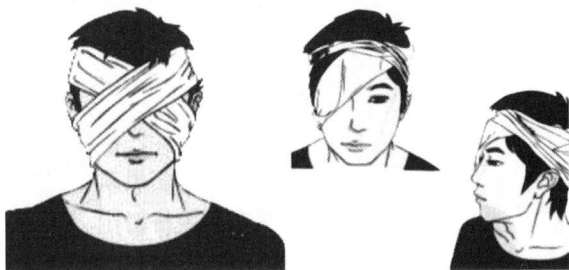

图 3-62　双眼包扎法

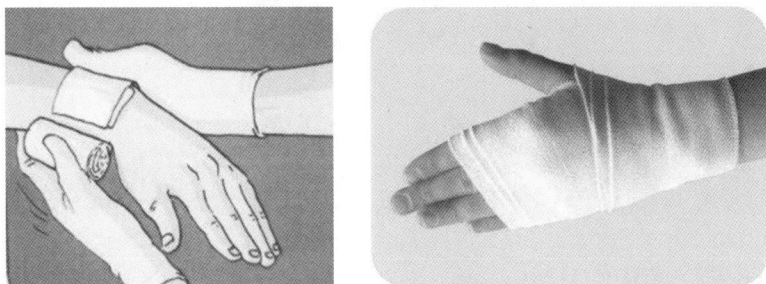

图 3-63　环形包扎法

②螺旋反折包扎法:本法主要用于粗细不等的部位,如小腿和前臂等处。开始先用环形法固定一端,再按照螺旋法的包扎法,但每周反折一次,反折时以左手拇指按住绷带上面正中处,右手将带向下反折,并向后绕,同时拉紧,注意反折处不要在伤口上或骨隆起处(图 3-63)。

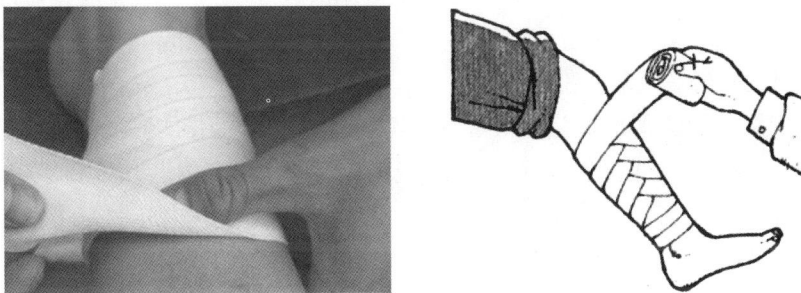

图 3-63　螺旋反折包扎法

③"8"字形包扎法:本法是一圈向上,一圈向下的包扎法,每一周在正前面和前一周相交,并压盖前一周的 1/2,多用于肘、膝、踝、肩、髋等关节处(图 3-64)。

④回反包扎法:用于头部或断肢伤口的包扎。包扎时用无菌敷料覆盖伤口,用绷带绕头部或肢体做环形固定 2 圈。左手持绷带一端于头后(断肢)中部,右手持绷带,从头后方(断肢一端)向前到前额(断肢另一端)处将绷带向后反折。前后反复呈反射性反折,直至将敷料完全覆盖。将绷带绕头部或肢体环形缠绕两圈,反折绷带端固定(图 3-65)。

图 3-64 "8"字形包扎法

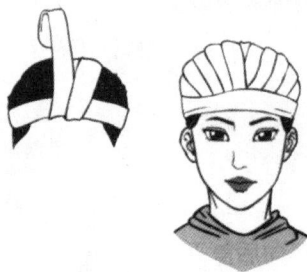

图 3-65 回反包扎法

⑤绷带包扎法注意事项:

a. 先清创,再包扎,另外包扎部位伤口必须覆盖上无菌的或者干净的敷料贴,受伤者体位要舒适,注意保持肢体功能位。

b. 根据不同的肢体选用宽度适宜的绷带。包扎时从肢体远端向近端方向包扎,以促进静脉血液的回流。

c. 包扎时应该先环形绕 2 圈,以固定起点,后面每一圈压力均匀、松紧度要适度,如果太松容易脱落,过紧容易影响血运。

d. 包扎时肢端(如手、脚或者手指、脚趾)最好暴露在外边,以便观察肢体血运的情况。

e. 绷带每圈缠绕时应该压着前面绷带的一半宽度,这样可以起到充分固定的作用。绷带的来回与交叉应当呈一条直线。

f. 包扎完毕,需要环形再次缠绕两圈,再用胶布或者撕开绷带的尾部打结固定。固定处保留在肢体的外侧为宜,不能留在伤口、骨突或者容易受压的部位。

g. 去掉绷带时,先松解固定的结或者取下胶布,然后再交替松开绷带。紧急的情况下或者绷带被伤口的分泌物浸透干结时,可以用剪刀剪开绷带。

第五节 游艇上常见伤病的急救

游艇上常见的创伤、病患,多数是事故或外界环境所造成的,例如骨折、溺水、触电、烧伤、中暑、中毒、昏厥、休克等,本节着重叙述有关这方面的急救知识。

一、骨折

骨的完整性遭到破坏或连续性中断时,称为骨折。骨折发生在正常骨质者身上,外伤是主要原因,称为外伤性骨折。骨折发生在骨病变部位(如肿瘤、结核、炎症等)称为病理性骨折,外伤不是造成病理性骨折的主要原因。骨折处不与体外相通的称为闭合性骨折,与体外相通的称为开放性骨折。骨组织完全裂断的称为完全性骨折;只有部分裂断的称为不完全骨折。骨折后1~2周,称为新鲜骨折,可用手法复位;如伤后超过2~3周,称为陈旧性骨折,用手法较难复位。

1. 临床表现

(1)外伤性骨折均有明确的受伤病史。骨折处有局部疼痛和压痛,移动伤肢时疼痛加剧。

(2)局部肿胀是由于软组织挫伤,骨折端及周围软组织血管破裂出血所致。

(3)功能丧失。因肢体内部支架的断裂及疼痛引起肌肉反射性痉挛,使受伤肢体部分或完全丧失其活动功能。

(4)畸形、异常活动及骨擦音:骨折后其断端可出现重叠、成角、旋转、侧移或分离等畸形;出现异常活动;骨折断端间的摩擦则发出骨擦音。这些都是骨折的特征。但不应故意摇动伤处勉强去找寻这些特征,以免加重伤员的痛苦,并造成更多的软组织损伤和骨折移位。

(5)休克:多见于股骨干、骨盆、脊椎及颅骨等重大的骨折及多发生性骨折的伤员,且常伴有较严重的软组织损伤和较广泛的内出血,以及内脏破裂或颅脑损伤等。

B超下的骨折显示如图3-66所示。骨折的现场急救,目的在于防止休克,抢救生命,减少痛苦,避免组织再损伤和再污染,并创造运送条件。

2. 骨折临时固定的原则

(1)就地固定,不要随意移动伤员和伤肢,防止增加伤员损害和痛苦。固定物应就地取材,无物可取时,上肢骨折可用三角巾或绷带悬吊,固定在胸前。下肢骨折可与健肢捆在一起临时固定(图3-67)。

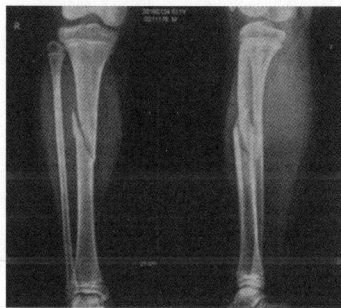

图3-66　B超下的骨折显示　　　　图3-67　伤肢固定于健肢法

(2)如有伤口或出血,应首先对局部加压包扎止血,然后再固定骨折。

(3)对骨折断端穿出皮肤外者,禁止将其纳回伤口内,以免引起严重深部感染,局部可用消毒敷料或干净布料覆盖包扎后再固定。

(4)如用木夹板固定,夹板不能直接与皮肤接触,要在皮肤和夹板之间,尤其在夹板两端,骨突起和空隙部位要用棉花或代替品垫好,防止皮肤受压,组织坏死。

(5)除固定骨折部上、下两端外,上下关节均应固定。

(6)四肢骨折固定时,要露出手指、足趾,以便于观察血液循环变化情况,如发现指、趾苍白、发凉、麻木、疼痛、浮肿和青紫色等症状时,则应松开重新固定。

(7)固定应牢固可靠,不应过松或过紧。过松则伤肢固定不良,过紧则妨碍血液循环,引起肢体肿胀,甚至发生缺血性挛缩。

(8)固定用的夹板,其长度及宽度最好能与伤肢相称,长度必须能包括上下两关节。

3.骨折固定方法

(1)指骨骨折:用一与手指等宽,长由指尖至手腕的小夹板放于掌侧后,用绷带由指缠至手腕固定。

(2)掌骨骨折:用一夹板长度由指尖至前臂中部,宽度相当于手掌宽度,夹板置于掌侧用绷带固定,将肘关节屈曲,再用三角布或绷带悬吊于胸前。

(3)上臂骨折:于上臂外侧用长、宽相当的夹板置于骨折处固定,再用三角布将前臂吊于胸前,最后用三角巾将上臂固定于胸廓上(图3-68)。

(4)前臂骨折:夹板由肘到指,长、宽与前臂相称,掌心内放一团棉花给病人握住,夹板放于掌侧固定,如有两块夹板,可于掌、背两侧各放一块固定,再用三角巾将肘关节屈曲吊起(图3-69)。

(5)锁骨骨折:用三角巾悬吊前臂,另用一三角巾将患肢上臂固定在胸廓上。亦可在两侧腋下放置棉花后,用"8"字绷带固定。

(6)小腿骨折:用一至两块长由大腿中部至足跟的夹板,放在伤肢内、外侧固定。如只有一块夹板,可放在小腿后面托住伤肢固定,足与小腿固定呈直角。

图3-68　上臂骨折固定法　　　　图3-69　前臂骨折固定法

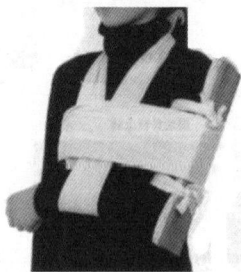

(7)股骨骨折:用一长由腋下至足跟的夹板固定于外侧,另用一长由腹股沟至足跟的夹板置于内侧,用绷带或三角巾固定,足与小腿固定呈直角(图3-70)。

(8)肋骨骨折:一般除有骨折局部症状外,还可有呼吸时剧痛,呼吸表浅,严重时有呼吸困难、咳血等情况。固定方法:先用棉花垫住患侧胸部,嘱咐病员尽量呼气,于呼气时用绷带将胸部由下而上包缠固定。

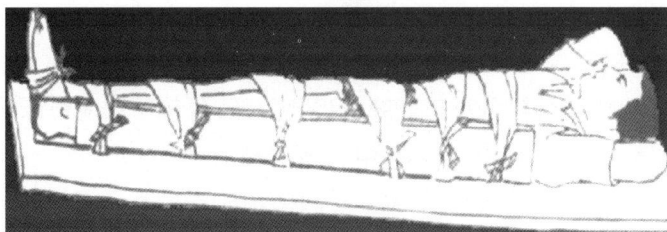

图 3-70　股骨骨折固定法

(9)小腿骨折:可用长夹板置于伤肢的外侧,夹板的长度从大腿中部至足跟,然后用 5 条宽带固定夹板,分别在膝上、膝下和踝部外侧打结(图 3-71)。

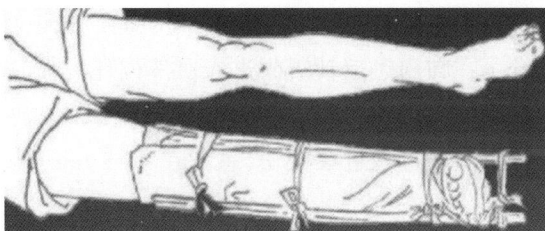

图 3-71　小腿骨折固定法

4.骨折病人的转送

骨折病人运送时以卧位为宜。昏迷病人头应偏向一侧,以保持呼吸道通畅。未做固定者严禁运送。运送时要少震动,以免引起疼痛。

脊柱(颈椎)骨折在临床上很常见,常常会导致比较严重的后果,即使骨折当时未伤及脊髓,但若现场处理不当或搬运伤员时体位不合适,也可发生继发性脊髓损伤,导致或加重截瘫,给伤员造成难以弥补的损失,所以,怀疑有脊柱骨折时,在现场进行正确的处理及转运就显得尤为重要。正确的脊柱伤搬运方法如图 3-72 所示,错误的脊柱伤搬运方法如图 3-73 所示。

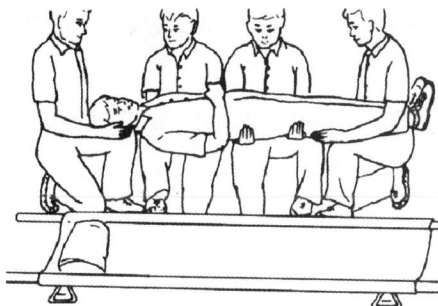

图 3-72　正确的脊柱伤搬运方法

图 3-73　错误的脊柱伤搬运方法

对疑有颈椎损伤的病人,如搬运不当,有引起脊髓压迫的危险,会立即发生四肢与躯干的高位截瘫,甚至影响呼吸而于短时间内死亡,搬运时,要使头部固定于中立位,不屈不伸,颈部两旁垫以沙袋或卷叠的衣服,防止颈部旋转,运送时要轻轻牵引头部,保持住与躯干纵轴方向的牵引。

骨盆骨折病人的转运要用多头带或绷带包扎盆部,臀部两旁应垫以软垫或衣服,然后用布带将身体捆在担架上,避免震动,以减少疼痛。

二、溺水

溺水是人体淹没于水中,最初患者在水中剧烈挣扎,屏气,不久由于缺氧,便不由自主地强烈吸气,水代替了空气,大量的水经口、鼻进入呼吸道,造成呼吸道阻塞;或因吸入寒冷液体的刺激,引起反射性喉头痉挛,而发生急性缺氧性窒息。部分患者还可因胃内充满水而致使上腹部胀满。

急性窒息会造成缺氧及二氧化碳积蓄,可产生呕吐、惊厥、意识丧失,接着呼吸停止,最后心跳停止。吸入的水分可在肺内迅速被吸收进入血液循环,引起血液稀释(淡水溺水);或血液内水分移入肺部,而使血液浓缩(海水溺水)。肺水肿及水、电解质紊乱,都是导致死亡的主要原因。溺水的整个发病过程进展很快,患者在 4~7 min 即会被溺死。因此,抢救工作必须及时。

1.临床表现

溺水患者出水后的表现为:面、唇、四肢青紫,全身冰冷,眼睛充血、发红并稍突出,面部浮肿,口鼻充满泡沫、泥沙或杂草,意识丧失,脉搏、心跳微弱或完全停止,呼吸不整或停止,上腹部胀满。

2.急救方法

(1)迅速将患者营救出水,首先要使其呼吸道畅通,立即消除口、鼻腔内异物,如有活动假牙也应同时除去,并将舌头拉出,以免后翻阻塞呼吸道。迅速进行倒水动作以倒出呼吸道及胃内积水。如果呼吸和心跳停止,应同时进行人工呼吸或胸外挤压。

倒水动作主要有:

①将患者俯卧,腹部垫高,头部下垂,并以手压其背部。

②抱住溺水者的两腿,腹部放在急救者的肩部快步走动,使积水倒出。

(2)如患者呼吸和心跳停止,应立即进行心肺复苏操作,直至心跳恢复和自动呼吸恢复为止(或出现尸斑为止)。

(3)自动呼吸恢复后,可活动患者四肢,并为其做向心的按摩动作,促进血液循环的恢复。苏醒后可给饮热茶、姜汤或热汤类协助驱寒,同时要注意保暖。

有条件的船舶,必要时可向患者心室内直接注入 0.1%肾上腺素 1 支。昏迷者,应肌肉注射中枢兴奋剂如尼可刹米或二甲弗林 1 支,也可针刺内关、合谷、人中等穴位。

3.注意事项

(1)溺水者是否要倒水,应视具体情况而定。无呼吸道阻塞者可不必倒水;呼吸道有水阻塞者,也要尽量缩短倒水这一步骤的时间,以能倒出口、咽及气管内的水分为度,以免影响其他更重要的抢救措施。

(2)人工呼吸是抢救中最重要的一项措施,以口对口吹气法最为可靠,实施人工呼吸时要不怕疲劳地连续进行,不能中途间歇。部分溺水患者常在一定时间内(1~3 h)呈假死状态,此时如能积极抢救,常可复苏。故对溺水患者不可轻易放弃抢救。

(3)患者清醒后应静卧休息,并做严密观察。

(4)有条件时应用抗生素,以预防吸入性肺炎,可选用先锋4号、先锋5号等,连用3天。

三、触电

触电是电流通过人体所引起的损伤,多由误触电流所致,亦可能在雷雨时为闪电击伤。在船舶上,由于船舶的结构大部分都是导电的物体,若电气设备的绝缘性差,则更易引起触电。触电的主要危害是:低电压常引起心室纤颤;高电压则多引起心搏停止和呼吸停止,此时的情况比较严重,如不及时抢救,会造成病人死亡。

1.临床表现

(1)全身表现:轻度触电者会出现头晕、心悸、面色苍白、惊慌和四肢软弱、全身乏力等症状;严重者常于触电后有抽搐与休克症状,可伴有心律不齐,或立即进入“假死”状态(即心跳和呼吸停止)。

(2)局部表现:电流的进出口部位皮肤发生烧伤。烧伤面积小,仅限于触电部位,但组织破坏很深,可达肌肉、骨骼。局部呈白色、黄色或被烧焦,边界清楚。烧伤处干燥,稍下陷,可无痛感。1~2天则周围发红,之后坏死组织脱落,形成溃疡。这种溃疡较一般溃疡愈合慢且容易出血。

2.急救

(1)立即切断电源,或用绝缘物体如干燥的竹竿、木棒等拨开电线。

(2)呼吸和心跳停止者,应立即进行口对口人工呼吸和胸外按压。人工呼吸是抢救电击伤最主要的措施,应十分重视,且持久进行,不要轻易放弃。

(3)电灼伤创面,要特别重视消毒包扎,减少污染。创面周围皮肤最好用碘酒、酒精处理后用油纱布包扎,加盖消毒敷料。待坏死组织与周围健康组织分界清楚时(伤后3~6天),及时切除焦痂。必要时给予抗生素预防感染。

有条件的船舶还可进行下列急救措施:

①针刺人中、十宣、涌泉等穴位。

②已发生心室纤维性颤动者先用1:1 000肾上腺素心内注射后电击除颤,以恢复窦性心律,尚未出现心室纤维颤动时,忌用肾上腺素与异丙肾上腺素。因为肾上腺素等药使心肌的应激性能增加,更易引起心室纤维性颤动。

第六节　救生艇、筏上常见病

当驾驶游艇在海上发生意外时,有时需要弃船逃生,进而登上救生艇、筏。下面介绍在救生艇、筏上常见病的发生及处理。

一、晕船

由于救生艇、筏在海上不规则颠簸和摇晃,往往使乘员感到天旋地转、站立不稳和出现面色苍白、恶心呕吐、心悸头痛、乏力出汗等症状,这就是晕船的表现。

晕船的简单处理方法:

(1)安静平卧。

(2)盖毛毯保暖。

(3)口服茶苯海明 50~100 mg。

(4)服镇静剂。安定 2.5 mg,每日服三次;或用奋乃静 2 mg,每日服三次。

(5)有条件者可针刺内关、足三里、印堂、百会等穴位。

二、水浸足

腿足长时间浸泡于 15 ℃以下的冷水或淤泥中后,往往是下肢先有轻度疼痛感,约半小时后浸水部位皮肤发红,感觉麻木,足趾运动困难。浸水 3 h 以上,下肢逐渐肿胀,病情加重,此时如脱离水浸,肢体保暖后症状尚可消失。浸水数天后,浸水部位可出现水泡和肿块,皮肤破裂。

1. 水浸足的预防方法

(1)下水前应穿防水鞋袜等。鞋袜如潮湿或被水浸过,应及时更换。

(2)尽量设法避免下肢浸水,注意全身保暖,水湿的衣服应设法晾干后穿在防护衣里面。

(3)经常活动下肢,特别是足趾,以改善下肢的血液循环。

(4)按摩下肢和足部,但动作要轻柔,避免擦伤患处。

2. 水浸足的处理措施

(1)保持足部和腿部的干燥和温暖,但应使温度逐步上升,注意复温和保暖。

(2)用活血化瘀中药,如丹参片等,以改善肢体血液的循环;用维生素 C 和路丁等以减少毛细血管渗透性和脆性;用维生素 B 以改善神经功能等。

(3)如有水泡疼痛,皮肤出现黑斑,可局部敷以消炎药粉和药膏。

三、体温过低

救起水中漂浮者后,如果发现被救者体温过低,此时除对因体力衰竭而意识丧失者不做心脏按压外,处理方法基本与溺水者相同。其处理方法如下:

(1)可以用毛毯、维尼龙、布料和其他被褥等包裹患者全身,或用健康人身体紧贴患者以保暖,使其恢复正常体温。

(2)不可给患者喂食酒精等饮料。

(3)待患者意识恢复后,可给以温热的甜饮料。

(4)患者救离水面后,如体力良好者可浸浴于 38~45 ℃的温水浴盆中,使其体温逐渐恢复正常。但体质较弱者,可能迅速出现虚脱症状,所以还以用毛毯保暖较为安全。

(5)应使患者至少安静卧床 24 h,并给以温热的流质食物,使其恢复体力。

四、冻伤

人体受到寒冷刺激,皮肤外观呈青色或苍白色、不透明、坚硬如木、自觉刺痛,致使全身或局部损伤称为冻伤。严重的冻伤能导致休克。

1.冻伤的预防方法

(1)衣物鞋袜要保持宽松和干燥。

(2)要适当活动,经常按摩暴露部位,以保持血液的正常循环,增强身体对寒冷的抵抗力。

(3)避免与金属物品过长时间的接触。

2.冻伤的处理措施

(1)应立即将患者移入有屏蔽的处所。如患者呼吸已停止应立即进行人工呼吸,并协助其肢体运动,以改善周围组织的血液循环。再迅速将患者放入 38~42 ℃的温水内复温,复温的时间不得超过 20 min。手套和鞋袜等如冻结在肢体上时,不可强行脱下,可一同浸入温水中。同时患者可适当饮些热饮料,但绝不能用火烤复温。

(2)小面积冻伤可用温暖的手去轻轻地抚摩,不需要其他的治疗。冻伤面积大而严重时,可将冻伤部位用温毛巾敷盖,让其自然冷却。然后从紧靠身体躯干部位开始,用毛巾热敷加温直至皮肤变红,血液又开始循环为止。再逐渐移动毛巾缩小其面积,如在没有热水的条件下,可将患者的受冻伤部位伸进同伴的贴身衣服里,用体温使其复温。治疗冻伤的过程应缓慢地进行,不能操之过急,以免患者感到剧痛,更不应按摩冻伤处,避免受伤的细胞组织被加剧破坏,操之过急甚至可能导致休克。

(3)冻伤部位复温处理后,可用消炎软膏涂抹,如皮肤破裂,应再用消毒纱布包扎并用抗生素预防感染。

五、晒伤

在救生艇、筏上人们曝露在阳光下,没有衣服遮蔽的皮肤将被强烈的阳光晒得发炎、起泡、脱皮等。

1.晒伤的预防方法

应穿着浅色的衣服或用其他衣物、布帘等遮盖,即使是薄薄的一层也是好的。如无衣可穿亦无物可遮,则应在赤裸的肢体上涂以液状石蜡或单柠酸油膏等,干后再涂,以保护皮肤。

2.晒伤的处理措施

如皮肤已起泡发炎,可涂以液状石蜡或单柠酸油膏等,还可用手头现有的材料轻轻包敷。切勿将水泡弄破,如水泡已破裂,则应撒以消炎粉或涂以单柠酸油膏,而后用纱布轻轻包好,不要移动。

六、脱水

在海上救生艇、筏上由于缺乏淡水、晕船而起的呕吐和烈日暴晒下的大量出汗等,都会引起脱水,对人体脱水最好的处理方法是让患者足够地饮水,并加以适量的食盐。但宜少量多次饮服,因为一次大量地饮水会引起呕吐。

如患者感觉寒冷或体温过低,最好能给温热的水,不宜给含酒精的饮料。

对神志不清的患者不要让其饮水,以免引起窒息死亡。

患者宜保持安静休息,以恢复体力。

七、饥饿

海上遇难者由于得不到足够的食物会引起饥饿。饥饿主要表现为疲乏无力、头昏眼花、精神淡漠、反应迟钝、心率缓慢、怕冷和昏厥等症状。饥饿时日较长者,还会有消瘦、水肿、消化功能减退、抵抗力减弱等现象。对于这种病人,开始时应给予容易消化的牛奶或甜饮料,少量分多次服用,以免引起腹胀、呕吐和腹泻。患者随着病情的好转和体力的逐渐恢复,可改用半流质有营养的食物,再逐步过渡到普通的饮食,应注意静养和保暖,同时服以维生素 B 和维生素 C 等。

第七节 游艇救助中的常用绳结

在游艇上,绳结的运用随处可见,比如系缚工具、绑连靠岸船只、救助遇难渔船拖带等,这些绳结大多简便、易结、易解,既牢固又实用。在实用的过程中,由于场合的不同,须将绳打成各式各样的结以满足不同的需要。本节我们将介绍几种常用的绳结作用及打法。

1. 称人结(单套结)

称人结是系泊时使用的经典绳结,也用于将帆索连接至帆。称人结又称单套结,在绳子的一端打成一个固定圈,牢固性最好,系法也并不复杂,因此称人结也成了各行各业的宠儿,尤其是在航海和登山业使用最为频繁,所以又被叫作帆绳结或船缆结。例如用于连接主帆/前帆升帆索与帆顶(head)、前帆缭绳/球缭和前帆/球帆尾角(clew)等。

称人结不会滑脱或夹挤,绳圈不会缩小,是一种相当安全的绳结,在救助落水、空中作业、救援抢险中,都会被经常用到。

称人结(图 3-74)被称为绳结之王,以在世界上最受欢迎的结绳法而广为人知。不管是上山或是下海,各行各业甚至人们日常生活当中,都很频繁地使用到。称人结的用途广泛,只要好好下功夫,便能够应用在各种场合。在某本书里有这么一句话:"如果把你丢弃在一个无人岛,而只能给你选一个结绳法时,你应该选择称人结。"所以称人结相当受人信赖,也非常有用。称人结是当绳索系在其他物体或者是在绳索的末端结成一个圈时使用。尽管有其他的结法也可使用在上述的用途中,但是为何称人结最常被使用。

图 3-74 称人结

(1)宜解宜结。称人结的结构非常简单,很轻松地一下就可打好。此外,悬挂过重的物品时,即便打结处变紧,也可以容易地解开。

（2）安全性高。无论悬挂多重物品，也无须担心会松开。它甚至可承受一个人的质量。

（3）用途广泛，变化多端。仅仅使用一个称人结，就可以应付各种状况。另外，以此种结法为基本，衍生出各种不同的变化，使得它能使用的范围更加宽广。因此，我们把称人结叫作绳结之王。特别对于从事以大自然为领域的户外专家而言，称人结可说是必备的结绳法了。

如图 3-75 所示是称人结最基本的结法，步骤如下：

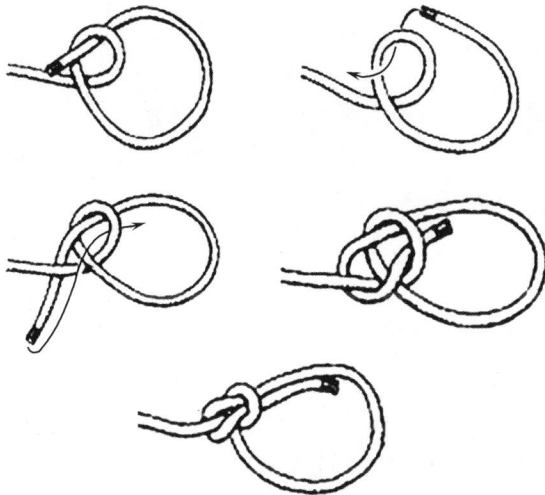

图 3-75　称人结打法步骤

①在绳索的中间打一个绳环；

②将绳头穿过绳环的中间；

③绕过主绳；

④再次穿过绳环；

⑤将打结处拉紧便完成。

2. 布林结

特点：可靠，容易结的绳结，永远不会脱落。

打法：在绳索的中间打一个绳环，将绳头穿过绳环的中间，绕过主绳，再次穿过绳环，将打结处拉紧，即可完成（图 3-76）。

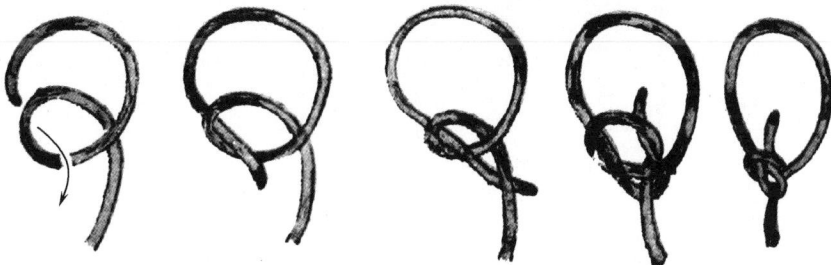

图 3-76　布林结打法

3. 改良布林结

打法:在正统布林结上加一个安全扣,是在布林结打好之后,处理末端的方法。使绳索的末端留下足够的长度,打一个称人结,将绳头在部分绳环上绕一圈,照着箭头的方向通过绳环,将打结处拉紧并理好,最终完成(图3-77)。

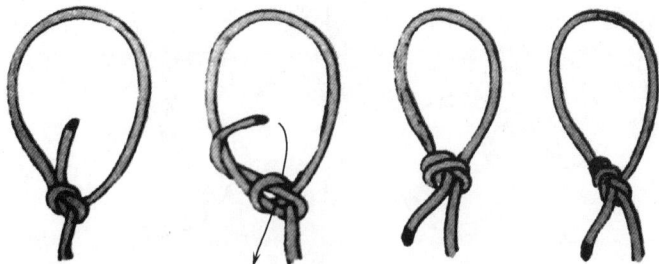

图3-77 改良布林结打法

4. "8"字结

"8"字结适合作为固定收束或拉绳索的把手,即使拉得很紧,依然可以轻松解开。"8"字结主要用于防止绳索滑出滑轮,以它结成之后像"8"的外形而得名,多使用在防滑性强的场合。"8"字结是将绳端先行交叉,绳头绕过主绳穿过绳圈,缠绕两圈后拉紧完成(图3-78、图3-79)。其打法简单,结成之后又相当牢固,是一款经典的绳结打法。

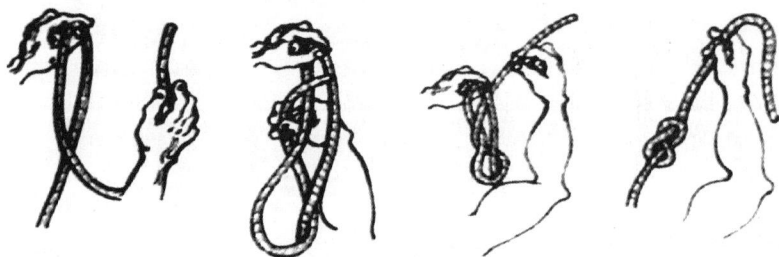

图3-78 "8"字结打法

图3-79 "8"字结外形

5. 意大利半结(半扣结)

把绳索套在圆柱体上,将绳头绕过绳索一圈,朝箭头方向穿过绳头拉紧即成(图3-80)。

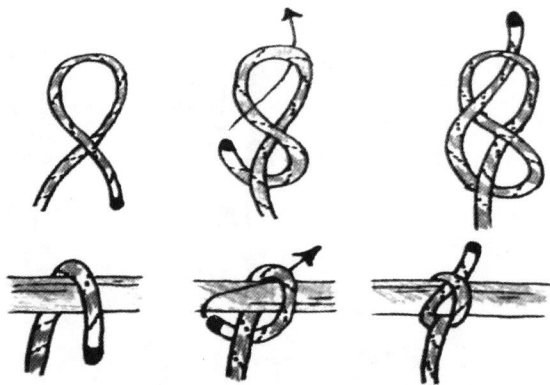

图 3-80　意大利半扣结打法

6. 接绳结

接绳结是一种用于连接两条粗细及材质不同的绳索的结,是最古老的一种结。它的特点是打法简单,结实可靠,而且十分容易拆解,常用于连接船缆等。

接绳结在连接两条绳索时使用,拆解容易,安全程度高。当两条绳索粗细不一时,打的时候必须先固定粗绳,然后再与细绳相连。

打法:将一条绳索(粗绳)的末端对折,然后把另一条绳索(细绳)从对折绳圈的下方穿过,把穿过的绳头绕过对折的绳索一圈,打结,握住两端的绳头拉紧结好(图 3-81)。

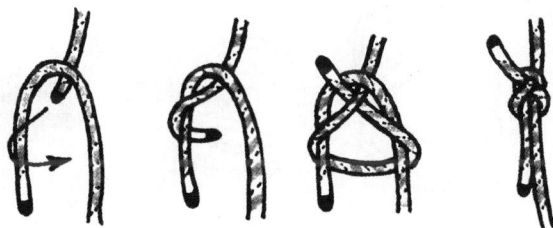

图 3-81　接绳结打法

7. 双套结

双套结广泛用于将绳索绑系在物体上,此方法简单实用,尤其在绳索两端使力均等的时候,双套结可以发挥很大的效果。如果绳索只有一端使力的话,只要在双套结完成后再打一个半扣结,效果也是一样的。

打法(适用物体为纵向):把绳索绕过物体一圈,从上方再绕一圈,用力拉紧绳索两端,为增加绳结的牢固程度,打一个半扣结结束(图 3-82)。

8. 丁香结

打法:把绳索绕过物体一圈,握住绳头在物体上方绕过,插入绳环,收紧,绳结完成。此方法加不加半扣结加固均可(图 3-83)。

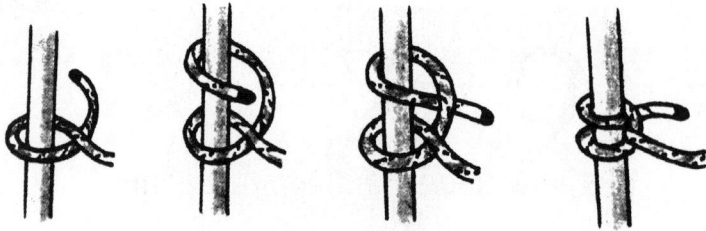

图 3-82　双套结打法

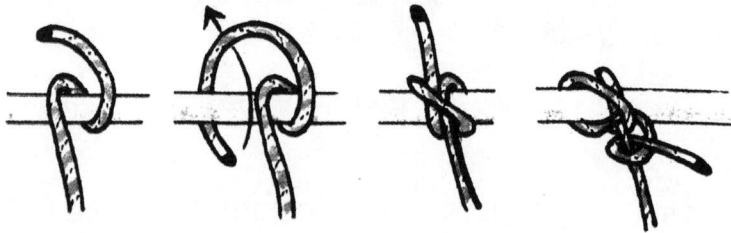

图 3-83　丁香结打法

9. 卷结

打法：在一根绳上挽成两个圈，把右边的绳圈重叠在左边的绳圈上，直接套进物体上，两边收紧完成(图 3-84)。

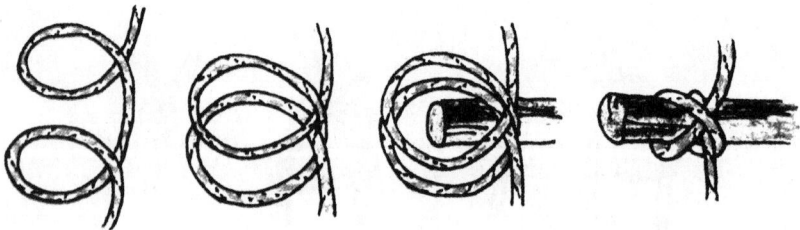

图 3-84　卷结打法

10. 系缆结(羊角结)

系缆结又称羊角结，主要用于船只靠岸停泊时连接系缆桩(羊角)，这种打法简单方便，不易脱落，可以十分快速地解开(图 3-85、图 3-86)。

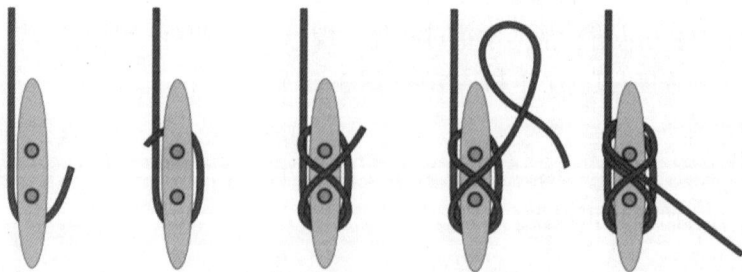

图 3-85　系缆结打法

图 3-86　系缆结实际应用图

【本章习题】

1. 当发现病人呼吸与心跳停止时,应首先进行的抢救是　　　　　　　　　(　　)

A. 洛贝林、尼可刹米肌肉注射

B. 胸外心脏按压术,同时进行人工呼吸

C. 肾上腺素心内注射

2. 如病人呼吸道有异物阻塞,应尽早、尽快解除呼吸道阻塞的方法是　　　　(　　)

A. 将病人下颌上抬或压额抬后颈部,解除舌根后坠,用手指或吸引器将口咽部呕吐物、血块、痰液等异物挖出或抽出

B. 人工呼吸

C. 胸外心脏按压术

3. 心脏骤停临床诊断中下列哪项不是必须具备的　　　　　　　　　　　(　　)

A. 突然意识丧失或伴随四肢抽搐

B. 出现尸斑,尸僵

C. 大动脉搏动消失,特别是心音消失

4. 止血带每次放松时间为　　　　　　　　　　　　　　　　　　　　(　　)

A. 1~2 min

B. 5~6 min

C. 3~4 min

5. 当患者昏迷时,如何检查呼吸情况　　　　　　　　　　　　　　　　(　　)

A. 观察胸部、腹部的起伏幅度,或以耳贴近病人口、鼻,倾听呼吸音并感觉呼吸道通畅与否

B. 在胸部心前区倾听心音

C. 触摸手腕桡动脉和颈部动脉的搏动

6. 心脏骤停患者进行心肺复苏成功后应如何处理　　　　　　　　　　　(　　)

A. 就地继续观察

B. 继续心肺复苏或静脉推注药物治疗

C. 与陆岸联系,转送至医院进一步高级生命支持(如脑复苏)和病因治疗

7. 下列关于干粉灭火器的说法正确的是 （　　）

A. 干粉有冷却性,扑灭炽热物火灾,效果较好,不易复燃

B. 干粉灭火器灭油火时要使干粉喷在燃烧物表面上

C. 干粉灭火器由于怕潮,应该放在阳光充足处所储存

8. "先控制,后消灭"是指 （　　）

A. 无论何种火情,均先控制一段时间,然后再进行灭火

B. 最先赶到的人员首先进行积极的控制,在控制的同时采取灭火措施

C. 如果房间内有一件衣服正在燃烧,发现人员应先叫人然后再灭火

9. 一般情况下将毛巾浸湿并折四折捂住口鼻,即可过滤掉_____%的烟气,且可保护呼吸道的黏膜免受灼伤。 （　　）

A. 50　　　　　　B. 60　　　　　　C. 80

10. 在消防现场,处置一度烧伤的病人的原则包括 （　　）

A. 及时冷敷,或者用大量的冷水冲洗烧伤部位

B. 用香油或酒精冲洗烧伤部位

C. 用纱布或绷带包扎烧伤部位

11. 游艇某人员房间失火,首先是 （　　）

A. 调查　　　　　B. 扑救　　　　　C. 报警

12. 火灾中常见的有毒、有害气体包括 （　　）

①一氧化碳;②氢化氢;③丙烯醛;④二氧化硫

A. ①③④　　　　B. ②③④　　　　C. ①②③④

13. 针对可燃物,将在火场周围的可燃物与燃烧物分隔开来不使火势蔓延,并使燃烧因缺可燃物而停止,叫 （　　）

A. 抑制法　　　　B. 隔离法　　　　C. 冷却法

14. 可燃物质燃烧时,含氧量充足,温度稳定且高于_____时为完全燃烧。 （　　）

A. 闪点温度　　　B. 燃点温度　　　C. 自燃点温度

15. 对有毒物品中的氰化钾火灾最适宜的灭火剂是 （　　）

A. 二氧化碳　　　B. 泡沫　　　　　C. 水或沙土

16. 探火人员进入火场之前必须做到 （　　）

①详细了解有关的火场信息;②佩戴消防员装备;③确定好进出路线;④安排两人一组同行及其协助人员

A. ①②③④　　　B. ①③④　　　　C. ①②④

17. 烧伤病人的处理,_____正确。 （　　）

A. 喝大量开水

B. 喝大量乳类饮料

C. 喝适当的含盐饮料

第四章　游艇维护与保养

【知识目标】

1. 掌握游艇机械的拆卸、检测与清洗方法；

2. 了解游艇坞修及交船试验相关知识；

3. 了解玻璃钢艇体的维修技术；

4. 掌握几种游艇零件的修复工艺；

5. 掌握几种类型金属艇的维护与保养措施；

6. 掌握柚木的护理与保养方法；

7. 掌握帆船的维护与保养方法；

8. 掌握艇体的存放和拖运方法。

【能力目标】

1. 具备正确拆卸、检查与清洗游艇机械的能力；

2. 初步具备玻璃钢艇体的维修技术；

3. 能正确实施金属艇的维护和保养；

4. 会正确维护和保养柚木、帆船；

5. 能够正确存放和拖运艇体。

游艇作为继汽车之后新的休闲必需品，和汽车有许多相似的地方，也有许多不同之处。不管是初次购买还是有经验的船主，都需要拥有一定的游艇知识。

对游艇而言，发动机是最重要的部件。喜欢挑战极速的朋友都必须了解自己的发动机运行如何，极速多少，每升油能航行多远距离等。

游艇寿命的长短与我们的使用方式密切相关。按照正常的操作程序，游艇在起航前都要先检查发动机的油和水。在高速行驶这个方面，是遵照发动机制造商关于全功率使用限制的规定驾船，还是随心所欲地超时全速驾驶，对发动机的使用寿命有着极大的影响。

如果你是一个合格的使用者，你的责任就不仅仅是在坏天气里照料好船、洗去形成硬皮的盐巴，还应认真地进行一些日常的维护。坚持写航行日记，使发动机按照销售商的要求工作也是很容易做到的。普通的艇一年使用的时间不超过 100 h。游艇不能长期不用，但也不能过度使用。

不管艇的情况有多好，诸如"卸船程序、卫生间系统及油箱的正确操作"这样的常规要求必须遵守。

游艇设备损坏后的维修分为两种:船员自修和进厂修理。

船机维修过程:航行勘验—拆卸(检测)—清洗—检测—确定修理方案—修理—装复(检测)—试车—系泊试验—航行试验。

检测贯穿于修理前、后的拆卸与装复过程中。通过拆卸和拆卸中的检验、测量,摸清故障的范围、程度,找出故障的原因。

本章主要介绍维修过程中的拆卸、清洗、坞修、交船试验和游艇保养等,以使对船机维修过程、游艇保养操作有全面的了解。

第一节 游艇机械的拆卸、检测与清洗

一、游艇机械的拆卸

对任何一台机械修理时首先进行的工作就是拆卸:把机器的运动部件从其固定件上拆下来,将机器进行局部或全部解体。拆卸过程是一个对机器技术状况和存在故障的调查研究的过程。零部件表面的油污、积炭、水迹等均是发现故障的线索。燃烧室组成零件的积炭情况有助于维修人员了解燃烧情况和相关零部件(如喷油器、喷油定时等)的故障。

1.拆卸原则

(1)确定拆卸范围

不要随意扩大拆卸范围,因为不必要的拆卸势必破坏机件良好的配合精度或改变已磨合部位的相对位置,增加零件损伤和安装误差。

(2)正确拆卸顺序

一般来说,拆卸机器应从上到下、从外到里;先拆附属件、易损件,后拆主要机件;先拆部件,再将部件拆成零件。

(3)保证零件原来的精度

拆卸过程中应保证不损伤零件,不破坏零件的尺寸精度、形状与位置精度,尤其是保护好配合件的工作表面。如活塞环黏着在环槽中,可将活塞环损坏,分段自环槽中取出,但要保护环槽不受损。

(4)保证正确装复机器

拆卸过程中,对拆下的零部件要做记号,系标签。对零件连接部位的相对位置做记号,将拆下的零件系标签,对机器正确、顺利地装配和防止零件损坏非常重要。重要的或精密的部件不要在现场拆解,应系标明所属的标签,送船上专门工作室或船厂车间解体修复。例如,柴油机喷油泵和喷油器应在船上油泵实验间或船厂车间解体,由于精密偶件不可互换的特点,更应系标签,切勿混乱。

2.拆卸的准备工作

(1)工具的准备

在船上检修时需要的工具包括:通用和专用工具、通用和专用量具、各种随机辅助设备等。

①通用工具:各种尺寸和规格的扳手,如活络扳手、套筒扳手、扭力扳手等;各种锤子,如铁锤、铜锤、木槌和橡皮锤等;各种钳子,如克丝钳、鲤鱼钳、尖嘴钳和管子钳等;其他钳工工具,如钢锯、锉刀、螺丝刀和冲子等。

②专用工具:如拆装活塞环工具、盘主轴承下瓦工具、吊装活塞工具、液压拉伸器等。

③通用量具:如塞尺、内径和外径千分尺、内径百分表、臂距表(拐挡表)、百分表、游标卡尺、钢直尺和平尺等。

④专用量具:如测量轴承间隙、活塞-汽缸间隙的专用塞尺、各种测量用样板等。

(2)起重设备的准备

拆卸过程中,一些大而重的零部件可用机舱固定起重设备吊运;当机舱无固定起重设备或无法在机旁使用时,采用撬杠、钢缆绳索、连接螺栓、手动葫芦和千斤顶等起重设备。根据零部件的质量选用相应规格的葫芦与钢缆。

(3)其他物料的准备

支垫重要零件和包管口等,需要准备木板、厚纸板、布或木塞等。还需要准备各种消耗品,如棉纱、油料。

3.拆卸技术

(1)保护好零件及设备

从机器上拆下的仪表、管子和零部件等应系标签,分门别类地妥善放置与保管,不可乱丢乱放。仪表、精密零件和零件配合表面尤其应慎重放置与保护。

机器拆卸后,固定件上的孔口、管系的管口裸露,为了防止异物落入造成损伤和后患,应用木板、纸板、布或塑料膜等将孔口、管口堵塞或包扎。

(2)过盈件的拆卸

机器上具有过盈配合的配件,例如齿轮与轴、柴油机上的气阀导管与导管孔、活塞销与销座等,拆卸时应使用专用工具或采用适当加热配合件的方法才能顺利拆卸且不会损伤零件,切勿硬打硬砸。

(3)螺栓的拆卸

柴油机气缸盖螺栓、主轴承螺栓等一般采用双头螺栓,螺栓的一端旋入机件。拆卸时,不需将双头螺栓从机件上拆下。

拆下的螺母、螺栓等应套装于原位。

生锈螺母拆不下时,可采用以下方法:先将螺母上紧1/4圈,然后反向旋出;轻轻敲击振动生锈螺母周边;在螺母和螺栓之间灌入煤油或喷松动剂,浸泡20~30 min后旋出;用喷灯均匀加热螺母,使之受热膨胀后旋出。以上诸方法均不奏效时,用扁铲将螺母破坏取下。

螺栓断于螺纹孔中可采用以下方法将断头螺栓取出:在露出的断头螺栓顶面锯出小槽,用螺丝刀旋出;挫平露出的断头螺栓两侧面,用扳手拧出;在断头螺栓上焊一折角钢杆或螺母,将断头螺栓旋出;在断头螺栓顶面钻孔攻丝(反向螺丝)和拧入螺钉,拧出螺钉将断头螺栓带出;选用直径小于断头螺栓根圆直径0.5~1.0 mm的钻头,将螺栓钻掉,再用与原螺栓螺距相同的丝锥将螺纹孔中残存断头螺栓除去,但应不损坏原螺纹孔的精度。

4. 拆卸安全

拆卸过程中的安全操作对于保证人身和机器的安全至关重要。所以,在拆卸过程中应注意以下问题:

①选用工具要恰当,不可任意加长扳手以免扭断螺栓;

②注意吊运安全,严禁超重吊运,吊运捆绑要牢靠且不损伤零件、仪表,吊运操作稳妥等。

二、拆卸中的检测

船机拆卸前、拆卸过程中的检验和测量是对机器的剖析和透视,是查明故障、分析和诊断故障原因、制定修理方案的重要依据。

1. 运转中的观察

通过拆卸前的航行勘验了解主机工况、记录各项性能指标和对运转缺陷进行检验。检查主柴油机的运转的平稳性,有无振动,启动换向操作是否灵敏,有无水、气、油的漏泄现象等;通过对船机的日常运转管理,观察了解其故障信息和现象,必要时测定温度、压力等参数,以确定船机运转状况和机器性能变化,从而初步确定存在的问题。

2. 拆卸中的检测

船机拆卸过程中,对拆开的配合件工作表面进行观察,从配合件表面的氧化、变色、拉毛、擦伤、腐蚀、变形和裂纹等现象判断故障的部位、范围和程度。测量零件的绝对尺寸、磨损量、几何形状误差和配合间隙等,判断零件的磨损、腐蚀或变形程度。例如,测量气缸套内径、曲轴外径的绝对尺寸,测量轴承间隙、曲轴臂距差和活塞顶形状等。

在拆卸过程中,必要时对重要的零件进行无损检测,以查明零件内部存在的损伤,如裂纹等。如发电柴油机修理时,对连杆螺栓进行着色探伤或磁粉探伤,检查连杆螺栓表面有无疲劳裂纹,并且测量其长度,以掌握其有无变形。

三、游艇机械的清洗

1. 零件的清洗

船机长期运转,使其自上拆下的零件表面附有油垢、积炭和铁锈等。常用的清洗方法有油洗、机械清洗和化学清洗;或者针对零件上不同的污垢有除油垢、除积炭和除锈等。

(1)常规清洗(油洗)

常规清洗是利用有机溶剂如汽油、柴油或煤油溶解零件表面上油污垢的一种手工清洗方法。清洗时,先将零件浸泡在油中,用抹布或刷子除去零件上的油污,此种方法操作简便,易于实现,使用灵活。对于油污积垢不严重的零件常规清洗效果又快又好,船上和船厂广泛采用。但其对积炭、铁锈和水垢无效。

(2)机械清洗

机械清洗就是用毛刷、钢丝刷、砂布、油石进行刷、刮、擦、磨,但这样清洗容易损伤零件表面,产生划痕与擦伤;常用于清洗柴油机燃烧室的零件。

(3)化学清洗

化学清洗是利用化学药品的溶解和化学反应,清洗除去零件表面上的油、油脂、污垢、漆皮、水垢和氧化物,常用于热交换器的清洗。

①碱性清洗剂:除油、油脂污垢、漆皮。将零件浸泡在 80~90 ℃碱性清洗液中 3~4 h后,用压力为 5 MPa 的清水冲洗干净,但零件表面容易生锈。铸铁、铝和铜等材料可采用中、弱碱性清洗剂清洗。

②酸性清洗剂:酸性清洗剂与水垢、金属氧化物发生强烈的化学反应,使之溶解或脱落。酸性清洗剂是用无机酸或有机酸配制,用来清除零件上的水垢和铁锈。

③合成清洗剂:合成清洗剂是近年发展起来的一种现代的新型清洗剂。对于机舱中不同的机器及不同的脏污有不同的清洗剂。

a. 全能清洗剂。

全能清洗剂是一种中性多功能水溶性清洗剂,室温下可以迅速清除零件表面上的油污、铁锈、积炭和氧化物。在 60~80 ℃下清洗效果更好。全能清洗剂完全溶于水,无异味和无腐蚀性,但有刺激性,应避免与眼睛、皮肤和衣物等接触,使用时应戴保护镜和手套。

"奥妙能"全能清洗剂能有效地清洗涡轮增压器、热交换器、泵和管系等。

b. SNC2000 除炭剂。

除炭剂具有很强的溶解力,可溶解油、油脂,能渗透和软化积炭(炭、烟灰、泥垢等),但不能溶解积炭,积炭软化松动后用水冲掉。较小零件一般浸泡 4~8 h,可使积垢完全溶解与松动;零件上积垢严重时,可在加热至 55~60 ℃的除炭剂中浸泡 24 h(最长),即可用水冲掉或用刷子刷洗,再用压缩空气吹干。大型固定件可刷洗清除积炭。

使用清洗剂应注意的事项如下:

①选用清洗剂时应选用对人体健康无损害的清洗剂。

船用清洗剂应满足下列安全因素:闪点>61 ℃;不含苯、四氯化碳、四氯乙烷、五氯乙烷和其他有毒成分的化学品。

②清洗时工作场所应通风良好,要求佩戴保护器具,以减少与皮肤和呼吸道的接触。

③选用清洗剂时认真查看商标或产品说明。

④使用乳化型清洗剂不允许排入舱底或机器处所。因为许多清洗剂都会引起油水混合物乳化,或者几种不同品种的清洗剂同时排入机舱舱底,可能产生永久性乳化状油污水混合物,会造成分离设备不能正常运转,从而造成海洋环境的污染。

国际海事组织(IMO)的海上环境保护委员会经多次讨论研究,通过了"船舶机舱处所洗涤用的清洗剂"报告,制定出了保护海洋环境的新措施。

⑤安全、防污染。

2. 管系的清洗

(1)柴油机主滑油系统采用标准润滑油清洗,燃油系统用柴油清洗

当一台新造柴油机或一台完成大修的柴油机启动投入运转前,不论是在造机厂、船厂还是船上,都应该注意柴油机的各种油系统的清洁,以免留下后患。在管子制造和管系组装时也可能带入灰尘、污物颗粒。经过长期运转的柴油机各种油系统中还会有污物积存,甚至沉积在管壁上。因此,柴油机启动前必须进行专门冲洗,以保证各种油系统的清洁,尤其是润滑油系统的清洁。

（2）柴油机主滑油系统清洗注意事项

主滑油系统脏污和润滑油不清洁将造成配合件的磨损加剧和其他故障；造成主轴承、十字头轴承、连杆大端轴承和各种轴承的损伤及轴颈的磨损，破坏润滑油膜，引起抱轴、拉缸等新的故障发生。清洗主滑油系统是为了彻底清除管路中残存的杂质、污物颗粒以及管壁上的污垢，防止它们进入轴承等配合件中，确保柴油机安全、可靠地运转。

①准备工作：首先清洗柴油机及链条箱内部，其次清洗外部管路；外部滑油管路清洗与内部滑油管路一定要分开，决不允许清洗外部管路的油流经主机。

②管口的堵塞：堵住连通到曲柄箱的各轴承的滑油支管。

③保护十字头轴承：在清洗及安装过程中将其盖住。

④振动或敲击管系：采用便携式振动器或手锤敲击管子，然后将脱落的污物清除。

⑤清洁油柜和管端：因为滑油中的颗粒和污物会沉淀在油柜底部和管端，如果不被清洁，当柴油机运转时，滤器就会频繁堵塞。

⑥控制滑油流速及温度：清洗时，应将润滑油加热至 60~65 ℃为宜，为了造成管系内滑油的充分扰动，滑油应以一定的流速流经主滑油系统。

第二节　游艇坞修及交船试验

一、船坞

船坞是用于建造或修理船舶的大型水工建筑物。船坞由坞首、坞门、坞室、注泄水系统、拖曳系缆设备、动力和公用设施及其他设备构成。新型现代化船坞还有自动化的设施，如自动坞墩、坞壁作业车和起重设施等。船坞的种类按用途分为造船坞和修船坞；按构造分为干船坞、浮船坞和注水式船坞。目前干船坞、浮船坞应用较为广泛。

1. 造船坞

专门用于建造新船的干船坞，坞深较浅，可浮起建成的船体空壳，又称为浅坞。为便于同时建造几条船或超大型船舶，并可分期出坞，所以船坞又有单坞室、双坞室、多坞室和分室隔离等不同结构。目前我国已有 $2×10^5$ t 容积的造船坞，可建造 $3×10^5$ t 级超大型船舶。

2. 修船坞

专门用于修理和改装船舶的干船坞。船坞较深，具有曳船、疏水等设备，不需较大的起重能力。修船坞主要用于船体水线以下部位的检验和修理，如船体除锈和涂装、艉轴和螺旋桨修理等。

3. 干船坞

干船坞是建于水域边缘的池形水工建筑物。坞底低于水面，三面是坚固的坞壁，临水一面安装活动的坞门。坞底设置支撑船舶的坞墩，船坞两侧布置引船进出坞的曳船装置，坞壁上部地面安装起重设施。坞口附近设水泵站和泄水系统，并配置修造船用的动力管系，坞门开启船坞与水域相通，船舶进、出坞；坞门关闭泵站排水，船舶坐墩，进行修船作业。干船坞分为造船坞和修船坞。

坞墩有木结构和铁木混合结构。在坞底随分布的位置不同有龙骨墩、中墩和左、右边墩,目前有较先进的液压坞墩,可以液压调节坞墩的高度并进行遥控。

此外,有的船坞还在坞壁安装坞壁牵引车,是牵引船舶进、出坞的设施。坞壁脚手架或称坞壁作业车,是可以在坞壁轨道上行走的机械化工作台。

4. 浮船坞

浮船坞是可以在水上沉浮和移动的船坞,两端可以敞开,横截面呈槽型的箱式结构。坞体是由坞墙、坞底组成,并配备必要的修船和造船的设施。浮船坞中央监控装置具有测量、遥控、监测和报警多种功能,如对浮船坞挠度变形监测、四角吃水和纵横倾监测、压载水舱液位测量及对压载阀和排水泵的遥控等。此外,通过对浮船坞的各水密舱的充水和排水,实现船舶的上浮与下沉,从而将修理船舶托出水面或沉入水中。我国也建有很多浮船坞,如 10×10^4 1 级的"衡山号"浮船坞等。

二、坞修工程

坞修工程主要是船底的清理和涂漆,船体损坏部位的焊补修理以及船舶改建等。

轮机坞修工程主要是船舶推进装置、舵和水线以下的船舷阀件等的检修,具体项目如下。

①海底阀、海底阀箱和舷外排出阀的检修:海底阀、海水出海阀、锅炉排污阀等水线以下的阀、阀箱解体清洁、除锈、修理和换新;阀箱内防腐锌块的更换;阀箱钢板除锈、测厚和换新等。

②桨的检查与修理:螺旋桨的损坏与修理,螺旋桨的螺距测量与静平衡试验。

③螺旋桨轴、艉轴和艉管轴承的检修:轴颈损坏的检测和艉管轴承间隙测量;轴与轴承的修理;密封装置的检修。

④舵承的检修。

此外,对具有 CCS 船级的船舶为了保持船级还应按照《钢质海船入级规范》的要求定期进行坞内检验、螺旋桨与艉轴的检验。按照 CCS 的规范要求,船舶在 5 年内不少于 2 次坞内检验;螺旋桨轴和艉轴的检验一般不超过 5 年。以上两项检验均需船舶进坞完成,船级检验可以和船舶坞修结合进行。

三、交船试验

交船试验的目的是检验船舶修理质量及其技术性能,以确保船舶符合 CCS 保持船级的要求和安全可靠地运行。

船舶进厂修理完工之后,应进行交船试验:系泊试验和航行试验。

1. 交验项目

根据我国《民用钢质海船修船交验项目》的规定,为了保持船级和营运安全,船舶修理后,厂修项目由修船厂、自修项目由船方向验船师提交检验。

2. 试验前的技术准备

船用主柴油机进厂修理后,除对具体修理项目进行检查验收外,还应依规定进行系泊试验和航行试验,即船舶在码头和航行条件下对修理过的船用主柴油机进行试车,检查其修理质量和综合技术性能。

试验前应进行以下技术准备:

船用主柴油机的零件修理、部件装配、总装调试、系统安装和仪表检验等质量均应检验合格;

舵叶应在正舵位置,辅机、推进装置、机舱与驾驶台的联系均处于正常状态;

舵机及其操纵系统(包括应急舵)均应经性能试验并合格;

遥控及自动化系统试验合格。

按设计要求,柴油机启动、调速、换向、紧急停车等效用试验各进行 2~3 次,操纵时主柴油机自动工作的程序必须准确可靠;按照主机说明书要求试验各控制站之间转换及连锁装置的功能,动作应灵活、准确、可靠。

安全装置试验:主机的安全装置(紧急停车),超速保护,防爆门,油、水、气的压力保护,油、水、气的温度报警均须在系泊试验前完成效用试验,要求动作灵敏、准确和可靠,并且试验次数均应不少于 2 次。

3. 船用主柴油机的系泊试验

系泊试验是在船厂码头进行,故又称码头试验,试验时船舶处于静止状态(船速为零,即 $v_s=0$),主机带动螺旋桨工作,产生最大的转矩和推力,即转矩为 $100\%M_H$,而转速仅为 $75\%\sim80\%n_H$,n_H 是主机修理前航行中常用最高转速。这是由于受码头堤岸坚固性和系泊状态的限制,主机和轴系推进装置不可能全负荷运转。

系泊试验是在验船师监督之下,为确保船舶具备航行条件对船舶动力装置进行的一次安装、修理质量和工作效用的试验。系泊试验是为航行试验做准备,合格后方可进行航行试验。如若系泊试验中发现不正常现象,则应在修复后重新试验。船用主柴油机修理后须经系泊试验。

(1)试验

①主柴油机启动试验一般在冷态下进行。对于说明书规定启动时暖缸温度的机型,应按说明书规定进行。

②启动试验时,连续启动次数不少于 3 次,每次启动均应按规定时间完成。

(2)换向试验

①主柴油机换向试验应在热态下进行。

②对于可逆转的主柴油机,换向次数应不少于 3 次。

③对于不可逆转的主柴油机,用离合器换向的次数应不少于 3 次。

(3)磨合试验

①主柴油机更换活塞、活塞环、气缸套或轴瓦等零部件后,应按照柴油机说明书的规定进行磨合试验。

②不具备码头动车条件的,磨合试验可结合航行试验进行。

(4)运转试验

①主柴油机系泊试验时,运转的最高转速一般可按主机系泊试验的最高转速 $n_M<$

$0.8n_H$ 计算。

②运转试验工况与时间按相关规定进行。

③在 $80\%n_H$ 工况试验时应测取各项参数,并初步调整各缸压缩压力和最大爆发压力、各缸排气温度。运转试验时,应注意主柴油机运转的声音和有无振动、发热、漏泄等情况。

系泊试验后,应按照说明书要求检查主轴承、连杆轴承、十字头轴承等处的温度,吊缸检查活塞、缸壁等情况。

4. 船用主柴油机的航行试验

系泊试验合格后进行航行试验。船舶修理后进行海上航行试验是为了在航行条件下对船舶动力装置做进一步的考查,以保证修理、安装质量,运转的稳定性和可靠性。

启动试验:按系泊试验要求进行。

航行试验:其工况与时间按相关规定进行。

试验时间:试验必须连续进行,停机拆验时一般不超过 0.5 h。

参数测定:航行试验时在 $100\%n_H$ 工况转速下测取各项参数。各缸主要参数对于平均值的差异百分数不得大于说明书的规定值。

最低工作稳定转速试验:航行试验中应进行主柴油机最低稳定转速试验,试验时间为 15 min,记录转速值。

换向试验:主柴油机的换向试验在热态下进行。试验时间一般应不超过 15 s。试验时间是主柴油机自换向操作算起,至主柴油机开始反向工作时为止。

遥控及自动化功能检查:同试验前的技术准备的要求。

安全装置检查:对主柴油机各种保安装置及极限调速器功能的检查同试验前的技术准备的要求。

航行试验后的检查:应按说明书要求检查主轴承、连杆轴承、十字头轴承等处的温度,吊缸检查活塞组件和缸壁情况,曲轴臂距差应符合要求。

第三节　玻璃钢艇体维修技术

在使用纤维增强塑料建造的船艇中,损坏分为两类:一是由碰撞或其他极端力造成的;二是由设计或制造缺陷引起的。纤维增强塑料船艇的维修比其他材料船艇要容易些,但恰当的准备工作和工艺措施是关键。

一、创伤类型

按创伤性质,创伤类型基本上可分为以下几类。

1. 裂痕

常由碰撞、挤压及与尖锐硬物相擦等外力作用引起,按程度可分为表层裂痕与深层裂痕。表层裂痕包括胶衣龟裂与擦痕;深层裂痕有不穿透与基本穿透两种。按裂痕形状又可分为单条裂痕、交叉裂痕、平行擦痕及放射状裂痕(图4-1)。

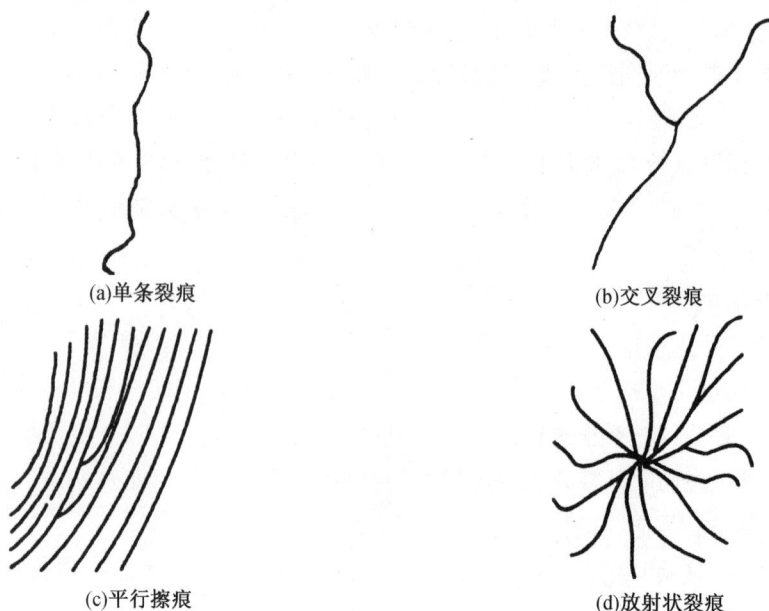

(a)单条裂痕   (b)交叉裂痕

(c)平行擦痕   (d)放射状裂痕

图 4-1 　裂痕的基本形状示意图

2.洞穿

常由碰撞、挤压等外力作用引起,创口呈洞状穿透,或虽未成洞,但裂缝处已开口穿透。

3.渗漏

从外表上看似乎没有穿透,但内部有渗漏通道,通常由制造不良(包括工艺不当)引起。

4.磨损

常由水、砂石、堤岸边沿及船上金属等长期摩擦造成某些部位玻璃钢层减薄或破损,影响正常使用。

5.烧损

由火烧引起,被烧处树脂烧掉,剩下熏黑的、呈松散状的玻璃布。按程度不同可分为未穿透、基本穿透及完全烧损 3 种。

6.老化

由阳光、风、雨及温度变化等自然条件引起。玻璃钢外表呈现失去光泽、颜色变化、出现微裂纹并逐渐扩展、树脂层减薄、露出纤维并逐渐侵入内部等情况。如有材料选择不当或操作不良等因素时,则将加速老化进程。

7.脱胶

发生在玻璃钢与玻璃钢、玻璃钢与其他材料的胶结处。常由受外力作用或胶结时材料、工艺选择不当引起。

二、修补技术

玻璃钢艇目前大都采用手工成型。制造方便,修补容易,这是玻璃钢的一大特点。修补时只要制定的方案得当,工作人员技术熟练,操作精细,可以补得十分理想,不仅在强度上不低于原制件,而且外观上也可达到理想的效果。

损伤类型虽有多种,但从修补角度看,可基本归纳为穿透型与不透型两大类。其修补方法的不同之处主要在于前者需要依靠模具,而后者则可直接修补。

1. 船体损坏的修补

(1)单板结构穿透性损伤的修补

修补的工艺过程如下。

①确定清理范围并加标志清理。范围包括创口区、砂磨区、清洁区,砂磨区作为补强层胶结用(图4-2)。

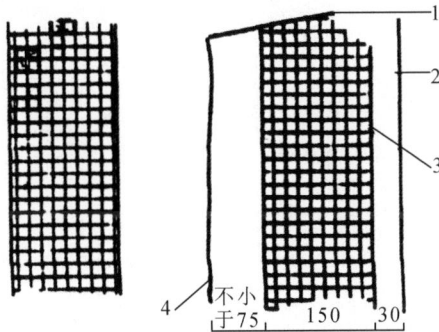

1—裂缝;2—清洁区;3—砂磨区;4—创口区。

图4-2　胶结面范围(单位:mm)

②清理创面。

主要内容有:清除所有松散的玻璃纤维和剥落的树脂;把创面的锐角处修成圆角;把创伤面边缘修成斜面。

③支撑模具。

由于损坏区洞穿,若无支撑物就不能使修补层成为所需的形状,因此一定要支模具(如损伤面较小,创面平整时,也可不用模具)。模具可用木材、玻璃钢及石膏等材料制作,并利用周围的条件加以固定。下面仅举几例。

a. 单向曲面:

ⓐ将三合板表面用油漆做光,然后覆于创伤面上,用木方加强并加支撑,使四边严密无缝隙。

ⓑ在内壁先用三合板支撑牢固,用石膏把创面填满,结硬后整修石膏表面,使与曲面线型一致,然后用油漆做光,采取脱模措施后,在其上糊制玻璃钢模板(注意,模板一定要大于创面)。待固化到一定程度后,拆掉内模,除去石膏层,即成为玻璃钢模板。

b. 双向曲面:

可用上述ⓑ法做成玻璃钢模具。由于船体均为两侧对称,也可在船体创面的另一侧相应部位翻制玻璃钢模具。

④处理胶结面。

将砂磨区用砂布打磨表面,然后用丙酮清洗砂磨区及清洁区,并保持洁净,不得再行沾污。

⑤修补玻璃钢层。

首先在模具上采取脱模措施,注意勿使脱模材料沾到待修补的胶结面上。按照修补处斜面变化情况逐层裁剪玻璃布。修补时先在模具上涂刷相同颜色的胶衣树脂,然后按常规做法逐层补糊玻璃布,直到与原艇壳厚度一致,最后再加糊1~2层0.4 mm厚的玻璃布作为补强层,铺糊到砂磨区上(图4-3)。

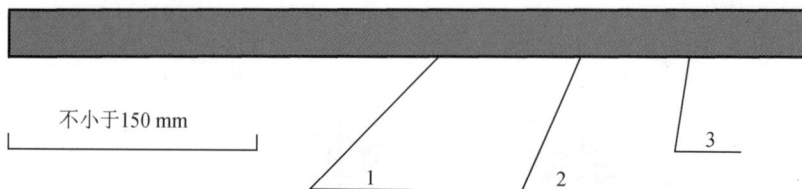

不小于150 mm

1—修补层;2—补强层;3—原壳板。

图4-3　加糊玻璃布

⑥固化后拆掉模具,整修内外表面,使与原艇壳基本一致。最后进行检验。

(2)单板结构不透性损伤的修补

其修补工艺过程大致为:

①确定清理范围。方法同前,有胶衣层的砂磨区宽为30 mm。

②清理创面。方法同前,由于未穿透,边缘可为单斜面。

③处理胶结面。方法同前。

④修补玻璃钢层。方法基本同前,但如有胶衣层时,应在补到最后时留出0.3~0.4 mm的厚度余量,待玻璃钢层固化后,用批法分2~4次把增稠后的胶衣树脂批上去。批到最后一层(与原有表面相平)时,在表面覆以薄膜(若为双曲面而不能覆盖薄膜时,应采用含蜡胶衣树脂),以保证固化完善。

⑤胶衣层固化后,相继用400#,600#,800#,1000#水磨砂纸打磨,最后打汽车蜡不少于2遍。

⑥检验。如仅胶衣层碎裂,可在清理松碎的胶衣层后,打磨基部的玻璃钢层,用丙酮清洗,然后按上述④⑤条的方法修补胶衣层。

(3)单板结构渗漏的修补

渗漏时貌似不透,实则内部已有微孔穿透。渗漏由玻璃钢层浸渍不良、纤维铺层不当引起。艇壳平面极少发生,常在龙骨及艇底塞、舵轴套胶结处产生。其渗漏通道常呈弯曲而非直线,往往在发现渗漏处,其另一面的渗漏点相距较远,甚至渗漏通道不止一处。因此修补渗漏处时首先要找出渗漏通道,可用敲击、颜色液渗透和铲凿相结合的办法。若紧急修理,时间紧迫,则可用铲凿较大面积的办法做厂修处理。

修补办法与穿透性损伤基本相同。最好一次补成,并可在外侧采用一层玻璃纤维毡,以形成防渗层。

艇套筒胶结处渗漏时,若舵套筒是成型艇体时预埋的,则应将套筒四周的玻璃钢凿成V

形槽,将渗漏处及槽内其他胶结面清理干净并做干燥处理,然后用浸渍树脂的玻璃纤维纱缠绕填塞于槽内,并使其紧密(切不可用散乱玻璃纤维及碎玻璃布填塞)。固化后,外表再用环氧胶泥嵌平磨光。若为后装的(海底门、艇底塞等也同样),则渗漏原因主要是安装部位的表面不平整,应拆下金属件,把不平整处修磨平整,然后涂上环氧胶泥,垫好橡胶垫圈,把金属件装上,用螺栓紧固,固化后修整即可。

(4)单层板结构小孔及大面积的修补

①小孔。若小孔边缘整齐,无松碎及裂痕,可仅用树脂加入适当填料补平,并做表面处理。

②大面积。船体大面积损伤也可修补,但应尽量在原船模上进行。如条件允许时,应利用相似船艇翻制临时模子或支撑物作为依托进行修补。其损伤边缘的处理等均同前述。

(5)夹层板结构的修补

①蒙皮破损的修补。若表面的玻璃钢蒙皮已破损,应先清理破损区,然后修复芯材(用原材质或强度高于原材质的芯材),黏结好后再在其上修复表面的玻璃钢蒙皮(方法同单板结构)(图4-4)。若两面蒙皮均破损,则在清理破损区后,支撑模具,先修复外蒙皮,然后再修补芯材,最后再修补内蒙皮。

②蒙皮脱层的修补。可在脱层部位选择相应的位置用电钻打眼,然后用针筒将调配好的树脂注入,用支撑、压载等方法加压,等其固化后再修整洞眼处即可。

打眼时应选择脱壳区的最高位置,并结合脱壳范围的大小在横向每隔一定间距打一眼。若船小,则可少打眼,用摇摆船身的办法使树脂能较好地达到脱壳的整个范围。

为确保粘黏质量,应使用环氧树脂。

2.其他结构损伤的修补

(1)肋骨损伤的修补

肋骨损伤一般因艇体受到碰撞、抛落而引起。损伤的情况通常有断裂、发白、艇体胶结处脱开等(图4-5)。

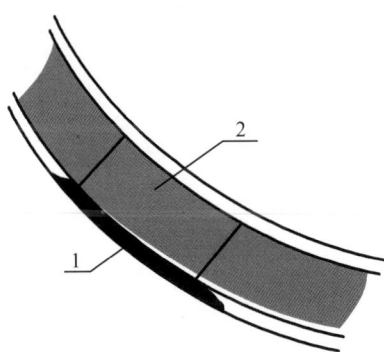

1—蒙皮修补层;2—修补芯材。

图4-4　玻璃钢蒙皮的修复

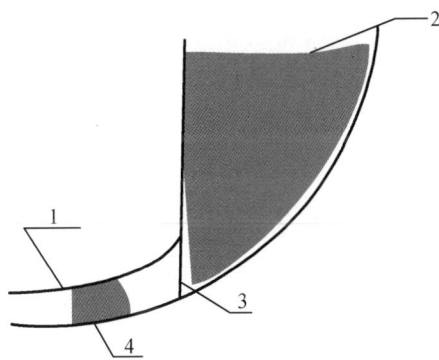

1—表面发白;2—空气箱;3—胶结脱开;4—断裂。

图4-5　肋骨损伤类型

肋骨断裂的修补方法如下：

由于肋骨通常由芯材及玻璃钢肋板组成,其修复方法可参照夹层板结构。如为空心结构,则应在断裂处填塞泡沫塑料作为依托,再行修补。

若断裂位于肋骨的交叉处时,其产生断裂的原因除外力过大及设计不当等因素外,还有工艺因素,即在交叉处有一根肋的布层大部断开,形成薄弱断面。交叉处断裂的修复方法是:铲掉交叉处 200 mm 范围内的全部玻璃钢层,胶结处的玻璃钢也要凿成斜面,将玻璃钢布裁成如图 4-6 所示的形状。

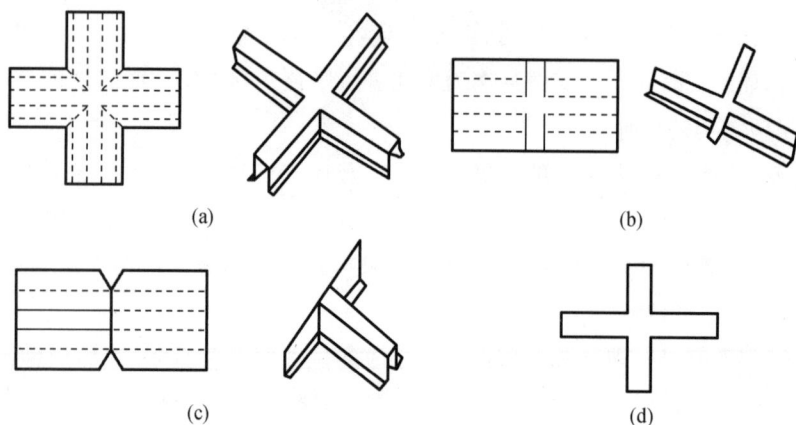

(a)　　　　　　　　　　　　(b)

(c)　　　　　　　　　　　　(d)

图 4-6　玻璃布裁剪后的形状

胶结面的处理方法同前。修补时可以用(a)形布块并加两层(d)形(0.4 mm 厚)布块作为增强层。在交点的 4 个三角形处,另剪相同形状的布补平。亦可采用(b)(c)形布块上下交替铺糊,不必另加(d)形增强布(图 4-7)。

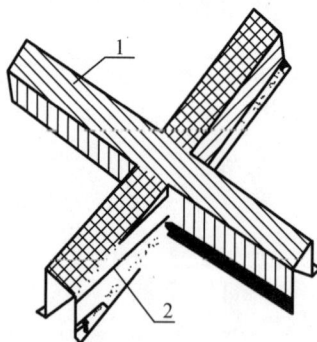

1—(b)形;2—(c)形。

图 4-7　肋骨断裂处胶结面的修补方法

(2)空气箱损伤的修补

空气箱是作为储备浮体用的,修复时最重要的是保证水密。若空气箱为预制件,且已基本损坏,难以修复,则可重新制作,用二次胶结法胶结于艇体上。为保证其具有良好的水密性能,可用玻璃纤维毡剪成长条形作为胶结增强材料,在胶结阴角处先用树脂胶泥嵌填,使其呈小圆角。若空气箱损伤面积不大，可先清理伤区，把松裂的泡沫塑料修去，用树脂封闭泡沫塑料表面，随即填补同样的泡沫塑料（如仅为小孔，可用树脂胶泥填补），然后再修补外表的玻璃钢层，为保证其水密性能，可在泡沫塑料面上先衬贴1~2层玻璃纤维毡(图4-8)。

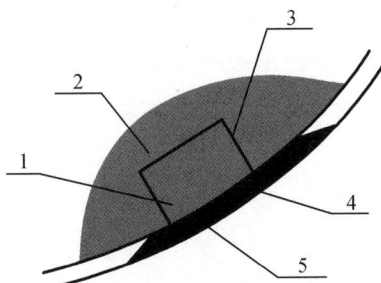

1—新补泡沫塑料;2—原泡沫塑料;3—树脂封闭;4—毡防渗层;5—外壳修补层。

图4-8 空气箱损伤的修补

其他胶结部件如座板、机座、上篷等均可参照以上有关方法修补，不再一一详述。

3. 玻璃钢与其他材料胶结后的修补

(1)玻璃钢与钢材胶结后的修补

当受到外力撞击后，轻者玻璃钢表面产生白痕，重者则使玻璃钢与钢材的黏结处分层。产生分层时若玻璃钢层无颜料遮盖，则在分层处的外表可见到以撞击点为中心向四周扩大的白斑。此外尚有磨耗损坏及擦伤。

以上损伤的修理均需要先行铲除松散、分层的玻璃钢，若水已渗入，钢材有锈迹，应予干燥并除锈，再按常规方法修补。为提高黏结强度，最好使用环氧树脂并在树脂中添加20%~40%的铁粉、石墨粉、石英粉等填料，有条件时可适当加压。

(2)玻璃钢与木材胶结后的修补

船的舷边及龙骨等部位常用玻璃钢包覆木材制成。这些部位常因划桨及与岸边擦碰而磨损。修理前必须清理干净，把磨损部的松散物全部除去。若木材局部损坏，则应清除损坏部分，用树脂胶泥嵌填或用木材修复，待固化后再行修补。若已大部朽烂，应取出更换。采用的木材含水率必须小于18%，最好做防腐处理。如用板材时，应采用船用防水夹板。木材表面若先刷一层促进剂，可提高与玻璃钢的黏结力。木质芯材在玻璃钢包覆的直角部分应加工成小圆角，以免角端形成空隙。

(3)玻璃钢与泡沫塑料胶结后的修补

泡沫塑料常用作芯材及浮体，常用的有聚氨酯、聚氯乙烯(PVC)、聚苯乙烯等品种。其中聚苯乙烯应先用环氧树脂封闭后才能与不饱和聚酯树脂接触，否则会被溶蚀。修补方法可参考夹层板结构及肋骨、空气箱部分。

(4)玻璃钢与混凝土或钢丝网水泥板胶结后的修补

首先清理损伤处，若混凝土层受损，可用树脂胶泥修补平整，再修补玻璃钢层。若混凝土层未损伤，则在清理表面层后经砂磨才能修补。若受潮，应做干燥处理。要修补时，应在树脂中加入20%~40%的石英粉或滑石粉等填料。

（5）玻璃钢与 PVC 板胶结后的修补

修补或包覆方法与其他材质相似，但用不饱和聚酯树脂作为黏结剂时应选用含有甲基丙烯酸甲酯的牌号，其黏结强度比其他品种高，必要时再在其上采用 189 型等耐水型聚酯。

三、修补注意事项

①工作场地的环境温度最好在 15 ℃ 以上，相对湿度应低于 80%。如在冬季无法升温的环境中施工，可适当加大不饱和聚酯树脂引发剂和促进剂的用量，并可采用加速剂，以加速树脂固化。

②修补完毕后应避免穿堂风吹拂，以免苯乙烯挥发过多，影响树脂充分固化。

③损伤处的边缘均应修成斜口，斜口宽度至少为壳板厚的 10 倍，但不得小于 75 mm，以确保修补质量。

④要重视表面处理，修补后的牢固程度（即与原基层的黏结强度）主要取决于表面处理的好坏。表面的沾污层一定要细心除去，原玻璃钢基面由于固化（及模具打蜡）过程中在上面形成一层浮蜡，如不通过砂磨清洗，会对黏结质量有影响。

⑤为了增加黏结力，特别是避免玻璃钢与其他材质的黏合由于线膨胀系数的不同而在使用中造成脱胶，必须在树脂中加入一定数量的粉状填料，以在黏结界面上形成过渡层。

⑥玻璃布应按照修补处的大小裁剪，要逐层扩大，增强材料通常均用无碱方格玻璃布，仅在表层及防渗漏处、二次胶结处使用玻璃纤维毡。

⑦造船用的玻璃布通常要求使用耐水性较好的无碱布。目前国内已有耐水性好的增强型浸润剂处理的中碱布，可用于一般船舶的建造和修理。

⑧为避免壳板产生局部硬点，造成应力集中，增强边缘应逐层收缩，使增加的厚度均匀过渡，破损洞口的尖角处均应修圆。

⑨胶衣层厚度应控制在 0.5 mm 以下，色泽应尽量一致。由于促进剂的加入及固化时放热等因素，最后的色泽与调配时的色泽不一致，应通过试验来解决。

⑩树脂应使用耐水性好的品种。

⑪修补厚度一次不得超过 5 mm，必要时可采用多次成型法。

⑫艇壳破损边缘尽量采用双斜口式，这种方式类似铆钉，结合牢固，但修补较为复杂。如艇壳内侧为隐蔽部分，也可采用单斜口式，但应在背面另加增强设施（板或肋）。

⑬修补时如遇修补面潮湿，应先做干燥处理，水湿的芯材应予更换。

⑭如遇破损处边缘变形（不在原先位置上时），应设法通过支撑模具等措施使其复位。对于一面隐蔽无法直接接触的部位，可用纸、泡沫塑料等物填塞于空腔中，再在表面进行修补。

⑮树脂胶泥可用滑石粉、轻质二氧化硅、碳酸钙及石英粉等填料加入调配好的树脂中调成。为增加强度，也可以加入少量短切玻璃纤维，但长度不宜超过 20 mm，以免填嵌不紧密。

⑯外表修补层一般要略厚于原厚度，然后加工修饰，理平磨光，最后再做表面处理。

⑰修补后应在常温下旋转一周才能做结构试验和交付使用，特别是当修补部位在水线

以下时,更应让其固化得较为充分后再使用。

⑱由于船舶的使用安全性十分重要,在建造以及修理时均须严格控制质量,不得草率从事。修补的船应由用户单位、修理单位、船舶检验部门共同查看,并由修理部门提出技术方案,经三方研究同意后付诸实施,最后须提交修理报告,由三方人员签字后存档。

四、应急维修

上述修补都是在专业的维修场地进行的。

玻璃钢船艇在使用过程中产生意想不到的损坏,如不及时修补,可能会引起漏水或继续损坏,甚至危及安全,所以要采取应急措施。如果艇在出海前,艇主能够预先准备一些维修材料放在艇里,那么遇到小的损坏,自己就能动手修补。

在这一类材料中,"北仑"牌环氧胶泥非常适合应急维修。它是一种双组分的材料,分别放在两个塑料袋或罐中可保存很长时间。一旦发现艇壳或内部有损伤出现(多数是开裂或擦伤),可以取相同数量的两种胶泥,用手反复捏合,使其混合,然后将它涂覆在损伤表面、填充缝隙或堵塞漏洞,在常温下固化,即可完成应急维修。

经过应急维修的艇返回基地后,仍可进行打磨或常规维修。

第四节　游艇零件的修复工艺

轮机员在选择修复工艺时,应从质量、经济和时间三方面综合考虑,同时应把握住修复的原则:改变或恢复配合件的原设计配合尺寸,恢复其形状,恢复配合间隙,恢复工作性能(或使用要求)。如修理尺寸法、尺寸选配法、恢复原尺寸法。

一、维修保养基础知识

1. 机械零件的失效和机械故障

机械失去工作能力称为故障,机器零件丧失规定的工作能力称为失效。机械的故障和零件的失效是分不开的。由于零件正常磨损或物理化学变化引起的零件变形、断裂、蚀损等使零件失效而引起的故障,此类故障也叫作自然故障。

(1)零件的磨损

磨损是零件失效的最主要和普遍的形式。

(2)零件的变形

机器在工作过程中,由于受力的作用,使零件的尺寸和形状发生改变的现象叫变形。金属的变形包括弹性变形和塑性变形。

(3)零件的断裂

零件在外力载荷作用下,首先发生弹性形变,当载荷所引起的应力超出弹性极限而继续增加时,材料可能产生塑性形变,最后应力超过强度极限时发生断裂。

(4)蚀损

零件在循环接触应力作用下表面发生的点状剥落称为疲劳点蚀;零件受周围介质的化

学及电化学作用使表层金属发生的破坏称为腐蚀;零件在温度变化和介质作用下表面产生针状孔洞,并不断扩大称为穴蚀。疲劳点蚀、腐蚀和穴蚀统称为蚀损。

2. 机械故障的消除(修复)方法

对于人为的事故性故障的消除主要靠提高使用、管理、维修人员素质,加强其责任心的方法来达到。而对自然故障则只能通过调整和修理的方法来达到,通常有以下一些方法:

(1)主要恢复配合性质的修理方法

①调整法。一般利用调整螺栓紧度或调整垫片厚度来恢复配合件原有的配合关系,修理时不用对配合件进行加工(或只进行刮研),而只用增加垫片或调整垫片厚度的方法使其恢复到原始配合间隙。

②修理尺寸法。在进行修理时对配合件中较贵重零件进行机械加工恢复其几何形状,同时得到一个新的尺寸,然后将配合件中另一个磨损的零件废弃而更换一个新的与经过加工的零件相配合的零件,使该配合件的配合间隙恢复到初始间隙,如修轴换轴瓦,修缸套换活塞等。这种修理方法要考虑零件结构上能够加工的可能性和零件修理后允许的机械强度,在此前提下应尽量增加修理次数。另一方面为了便于备品备件的供应,其修理尺寸应加以标准化。

③补充零件法(附加零件法)。此法对于配合件的每个零件均予加工整形,并对其中的一个零件给予合理的缩径或扩孔,然后在其中补充一个同样材料或质量更高的衬套,以过盈压入、螺纹拧入或焊至原零件上,最后加工至配合尺寸,使配合性质达到要求。

(2)既恢复配合性质又恢复零件形状和尺寸的修理方法

①焊接修复法。金属焊接是借原子间的扩散和连接作用使分离的金属焊件牢固地结合成整体。根据焊接设备不同,焊接有气焊和电焊等。许多断裂和磨损零件多半是采用补焊和堆焊方法修复的,有些零件在焊后再经过车、磨削加工,以达到恢复原几何形状和尺寸的效果。

②补铸法。滑动轴承的巴氏合金磨损到限后,将残余合金熔渠浇上新的巴氏合金的工艺过程叫作补铸法。此法可以完全恢复旧滑动轴承的性能标准。

③电镀(电刷镀、电涂镀)法。电镀是利用直流电通过电解液时发生电化学反应,实现金属在镀件表面上沉积的过程。

④喷涂和喷焊。喷涂是把熔化的材料微粒用高速气流喷敷在已经准备好的粗糙零件的表面上,形成一层比较牢固的机械结合层。

喷焊是在喷涂工艺基础上发展起来的,它是将喷涂层再行重熔处理,而在零件表面获得一层类似堆焊性能的涂层。

⑤黏接与黏补法。黏接是利用黏合剂与零件之间所起的化学、物理和机械等综合作用力来黏接零件或黏补零件的裂纹、孔洞、磨损等缺陷的一种修复工艺。

⑥不停机堵漏技术的特点及应用。

a.直管和容器的堵漏:单片黏接、黏堵法;夹具法;压力辅助法。

b.法兰堵漏法。

二、热喷涂工艺

1.定义

热喷涂工艺是将丝状或粉状材料加热到熔化或近熔化状态再喷到零件表面的工艺,它既是强化工艺也是修复工艺。

2.特点

①适用材料范围广,金属或非金属表面均可用热喷涂。

②热喷涂材料广。

③包括喷涂和喷熔(喷焊)。

3.分类

热喷涂工艺的分类见表4-1。

表4-1　热喷涂工艺的分类

分类	定义及工艺过程	特点及应用
喷涂(粉末火焰喷涂)	以氧-乙炔为热源,把粉末加热到熔化或近熔化状态后喷到零件表面上 过程:表面热处理—预热—喷底层—喷工作层—机械加工	工作温度低,对零件无影响;但结合强度低(机械结合),不抗冲击载荷;适用于艉轴衬套、增压器转轴、电机转轴等件
喷熔(喷焊)	以氧-乙炔为热源,把粉末加热到熔化或近熔化状态后喷到零件表面上,再将喷涂层加热重新熔化结合在零件表面上	喷层与零件为冶金结合,结合强度高,适用于受冲击载荷的零件;但零件受热后变形大,加工后需要进行缓冷或退火处理
	一步喷熔法:边喷边熔,一次完成	厚度小于2 mm,适用于小的或精密零件,中、大型零件的边角和局部的修复
	两步喷熔法:先喷后熔,分多次喷	特点:每次喷熔的厚度在0.2~0.3 mm
等离子喷涂	利用等离子弧为热源进行喷涂	结合强度高,喷涂时热量集中,零件变形小

三、焊补修理

焊接用于修复断裂、裂纹或表面损伤的零件。一般使用手工电弧或气焊进行焊接。其特点是焊接面结合强度高,但焊接时温度高易变形和裂纹;应进行焊前焊后热处理。

1.焊接

通过加热、加压的方法使两零件达到冶金结合的连接。

①熔焊:加热两金属,使它们熔化再进行连接;较常见,是船厂常采用的方法,焊接时采用气焊、电弧焊等。

②压焊:使用加压或同时加压和加热的方法进行焊接。

2.堆焊

堆焊是采用熔化焊条的方法在零件的表面上熔敷一层或多层金属。堆焊用来修复表面有损伤的零件,堆焊时应注意下列几点。

①焊前要清洁表面。

②对零件和焊条要进行必要的预热。

③根据零件材料和表面要求选择焊条。

④堆焊时应分段多层(一层一层),以降低热应力和热变形量。

⑤堆焊后应进行消除热应力的低温退火和机械加工。

3. 铸铁零件的焊补

(1)铸铁焊补困难的因素

①含碳量高,而且含硫、磷,焊接时易产生白口,使焊后产生裂纹。

②焊接时的高温使碳或渗入内部的油脂氧化产生气体而形成气孔。

③铸铁铸造时存在的缺陷也使会造成焊接缺陷。

(2)铸铁零件焊补的方法

①冷焊法。

焊前用气焊火焰分段加热(≥ 400 ℃),将进入铸件内部的油污烤尽,直至不再冒烟为止。然后钻上止裂孔($\phi = 5$ mm),铲去缺陷,用扁铲或砂轮开坡口。

焊条选用 EZNi(铸 308)或 EZNiFe(铸 408)。坡口较浅时选用 $\phi = 2.5$ mm 或 $\phi = 3.2$ mm 焊条,电流 60~80 A 或 90~100 A;坡口较深时选用 $\phi = 4$ mm 焊条,电流 120~150 A,选用交流电较好。焊条不做横向摇晃。

焊补应尽量在室内进行。对较厚的铸件也可全体预热 200~250 ℃。焊补的工艺关键是短段、断续、松懈、锤击、小电流、浅熔深和焊退火焊道等。

"短段、断续、松懈、锤击"是为了削减应力,避免裂纹。每焊一段长度 10~50 mm 后,用带小圆角的尖头小锤(锤重 0.5~1 kg)立刻锤击,迅速地锤遍焊缝金属,待焊缝冷到 60~70 ℃再焊下一段。锤击不方便之处,可用圆刃扁铲轻捻。"小电流,浅熔深"是为了削减白口层的厚度。假若只补焊一层,则应焊退火焊缝。

②热焊法。

铸铁热焊能取得很好的质量,然则因为劳动条件差和某些工件难以加热,使应用遭到束缚。补焊前,将铸件在焦炭地炉内全体预热到 550~650 ℃。若铸件标准较大,无法全体预热时,则可挑选出减应力区并与焊补区一同预热到 550~650 ℃。

热焊选用铸铁芯铸铁焊条,焊芯直径为 6~10 mm,选用大电流(按每毫米焊芯直径 50~60 A 选用),焊后在炉内缓冷。

4. 翻修

翻修是利用堆焊工艺对损坏零件的局部或整体进行翻修的修理方法。该工艺适用于钢铁、铸铁、铜、铝等有色金属及其合金材料。

(1)柴油机铝质活塞的翻新工艺

①清洁;

②检验;

③粗车;

④探伤；

⑤预热；

⑥堆焊(采用氮弧焊机、铝焊条进行堆焊)；

⑦精车；

⑧检验。

(2)铸铁活塞的翻新

其工艺基本和铝质活塞堆焊步骤相同,先用手工电弧焊对活塞的裂纹和气孔处堆焊,再用自动焊机堆焊一层金属。

四、金属扣合工艺

金属扣合工艺是利用高强度合金材料制成连接件,通过连接件的塑性变形修理断裂和有裂纹的零件。

使用材料:连接件即扣合键是修理裂纹零件的关键,要求扣合键强度高,塑性和韧性好,冷工硬化性即冷变形后强度与零件的热膨胀系数应相近。

1. 一般选用的材料

①镰锯不锈钢(变形后强度提高50%)。

②低碳钢(变形强度提高10%~20%)。

③高温镰基合金。

2. 金属扣合工艺的特点

①扣合工艺在常温下完成,零件不变形。

②操作简单,成本低,效率高。

3. 塑性变形修复法

塑性变形修复法是在不破坏零件的前提下,利用材料塑性变形的性能,施加一定的外力,恢复原有尺寸和几何形状的方法。

塑性变形修复法的分类:

(1)镦粗法

镦粗法一般在常温下进行,是借助压力来增加零件的外径,以补偿外径的磨损局部,主要用来修复有色金属套筒和滚柱形零件。

(2)挤压法

挤压法是利用压力将零件不需严格控制尺寸局部的材料挤压到受磨损的局部,主要适用于筒形零件内径的修复。

(3)扩张法

扩张法的原理与挤压法相同,所不同的是零件受压向外扩张,以增大外形尺寸,补偿磨损局部。扩张法主要应用于外径磨损的套筒形零件。

(4)校正法

零件在使用过程中,常会发生弯曲、扭曲等剩余变形。利用外力或火焰使零件产生新的塑性变形,从而消除原有变形的方法称为校正法。校正法分为热校法和冷校法。

热校法是利用金属材料热胀冷缩的特性校正变形零件。通常是在轴弯曲凸面进行局部快速均匀加热,零件材料受热膨胀,使轴的两端向下弯曲,即轴的弯曲变形增大。当冷却时,由于受热局部收缩产生相反方向的弯曲变形,从而使轴的弯曲变形得以校正。

冷校法是对于材料塑性较高、变形程度不大或尺寸较小的零件进行修复。冷校法是基于反变形原理,即使零件变形部件产生相反的变形,从而使之正形。由于材料的弹性变形会使反变形程度减小,所以反变形程度应较原变形程度适当增大,到达消除变形、恢复原有形状的目的。冷校法常用的方法有敲击法和机械校直法。

五、黏接修复工艺

黏接修复工艺是利用胶黏合剂把相同或不相同的材料或损坏的零件连接成一个整体,使损坏的零件恢复原有的性能的方法。

黏接的作用:修复零件;延长使用寿命;提高密封性能。

黏接的分类有两种:有机黏接修复技术;无机黏接修复技术。

1. 有机黏接修复技术(有机物一般指碳氢化合物,如柴油等,其种类远比无机物多)

(1)有机黏接修复技术的特点

①黏接强度大,比无机胶黏剂强,但不及焊接和铆接。

②黏接工作温度低,不易产生变形和裂纹。

③除黏接功能外,还有防腐蚀、密封、耐磨等作用。

④不受零件材料的影响,相同或不同的金属、非金属均适用。

⑤工艺简单,操作方便,成本低,生产效益高。

⑥不耐热。

⑦抗冲击、抗老化性能差。

(2)有机胶黏剂的种类

①按原料分:天然胶、合成胶。

②按黏接后的强度分:结构胶(结合强度高)、非结构胶。

③按胶的状态分:液态胶、固态胶。

④按胶的热性能分:热塑性胶、热固性胶。

(3)黏接工艺(过程)

黏接工艺是利用胶黏剂把被黏物连接成整体的操作工艺。黏接是连续的面积连接,可以减少应力集中,保证被黏物的强度,提高结构件的疲劳寿命。黏接特别适用于不同材质、不同厚度,尤其是超薄材料和复杂结构件的连接。黏接技术已成为 20 世纪 70 年代以来的重要连接技术之一,与机械连接和焊接一起,在国民经济各个领域尤其是当代的航空、航天技术中,发挥着重要的作用。

2. 有机黏合剂在船上的应用

(1)用于修理损坏的船机零件

①修理松动的过盈配合件。

②修理损坏的零件。

③修理有裂纹的零件。

（2）用于船机的装配工作

①柴油机机座的安装：用以替代铸铁垫块。

②用于中小型船舶艉轴与螺旋桨的安装：可以省去键的连接。

③用于零件连接面的密封垫片：高分子液态密封胶。

3.无机黏接修复技术（一般是指不含碳的物质，CO、CO_2属无机物）

无机胶黏剂是由无机物组成的胶黏剂，分硅酸盐类和磷酸盐类。

（1）无机黏接修复技术的特点

①通常是水溶性物质，毒性小，无公害，不燃烧。

②适用温度广，比有机胶黏剂广，耐热性强。

③耐油，不耐酸、碱，溶于水。

④室温下固化，不收缩。

⑤宜套接、槽接，不宜平接、黏接。

⑥脆性大，不抗冲击，固化后拆卸困难。

⑦便宜，工艺简单。

（2）氧化铜无机胶黏剂

氧化铜无机胶黏剂属于磷酸盐类胶黏剂，耐高温；用于受力不大、高温、不需拆卸的紧固连接件，可替代焊接、铆接及过盈配合件。

六、研磨技术

研磨是精密和超精密零件进行精加工的主要方法之一，是精车、精磨或精铣加工后的超精加工。如柴油机燃油系统中的柱塞偶件、出油阀偶件、喷油器针阀偶件的密封面，排气阀与阀座的密封面等件可采用此项加工方法。

钢铁、铜等有色金属及玻璃、塑料等非金属材料均可采用研磨进行精加工。

1.概述

（1）研磨原理

研磨是相对滑动或滚动下，研磨剂的切削作用和研磨液的化学作用，即机械和化学作用共同作用下的一种精密加工技术。

①研磨工具与零件的相对运动。两者的运动不受外力的强制引导且运动方向应做周期的改变以使研磨平面均匀。

②研磨压力。在实际应用的压力范围内，研磨效率随压力升高而升高。

粗磨：0.1~0.2 MPa。

精磨：0.01~0.1 MPa。

③研磨速度。研磨速度增加将提高研磨效率；但速度过高会使表面温度过高。

④研磨时间。研磨时间取决于磨粒的切削性能，时间过长磨粒切削性能下降，一般取1~3 min。

研磨分为粗磨、半精磨、精磨。粗磨时用较粗的研磨剂、较高的压力和较低的速度进行研磨;精磨时用较细的研磨剂、较小的压力和较高的速度进行研磨。

（2）研磨膏（研磨剂）

研磨膏由研磨粉（磨粒）和油溶性或水溶性材料混合制成。

①磨粒。磨粒的粒度是指磨粒颗粒的尺寸大小，分为磨粒、磨粉、微粉和超微粉。磨粒的研磨性能与粒度、硬度和强度有关。硬度与强度越高，磨粒的研磨性能越好。

②油溶性或水溶性材料。

a.油溶性材料：航空汽油、煤油或机油等。

b.水溶性材料：水或甘油等。

（3）研磨工具

研磨工具有研磨平板、研磨尺、研磨盘、研磨棒、研磨套、研磨环等。

2.船机零件的研磨

（1）平面研磨修复

零件的配合面为平面的零件可用平面研磨进行修复，选择在高精度的研磨平板上沿"8"字形进行研磨。如图4-9所示为高压油泵套筒端面的研磨。

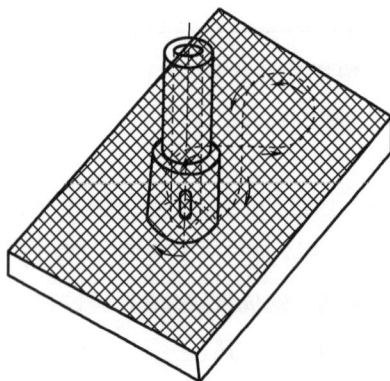

图4-9　高压油泵套筒端面的研磨

（2）锥面研磨修复

如喷油器针阀偶件的研磨。喷油器管理的核心是针阀偶件（俗称油头），其工作状况的好坏直接影响柴油机的经济性和可靠性，研磨时应注意以下两点：

①足够的耐心。油头的研磨需要一定的技巧，但它的前提是需要有耐心。"只要功夫深，铁杵磨成针"用在油头的研磨上是很贴切的。油头损坏的形式多种多样，不同的损坏形式对其研磨方法又不一样，油头材料硬，研磨所用的磨砂细，因此研磨时既费时又费力，有的往往要试验多次，才能修复。所以研磨时，功夫一定要下得深，如果没有足够的耐心，急于求成，往往会事倍功半，无功而返，也就会再次印证一句古语"欲速则不达"。

②具体研磨方法。首先清洁偶件本体外表，用专用通针清洁喷孔，然后放入清洁柴油进行清洗，再用空气吹净。用与针阀阀头形状相似的筷子缠好纯棉布或不起毛的混纺棉布对阀座进行彻底清洁。针阀清洁后就可以挑砂，挑砂时使用专用挑砂工具（钢针），除非有经验否则不要使用牙签，用牙签挑砂，很容易挑多，一不小心砂就会盖住密封宽带。主磨与

精磨就要注意控砂。用钢针轻轻粘一点调好的磨砂,在锥面离顶部 1/3 环形面积内对称轻点 3 下,针阀圆柱面用手上点较稀的机油。水平摆放阀体,将针阀轻轻送入阀体,轻转几圈,抽出针阀,如果砂离宽带较远,则轻打几下,再转几圈,此时砂会逐渐靠近宽带。如果砂越过宽带,说明砂太多应及时清洁重挑。砂如果挑少,则怎么打,砂都不会接近宽带,此时可在原有的环形砂带上再加一点砂,重复前述动作,再观察,如此往复多次直至密封带(光环)宽度为 0.3~0.5 mm,保持阀体水平放置,左手握住针阀,右手转动阀体,磨砂颜色由深绿—绿—灰—黑(国产砂由绿—灰—黑)。发现砂已发黑后,将阀体垂直放置,慢慢轻打,打至砂发干,就可清洁换砂。如此重复上述步骤直至针阀密封带(光环)与锥面非接面有一明显分界线(光环发亮,分界线泛白),就可进行精研,正常精研 1~2 次即可。最后把针阀黏点滑油与阀体对打,清洁后可进行装复、试验。

第五节 金属艇的维护与保养

一、钢质艇体的防污

采用钢质艇体的游艇多为大型游艇和低速游艇,平时不可能拉到岸上来保养。钢质艇体长期停泊在水中,艇体外表会附生海砺子等海洋生物,造成污染,使艇体表面变得粗糙,增加船体阻力。所以每隔一到两年要拉到岸上来做一次清理,清除掉附着的海洋生物,重新涂油漆。

如图 4-10 所示,钢质游艇的油漆主要有两层:内层是红丹漆,主要起防锈作用;外层是防污漆,它的作用是阻止海洋生物生长。传统的海轮船体油漆都含有重金属毒物,如铜和三丁基锡,这些活性成分的作用是毒杀黏附船体的水生物,如藤壶、长毛虫和海藻。这种船体油漆会在日常的运行中逐渐损耗掉并失去作用,于是海洋生物又会漫延生长,所以船体需要定期保养。

图 4-10 游艇外壳油漆保养

二、电化学腐蚀的防护

船体是钢结构。钢是铁与碳和其他元素组成的合金。其中,铁比其他元素更易失去电子,电位较高。

船体常年浸泡在海水中,海水是强电解质,铁元素失去电子成为正极,铁元素失去的电子,通过海水这个电解质其他元素获得电子成为负极。这样就形成了一个个微电池,但并不腐蚀钢铁。关键在于海水中存在溶解氧。这些溶解氧在海水中呈负离子状态,必然与失去电子成为正极的铁结合生成氧化铁,这就是电化学腐蚀。

在船体与海水接触部位表面的化学腐蚀、海洋生物腐蚀、运动磨损腐蚀、杂散电流腐蚀等各种腐蚀中,电化学腐蚀最为严重。

电化学腐蚀最大特点是仅腐蚀阳极区域,不腐蚀阴极区域。因此常用附加的高电位的阳极材料(如锌和铝)做牺牲阳极来防护金属艇体不发生电化学腐蚀。

钢质艇体的定期保养还包括更换这些牺牲阳极板。牺牲阳极是为防护金属表面产生电化腐蚀而必须设置的牺牲材料。对于主要在内河(淡水)航行的小艇,建议采用铝阳极,因为铝的电位差比锌大。对于在海水中航行的小艇,则建议采用锌阳极,虽然铝阳极在海水中能很好地工作,但它们会牺牲得很快。每千克当量的锌阳极(铝阳极约为 0.45 kg)可以防护 $12\sim14\ m^2$ 涂覆油漆的金属表面。对于玻璃钢艇体上的牺牲阳极,必须用导线与金属部件相连,在玻璃钢艇体上只需要防护金属部分。

三、铝合金艇体的防护

铝合金材料目前已成为制造小型游艇的热门材料。从理论上讲,铝合金在海水中的耐腐蚀性比钢好。铝合金游艇采用耐海水腐蚀的铝合金材料制造,即使不涂油漆,使用年限也可达 20 年以上。这是一般玻璃钢船体所望尘莫及的。

通常,铝合金艇体的外表同样涂油漆保护。如果是一艘小艇,使用过后可以把艇拉上岸,用清水冲去残留的盐渍,然后放在库房中保存,以备下次使用。

第六节 玻璃钢艇的维护与保养

除机器、设备等按常规保养外,玻璃钢艇还需要重点做好船体保养工作。

一、船体保养工作

玻璃钢是指以合成树脂为基体、以玻璃纤维为增强材料经过固化后形成的一种复合材料。玻璃钢具有质量轻、强度高、耐水、耐腐蚀等优良性能,且具有产品表面光洁美观等特点。目前,以玻璃钢为主材的小型游艇已成为船艇市场的主流产品。

现在的一些观点认为:玻璃钢耐水、耐锈蚀,船体又有胶衣层保护,所以玻璃钢艇是一种免维护产品,这是对玻璃钢艇的一种误解。其实,和其他船艇一样,玻璃钢艇同样需要经常进行维护和保养。适当的维护不仅可以保持玻璃钢艇靓丽的外观,防止玻璃钢艇过早失去风采,还可以有效延长玻璃钢艇的使用寿命。

1. 靠离码头时,避免船体表面划伤和磨损

玻璃钢艇在靠离码头和岸堤的过程中,与岸边石块、混凝土构筑物以及金属构件摩擦

碰撞时会对船体表面造成损伤,如产生划痕、磨损胶衣层等。因此应采取防护措施,尽量减少船体表面损伤。最简单的办法是在船体易损伤的部位设置防撞耐磨的软质橡胶护舷。在玻璃钢艇靠泊码头期间,应系好缆绳,在船艇与码头之间设置专用碰垫,以防止波浪起伏造成船体与码头直接磨蹭。

2. 及时消除船舱积水

玻璃钢具有一定的吸水性,虽然吸水率较低,但是沿着玻璃纤维与树脂界面的微小通道渗入内部的少量水分足以使玻璃钢艇艇体强度显著下降。而且,玻璃钢艇骨材多为木质芯材与玻璃钢积层敷制而成,未被清理的舱底积水会被木质芯材吸收,长期处在半干半湿环境下,木料极易腐烂,进而影响骨材强度和可靠性,大大降低船艇使用寿命。在寒冷天气,渗入玻璃钢主材和木质骨材的水分会结冰,由于冻胀效应,可能还会造成微小孔穴的扩张,导致纤维分层,所以必须高度重视舱底积水问题,及时清除舱底积水。

3. 艇体胶衣层的养护

玻璃钢艇表面常喷涂一层薄薄的胶衣树脂,以提高其光洁度,突显其靓丽色彩。但胶衣树脂与所有材料一样,也存在老化问题,需要经常养护。胶衣层是玻璃钢艇表面的保护层,虽然其厚度只有 0.3 ~ 0.5 mm,却是玻璃钢艇养护的重点。为保持船艇外表的美观,应当经常保养玻璃钢艇表面的胶衣层,重点做好定期上蜡抛光工作和保持艇体清洁工作。

定期上蜡抛光可使艇体外表光亮并能有效保护胶衣层。常用的材料以玻璃钢专用上光蜡为优,可上 2 ~ 3 遍,每遍间隔 2 h,使其在玻璃钢表面形成一层坚韧的蜡膜。抛光时最好用手提抛光机抛光,使表面光亮如新。

艇体表面沾上机油、柴油等油污后,可用普通的家用清洁剂清洗,不可用腐蚀性较强的溶剂清洗,也不可用去污粉、钢丝绒(球)擦洗,以免留下擦痕,影响美观。若油污难除,允许用丙酮、甲苯、二甲苯等溶剂清洗,但清洗完成后一定要立即用清水冲洗干净,并防止丙酮等溶剂侵入结构内部。清洗时也可辅以工具刮铲,但要用硬度低于玻璃钢的竹木片或塑料片,以免刮伤表面。艇体表面沾染的灰尘、水渍等,可用汗布、纱布、软毛巾及软质泡沫塑料之类的软性材料擦洗。

当胶衣层色泽陈旧、划痕较多时,应先将船体表面清洗干净,用环氧腻子对表面划痕进行修补,再用水磨砂纸进行水磨,可获得整旧如新的效果。

二、艇体的检查保养守则

1. 检查保养的目的

(1)保持艇体的强度,维护艇体结构的完整,保持水密性和不沉性。

(2)防止腐蚀和海洋生物寄生。

(3)保持艇体处于良好状态。

2. 定期检查保养

(1)每日检查保养

①清洁甲板和装置设备的外部,排除积水。

②清洁侧壁、座椅(垫)及各装置设备的外部(包括仪表盘),排除低凹处及装置下部的

积水。

③清洁舱口盖、前挡风玻璃。

④排除舱底的积水、积油、积垢,清洁发动机及其他装置设备上的油垢,保持机舱内清洁无脏物。

⑤检查艇上各装置、设备及工具、器材是否齐全、良好及按规定位置放置。

⑥艇上各种栏杆、扶手及支架是否牢固。

（2）每月检查保养

①清洁艇上各处所的地板、舱壁、侧壁及各装置设备的内外部。

②检查驾驶台的挡风玻璃是否齐全、完好。

③检查舱口密封橡胶皮是否良好,如有老化须及时更换。

（3）每年检查保养

①玻璃钢艇体具有良好的防腐蚀性能,但长时间在海上作业,艇体表面容易附着海洋生物,大大增加艇体水下部分的摩擦阻力,造成艇体大幅掉速,严重增加发动机负荷,造成发动机损坏,建议每季检查艇底表面,清理海洋生物,必要时刷防腐涂料,以保持艇的良好运行状态。

②检查各舱室舱底,排除积水和油垢。

3. 不定期检查保养

（1）出航前

①检查艇的装载情况,必要时调整装载,保持艇体平衡。

②检查各舱室有无渗漏现象。

③检查工具备件,消防救生器材是否齐全。

④检查活动物品、物件是否固定牢靠。

（2）返航后（尤其是大风浪航行后）

①淡水清洗甲板,清洁外装置设备的外部。

②清除积水和油垢。

③检查各舱室、舱底、壳板的水密情况。

④消除在航行中出现的不正常现象。

⑤检查各通风处是否进水,及时清除。

⑥检查外板、甲板、骨架、隔墙有无变形、裂缝等损坏现象,特别注意各转角部位。

⑦检查各扶手、栏杆及支架是否牢固。

⑧检查各装置的固定是否牢靠。

⑨检查管系、电缆的固定及电源接线是否紧固。

（3）电气系统

①经常检查电气系统是否工作正常,并保持其表面的清洁、干燥,防止油水浸入。

②经常检查各接线头是否连接紧固,接触良好,保持清洁。

③各电气设备不用时,应断开其电源开关。

④在修理和安装电气设备时,必须先断开电源。

⑤发生故障、火灾或触电时,应首先切断电源。

⑥如须更换电线、电缆和保险丝时,必须按原规格进行,不得随意更换。

（4）搁浅和受猛烈撞击后

请与艇体供应商联系进行检查。

（5）其他注意事项

①船艇停靠时尽量避免护舷材与停靠界面之间上下摩擦,避免护舷材和舷侧的损坏。

②船艇停靠不用时,须用帆布将艇体盖好,以免艇内仪表设备因日晒雨淋而导致失灵,长时间不用时,最好将船艇吊到岸上存放。

（6）闲置

①如果船艇在两个月或以上不用,建议将船体吊上岸进行保护。

②在船艇上岸前,先应对发动机进行保养。

③船艇上岸后,清除艇体表面海洋生物后再用淡水清洗全船并擦干。

④用淡水清洗主机等设备外壳并擦干。

⑤将船艇搁置在一个与艇体表面底部相吻合的停放架上,用软质材料垫好艇体底部,将艇体与停放架用软质绳索绑牢。

⑥用帆布将整个艇体盖好,绑牢。

⑦冬天存放时,必须将发动机海水系统中的海水完全放掉。

⑧全船所有装置处所必须保持干燥,以避免结冰。

三、玻璃钢艇环保清洁系统

以往,常规的玻璃钢艇艇身的清洗和脱漆是一项费劲和有害的作业,通常依靠铲刮、砂纸打磨以及采用化学品药剂清洗的方法。铲刮可以从一个合成材料的艇身上去除严重堆积的海洋生物,但容易损坏玻璃钢表面的凝胶漆。砂纸打磨是非常有效的,但它只适用于表面沉积物不厚的艇体,且也容易损坏表面光洁的胶衣层。这两种作业方式都比较费劲,产生的尘埃有害工人的健康。

若采用危险化学品药剂清洗,无疑将破坏环境。但这种化学品清洗系统大大降低了工人的劳动强度和粉尘污染,所以研制无害化学品清洗的方法是一种趋势。SodaBlast 公司推出了一款能更加温和地清除玻璃钢艇艇身上的油漆和污垢的环保清洁系统。它采用一种特殊配方的无毒碳酸氢钠(俗名:小苏打)作为喷射介质来清除玻璃钢艇艇身上的油漆和附着海洋生物。由于喷射介质的天然性和可溶性,既不会损坏艇身上作为打底的一层保护屏障的凝胶漆(即胶衣层),又能将艇身上的污垢清除干净。

这种称为 SodaBlasting 的清洗系统通过气动,在高压下经水龙带喷射出一股无破坏性的按特殊配方配制的无毒碳酸氢钠射流,在这股射流的冲刷下,可脱掉艇身上的防污漆并揭开在凝胶漆上的任何鼓泡。然后对鼓泡周围受影响的区域,则采用一种快速涡旋的“微型研磨器”使其光顺过渡。这样就可为艇身表面的进一步修理做好准备。完成整个艇身的清洁过程仅需较短时间,但得到的是一个焕然一新的艇体,当对表面进行适当处理后即可重新涂漆。

第七节　柚木的护理与保养

一、柚木特点

柚木是船只建造中的"万木之王",它给船只增添了档次。即便是在全玻璃钢船上,柚木制的镶边、栏杆、梯子和台阶仍然占有十分重要的地位。

柚木俗称"油木",它是一种落叶的阔叶乔木。柚木有明显的墨线与油斑,颜色越深代表含油量越多。柚木的纹理分布越广,线条排列越密集,表示含油量越高,品质越好。因为含油脂量丰富,防潮性佳,所以柚木常被制成稳定性高的家具。因产地不同,柚木品质和差价也很大。例如美洲柚木、非洲柚木的生长系数快,年轮间距较大,相对的含油量少许多,质地也比较不坚硬。而东南亚地区出产的缅甸柚、印尼柚含油量居所有树种之冠,达 6%,是最佳的柚木种类。目前泰国的柚木产量逐渐稀少,而缅甸的柚木由于产自原始森林中,树龄皆有 50 年以上的历史,油质最多,纹理也最为美观,由于保育政策近年来也限制出口产量,所以价格较高。目前一般市面上柚木多产于印尼的人工林,树龄在 20~30 年,算是目前最大宗的中价位柚木来源了。

柚木最大的特点就是能适应潮湿的气候。刚砍伐下来的柚木,呈现一种迷人的棕黄色或金黄色,色彩的深浅因其产地和质量而有所不同。它有一种天然的防滑表面,并且它所含的油脂使它对开裂、风化和腐烂有一定的抵抗力。如果不加处理,柚木会老化成淡淡的银灰色。城市中的空气污染极易把未经处理的柚木弄脏,并且总是在极短时间内使其变色。如果你不想让你的游艇显得老旧的话,就得经常地对柚木进行清洁和保养。一般情况下,一个月至少两到三次。

如果用未经油蜡处理过的柚木做甲板,很难保持干净。食物碎片、鱼血、饮料滴以及其他落在甲板上的异物都会迅速地渗入多孔、未封闭的木料,使清洁变得十分困难。

新鲜的柚木必须要经过多层干燥脱水、磨光等程序加工,使柚木的稳定性提高,质地更坚硬,品质也才能有所提升。

柚木的油质含量多,所以不太需要上漆来保护。品质最好的柚木家具最多会上一层薄薄的柚木油,增加亮泽度。但也有使用传统的原生漆来涂拭柚木表面,漆体提炼自天然的树木,会使家具呈现深褐色泽,营造不同家居风格。

二、柚木清洁

如果你只是想将已有的木料刷新清洁,在多数的情况下,你要做的是用柔和的洗涤剂、柚木清洁剂或"增色剂"清洗木料表面。

柚木清洁剂可分为三大类:双成分清洁剂、单成分清洁剂及所谓的柚木"增色剂"。双成分清洁剂具有腐蚀性,会使木料变得轻微粗糙并可能会去掉一些软纹理,所以如果木料不是太脏,或脏得其他清洁剂已无法洗净,或你不想将木料表面剥去一层,就不要使用这种强效清洁剂。

单成分清洁剂通常效力较为柔和,腐蚀性也较弱,呈粉末状或液态,也有呈胶状或乳状的。乳状清洁剂通常更贵,但也更易使用,特别是清洁头顶正上方的柚木时显得更加有效。

柚木"增色剂"有漂白剂和清洁剂的双重作用。它们的清洁作用比清洁剂柔和,可在使用完普通的单成分清洁剂后立即使用增色剂以淡化木料的颜色。先前上过油蜡的木料老化后,需要重新上一两层时,用增色剂清洗都很理想,而不须用普通的柚木清洁剂。

不要把柚木清洁剂放在上过胶、油漆或清漆的木料上面。

用清洁剂前先用水龙带把附近的木料抹湿,使用时也把水龙带放在附近备用。留心清洁剂别流到别处去了,特别是沿着船体边缘流下来,引起其他材料腐蚀。用毛刷擦洗最好,不要用金属丝(钢丝绒)刷,因为这会把木料表面弄粗糙。

三、表面处理

表面处理绝非仅仅是美观问题。用油蜡处理保护的木料绝对比未经处理的经久耐用。用好的油蜡处理的木料能去污、防水、防腐,因此可以减少开裂甚至断裂的危险。

可供选择的柚木处理剂很多。著名的牌子有 Teak Brite,Amazon Golden Teak Oil,Star Brite Premium Teak Oil,Tip Top Teak,Teak Wonder,Nu-Teak,Classic Teak Oil 等。这些处理剂有时被称作柚木油或柚木蜡。不管它们叫什么,通常来说在两个重要方面上,它们是相似的:①它们均不含任何柚木油(从柚木中提取的油);②它们都是渗入木料的穿透型油蜡,而不是像清漆那样保留在木料表面。

多数柚木处理剂以桐油为基料配制,但也有些含亚麻籽油、聚硅酮、聚合树脂,或同时包含这些物质的混合物。多数柚木处理剂很稀,易流动(稠度几乎和水一样),但也有些浓得像糖浆一样。一般说来,较浓的处理剂干得也较慢,甚至有可能在使用后的一段时间内都保持黏稠。所有的处理剂都会渗入木料而几乎不留在表面,这就是为什么多数说明书都会教你擦去多余的油蜡的缘故。

由于木料表面缺乏这样的保护层,柚木极易迅速老化,所以必须对它们进行定期更新。平均2~3个月就得上一次油蜡以保养木料(图4-11),让它看起来像新的一样。当然,这取决于这些木料暴露于露天的时间。上过油蜡的木料比没上过的更好使,也更易保养,而且油蜡也不会像清漆那样使木料脱皮或开裂。

图4-11　柚木上蜡

柚木油蜡在变干的时间上也各不相同。有的一两个小时就可以干,有的一两天内都会保持黏稠。而且它们在颜色上也不尽相同。有的让木料上过油蜡后立即带上金色,例如 Deks Olje,Amazon Golden Teak Oil 和 Teak Brite Golden Oil。其他的在上过油蜡后则颜色轻些,如 Teak Wonder,Teak Cote,Teak-Gard 和 Teak Brite Natural。所有的油蜡都会使木料在一定程度上颜色加深。

大部分油蜡都会随着使用被氧化并颜色加深,所以如果色彩对你很重要的话,你应先在一小块柚木上做试验,然后再应用到整艘船上。有些处理剂甚至暴露于露天中数周后也不变色。最不加深木料颜色的牌子是 Teak Wonder,也许是因为它是一种聚硅酮而非油蜡的缘故。但是问题在于,如果你以后决定用其他牌子的油蜡或清漆,则留在木料内的聚硅酮会使其他油蜡几乎不可能渗入木料。

柚木油蜡干了之后就很难从玻璃钢胶衣层或上了油漆的木料表面除去,所以使用时应留心油蜡滴落。可以使用遮蔽胶带,但有时也不太管用。及时擦去污斑、滴迹可加以避免,必要时可使用溶剂。给附近的木料上一层蜡可起保护作用。

因为这些油蜡必须渗入木料才能起作用,为达到最大的保护效果应使用多层油蜡。让每层油蜡都渗进木料直至木料不再吸收为止。

第八节　帆船的维护与保养

帆船的保养非常重要,使用者要学习正确的船只维护知识,以保证每次出航前它是在正常工作状态。为了避免出现问题,任何船只的损伤都需要在最短时间内被注意。

一、船只保养

作为船只的主干,船体需要正确地维护与保养。但保养的方法取决于制作船只的材料。当把船只移上岸时,一定要专心修理哪怕只是很次要的问题。也许需要一两层防污的喷漆来防止水下的污垢。索具的各部分都要保持良好状态,这样才能保证航海的有效性和安全性。对桅杆、固定索具、活动索具和风帆的彻底检查十分重要,这样可以知道各部分是否有裂痕或是磨损撕破的地方。

定时地观察风帆的损坏至关重要。除了因为它们对船只非常重要以外,它们的造价也很昂贵。为了避免更多、更严重的伤害,应在每次升降以及整修风帆的时候检查它们。对接缝和角落也要做检查。帆布也许会有撕破,所以你应该装备缝纫工具来修补碎片。

帆船的内部舱室遭受到不同的使用环境(比如温度的改变)的影响。所以定时地观察来防止船舱条件恶化是很必要的。

木头是制造船只内部的最主要材料。木质表面需要用清漆来保护它自然完美的样子。对划痕做出及时的处理和润色,以防止湿气进入木头裂缝造成更大的伤害。

这就是关于船只保养的一些一般技巧。为了使帆船在航海时能够做到最好,请定时对船只的各个部分进行检查。

二、玻璃钢帆船使用注意事项

帆船的美观与否在很大程度上取决于表面胶衣的光亮度,因此对船体和甲板光面的保护特别重要。禁止船体直接与硬物相撞,须穿软质鞋上船,防止金属、石头等硬质物体与胶衣光面直接接触,船靠岸时只能停靠在游艇码头或能保护光面的浮漂旁,若浮漂边缘无软质橡胶,则应用防碰球(护舷)做保护。帆船停靠后须用缆绳固定(不要用船上的其他绳索绑船),绑船时应在羊角处交叉拉绳,且不能太紧,防止因涨/退潮而使绳索受力过大。每次用完船后应将甲板冲洗干净,后用清水冲洗掉盐分,若帆船长时间泊于海上,应定期清理水线以下的贝壳等生物,它会影响到帆船的美观度和速度。

第九节　艇体的存放与拖运

一、存放

为延长玻璃钢的老化时间,提高玻璃钢艇的使用寿命,夏季在船艇停泊处应设置凉棚,以减少阳光曝晒;冬季应将船艇离水上岸存放于干燥、温暖的环境中,使渗入船体的水分能挥发出来,避免"冻胀"。

玻璃钢艇长期封存或上坞检修时,应尽量存放于室内,并避免高温、高湿环境。如果存放于室外,要用篷布或专用艇衣遮盖,并经常通风,防止潮湿。玻璃钢艇上岸后应清洗干净,在船台或专用支架上平正摆放,并采用衬垫物搁好固定,防止变形。

二、拖运

拖运一艘小艇一定要用与艇体形状一致并能够很好固定的拖车,如图4-12所示,艇体搁置在许多小的橡胶滚轮上。对于一定尺度的艇来说,拖车的形状是差不多的,拖车上面有很多小轮子,可根据小艇底部的不同形状通过调节小轮子来固定游艇。图4-13为这种通用型拖车的构造。这种拖车到达岸坡可以向尾倾斜,通过徐徐释放缆绳把艇放入水中。不过实施这样的操作,需要一个斜坡滑道。返航时,可以通过缆绳牵引把艇从水面渐渐拉上来。

图4-12　游艇固定在拖车上

图4-13　拖车的构造

【本章习题】

1. 游艇机械拆卸的原则有哪些？

2. 游艇机械的清洗包括哪些方面？

3. 船坞有哪些类型？

4. 坞修工程包括哪些内容？

5. 交船试验主要包括哪些试验内容？

6. 玻璃钢艇体有哪些创伤类型？

7. 游艇机械零件的失效包含哪几种形式？

8. 游艇机械故障的消除（修复）方法有哪些？

9. 热喷涂工艺的定义、特点和分类有哪些？

10. 焊补修理如何进行？

11. 艇体在存放和拖运时应注意哪些方面？

第五章　游艇人员海上求生

【知识目标】

1.掌握海上求生中的主要困难及应对要素；

2.掌握收到弃船命令时应采取的行动；

3.掌握在水中时应采取的行动；

4.掌握在救生艇、筏上应采取的行动；

5.掌握海上求生具体措施；

6.掌握船舶遇难后的救援方法。

【能力目标】

1.能正确应对海上求生；

2.能准确采取弃船行动；

3.遇难时人落水后能正确求生；

4.会正确使用救生艇、救生筏；

5.游艇救援人员能正确进行难后救援。

第一节　海上求生概述

一、海上求生的定义和海难的种类

1.海上求生的定义

当游艇发生海难决定弃船时,利用船上的救生设备,运用海上求生的知识和技能,克服海上的困难和危险,延长遇难船员生存时间,增加获救机会,称为海上求生。

2.海难的种类

海难是一种会造成严重后果的事故,常见的有火灾、碰撞、爆炸、触礁、搁浅、沉没、机器故障、船体破损等。

二、海上求生中的主要困难

当海难发生时,人员弃船求生,所面临的主要困难如下。

1.溺水

求生者落入水中,首先遇到的困难是溺水,如果不能及时获救,就有溺毙的危险。

2.暴露

人体浸泡于水中时,因人体在水中散热比陆地上要快得多,会使体热很快地散失;暴露在寒冷气候中,会冻伤身体组织;暴露在酷热气候下,会使遇难者中暑或衰竭。

3.晕浪

在救生艇、筏内晕浪是常常遇到的难题,即使是有多年航海经验的海员也可能会晕浪,随之引起的呕吐会使身体失水和感到头晕、疲劳,同时也容易动摇求生意志而失去获救的信心。

4.缺乏饮用水和食物

救生艇、筏内配备的淡水和食品数量有限,易引起缺水与缺粮,这其中水又比食物更重要。

5.悲观与恐惧

在海上求生过程中,随着各种困难的出现,遇难者会产生一系列恐惧和绝望心理,这些心理表现会消磨人的意志和勇气。

6.遇难者位置不明

救援者没有收到出事位置信息及遇难者不知道自己的位置信息。

三、海上求生要素

海上求生的要素包括三个方面:救生设备、求生知识和求生意志。

1.救生设备

救生设备是海上求生的第一要素,主要包括救生艇、筏,求生衣,救生圈等。

2.求生知识

求生知识包括救生设备的使用方法;紧急情况下应采取的措施;弃船后的行动和求生要领等。

3.求生意志

求生者在求生中会遇到很多困难,国内外许多经验证明,意志力量有时比身体更为重要,因此求生者在任何时候都不能放弃获救的信念,直到脱险获救。

必须指出,上述求生三要素在求生过程中缺一不可。随着现代科技的发展,求生设备更加先进、科技化含量更高,故更应该加强求生知识的学习。

第二节　弃船时应采取的行动

一、听到弃船命令时应采取的行动

1.服从命令,听从指挥

当船舶发生海难(火灾、碰撞、触礁等),船体损坏情况严重,大量进水,并即将沉没时或在海上失火,火灾蔓延到已无法扑灭时,为了船员和旅客的生命安全,船长才能下令弃船。当弃船命令或信号发出后,全体船员和旅客切勿惊慌混乱,都应严守纪律,服从指挥,保持良好秩序,按照救生演习的部署,坚守岗位,执行弃船工作。

2. 携带必要的物品

弃船信号发出后,应由部署表内所指定的人员分别携带下列各项物品入艇:

①航海日志、轮机日志;

②各种船舶证书及机密文件;

③国旗;

④救生圈一只;

⑤现款及账册;

⑥武器及贵重物品。

3. 做好自身防护

全体船员在按部署表的规定前往指定的救生艇甲板集合前应采取的行动有:

①加穿适当衣着:如情况允许,应穿保温性好的内衣,再穿不透水的衣服,在寒冷气候中更要穿戴手套、毛袜、毛线帽等以防止体热迅速散失。

②穿妥救生衣:穿着适当衣服后,应迅速穿妥救生衣,救生衣一定要穿好系紧,然后尽快到指定的救生艇、筏处集合。

③收集保护物:如时间允许,应尽量收集如毛毯、衣服等保护物。

④多吃、多收集食物和淡水:虽然救生艇、筏内已备有食物、淡水,但配备数量有限,因此在弃船登艇、筏前应尽量多吃食物和多饮淡水,保持腹中饱暖,并多收集食物和淡水。在海上求生,淡水最为重要,多收集为好。

二、从船上跳水求生的方法

如果情况允许应直接登上救生艇、筏,以避免跳入水后受寒冷刺激的影响。为了减少入水可能受到的伤害,应正确自高处跳入水中,尽量避免从高处(5 m以上)跳入水中,并要注意保护,以免受伤,其注意要点如下。

1. 掌握正确的跳水姿势

①穿妥救生衣。

②深吸气后右手将鼻和口捂紧。

③左手紧握右上臂的救生衣。

④双脚并拢,身体保持垂直,两眼向前平视。

⑤入水时保持脚在下,头在上,两腿伸直夹紧。双手不能松开,直至重新浮于水面才可放松。

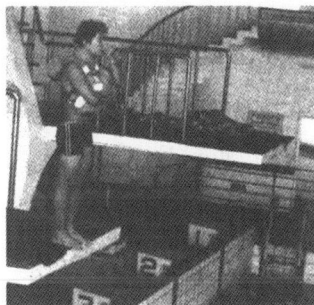

图5-1　跳水求生姿势

2. 选择最佳跳水位置

①跳水位置最好应选择高度不超过5 m的地方。

②跳水位置最好在上风舷的舯部或舯部,并应尽可能远离船体破损的缺口。大船倾斜时应选择在低舷一侧。

③跳水前,应查看水面,避开水面障碍物或其他落水者。

④不要直接自高处跳入艇内或筏顶及入口处,避免本身及艇、筏受到损坏。

⑤如从救生绳索上下水,要利用双臂交替地紧握绳索向下移动,不可手抓绳索滑下,以免失控和擦破手上的皮肉。

⑥入水后应尽快登上艇、筏,尽量减少在水里浸泡的时间。

三、离开难船后的行动

1. 穿着救生衣从船上或水中登上救生艇、筏

(1)从游艇上直接登上救生艇

由指定的人员操纵吊艇机将救生艇降至登艇甲板,用稳索将艇拉靠舷边,乘员有秩序地登上救生艇,避免争先恐后发生混乱的事故,乘艇完毕,然后将艇降落至水面,但应带好艇首缆,放艇人员再从绳梯或救生索直接登上救生艇。

(2)从游艇上登上气胀式救生筏

除可吊式充气救生筏在救生甲板登筏外,一般有三种方法可保持身体干燥直接登筏。

①用漂浮在水面的救生筏的首缆将筏拉至舷梯旁,或拉到救生甲板舷边。遇难人员身穿救生衣从舷梯或救生甲板的绳梯登上筏体。

②遇难人员身穿救生衣从舷边直接跳入筏的进出口,但舷高不能超过 4.5 m,并应注意碰撞内部的人员。

③采用滑道式登筏装置"海上逃生系统",遇难人员就可沿着逃生的滑梯滑到登筏平台上,然后依次登上气胀式救生筏。

④在水中登上救生筏。气胀式救生筏入水口处设有登筏绳梯,入口处上浮胎上有攀拉索带。落水者游向筏的入水处下方,先用一只手抓住登筏绳梯,另一只手抓住浮胎上的攀拉索带,双手用力弯曲双臂,双脚登梯向后曲双腿,当上身越过上浮胎时,头向前倾,使上身倒向筏内。

2. 穿着救生衣游泳

①落水者在水中游泳,首先应掌握正确的呼吸方法,为避免换气时呛水,应采用鼻呼口吸。并且,为了能延长游泳的时间,应做到有节奏地呼吸。

②长时间在低温海水中连续不断地游泳,最容易引起痉挛,俗称抽筋。最容易发生抽筋的部位是脚背和小腿。出现这种情况,不仅会妨碍落水者继续游泳,而且会引起恐惧而危及生命安全。为避免出现这种情况,应注意使肌肉放松和不断地变换游泳姿势。一旦出现抽筋,千万不要惊慌,这时可先深吸一口气,再将头向前弯入水中,四肢放松下垂,慢慢用力按摩抽筋部位。如果上述方法不能奏效,应再深吸气,在水中弯腰,用双手握紧大脚趾,伸直两腿,同时双手用力向下方向拉,如一次不见效可反复多次,即使是严重的抽筋也会得到缓解。肌肉松弛后,应休息一段时间,并改换另一种游泳方式才能继续游下去。

3. 未穿救生衣在水中保持漂浮

①弃船时,落水者由于种种原因未穿救生衣。此时,环境虽然极端险恶,但若能采取正确的自救行动,保持强烈的求生意志,就可延长生命,争取时间,获救脱险。未穿救生衣的落水者采取仰浮姿势是最适宜的漂浮姿势。

②落水者在水中切勿将衣服抛弃,这是因为衣服可以做浮具,穿着衣服可抵御寒冷和

烈日,并且便于让救援者提拉衣服。衣服改做临时浮具的方法:将上衣脱下,纽扣全部扣住并扎紧袖口和领口,衣服下端也扎紧。在第二、三纽扣之间吹气便膨胀,即可支持体重,如用裤子则更理想,将裤管扎紧倒持裤腰迎风张开,待两裤管涨满后,即扎紧裤腰,便可做成一个非常良好的马鞍形浮具。

③仰浮是未穿救生衣的落水者最适宜的漂浮姿势,其优点是动作慢,运动量小,体力消耗少,能较持久地坚持在海面上待救,能使眼、口、鼻都始终保持在水面上,不仅呼吸方便,且视野开阔。

④未穿救生衣的落水者在水中应尽快捞获并利用较安全可靠的、可用作救生浮具的漂浮物,在水中保持漂浮,等待救援。

⑤除仰浮姿势外,不宜采用运动量较大、消耗体力大的游泳方式,如蛙泳、自由泳、踏水等。当接近救助艇、筏或过往船舶时,应采取立泳,并将双手举出水面摆动。当接近救助船在 1 000 m 以内时,大声呼救才有效果,除非过往船舶已发现落水者,并停船准备救援外,落水者不应做无效果的游泳去追赶航行中的船舶。

⑥在水中保持漂浮如果感到疲倦想入睡时,必须设法保持清醒,要有决心和信心同危险做斗争,坚持时间越长,获救的机会就越大。

4. 穿着救生衣在水中扶正倾覆的救生筏

要扶正倾覆的气胀式救生筏(图 5-2),扶正者首先应将装有二氧化碳充气瓶的一侧拉至下风侧,扶正者爬上筏底,双手拉紧筏底扶正带上端后,双脚站在筏底下风一侧(钢瓶处),身体下蹲用力往后仰,筏即被翻过来,当筏翻过来一瞬间,应迅速游开,以免被压在筏底下面。如果筏翻正后未能及时游开,人被压在筏底下,应从筏的两侧潜游出来。不可从筏前后方向游出,以防被登筏软梯套住而发生危险。

图 5-2　在海中扶正倾覆的救生筏

第三节　在水中时应采取的行动

多年来认为弃船后丧生的主要原因是溺水或饥饿,但历年来的事例证实,弃船后使救生者丧生的主要原因是身体暴露在寒冷水中,特别是落于低温水中,即落水者所遇到的最大危险是通常所说的"过冷现象"。

1. 相关知识

落水者暴露在寒冷水中,如果缺乏必要的知识和所采取措施不当,常可于数分钟内被冻死。

落水者会被迅速被冻死是由两个因素决定的:

①人体体表的隔热保温能力很差。

②水的导热速度很快,通常比空气导热快26倍。

人类属于温血动物,人体的正常中心温度(体热)一般保持在(36.9 ± 0.5)℃。当环境温度在20℃时,体热散失而引起的中心温度下降,人体为了维持中心温度不低于(36.9 ± 0.5)℃就会产生一些不受人的主观意志所支配的机体反应:

①为了避免热量过分消耗,会收缩皮肤表面血管,以减少从血管传热到身体表面。

②为了使体内产生较多的热量以弥补散失的热量,会出现寒战、发抖。但寒战在维持人体中心温度的同时却消耗掉人体大量的能量。

当环境温度低于20℃时即使颤抖得再厉害,也将无法维持中心温度(36.9 ± 0.5)℃的恒定不变了,此时体温开始下降。如继续浸泡下去就会出现致命的"过冷现象"。

"过冷现象"即在寒冷海水中的落水者身体散失的热量将大于由体内产生的热量,随着体温的不断消耗就会出现不正常的低温即过冷现象。此时人体最容易受到伤害的器官是脑和心脏,并使血液循环受到干扰,过冷现象在不同阶段的症状表现如下:

①当体温下降到35℃以下时,人就会患"低温昏迷"。

②当体温下降到31℃以下时,人就会失去知觉。

③当体温下降到28℃以下时,出现血管硬化。

④当体温下降到24℃以下时即发生死亡。

⑤虽然落水者从体温从下降到35℃出现"低温昏迷"以后的任何一个阶段都可能死去,但有时即使体温低于30℃时仍很难确定是真死还是假死。

人们要在低温水中求生并非毫无办法,实践证明落水者体温下降的速度取决于三个条件:

①水温。落水者无法改变当时的水温。

②穿着的衣服。取决于落水者在弃船前的行动。

③自救方法。取决于落水者求生知识和技能的水平。

2. 穿着适当衣服的重要性

落水者跳水前应多穿保暖及不透水的衣服,这些衣服湿透并紧贴在身上,且其导热性与水的导热性相差无几,但落水者身体表面与所穿的衣服之间可形成一层较暖的水包围全身,而衣服又能阻止这层暖水与周围冷海水的交换与对流,因此能大大延缓体温下降的速度,这就说明了在寒冷水中多穿衣服有积极作用。

有些人可能会担心,如果多穿衣服,在水中是否会被这些湿透的衣服拖沉海底,实际上这种担心是不必要的,原因有以下两点。

①衣服的纤维中存在着无数细小空气泡,因此会产生一定浮力。此时湿衣服在海水中不仅不会增加落水者的质量反而给他们增加了浮力。

②即使一段时间后，衣服中的气泡都逸散了，但由于所穿的衣服使落水者在水中的体积增大，因此浮力仍比不穿或少穿衣服时要大。经试验证明，落水者身上的衣服即使完全湿透，也几乎没有增加什么质量。

湿衣服会妨碍流浪，但由于各层湿衣服阻止了人体热量的散失从而使体温下降的速度变缓，过冷现象的危险会推迟出现，因此最好还是多穿衣服。

3. 落水者在低温水中求生自救的要点

①弃船入水时，应多穿保暖防水的衣服，尽量将头、颈、手、脚等暴露在外的部位保护好，袖口、袖管口、腰带等扎紧。

②最外面应穿妥救生衣。

③尽可能不从 5 m 以上高度跳入冷水中，不得已时，应按正确姿势跳水，不应慌乱。

④入水后，应镇静，并尽快登上救生艇、筏或其他漂浮物以缩短浸水时间。

⑤落水者不应做不必要的游泳，在冷水中，可能会猛烈颤抖甚至全身感到强烈疼痛，但这仅是人体在冷水中的一种本能的反应，没有死亡危险。最要紧的是在水中尽可能地静止不动才能使体温下降减缓。

⑥落水者在低温水中为了保持体温，应采取国际上有名的 HELP 姿势（HELP 是 heat escape lessening posture 的缩写，即减少热量散失的姿势）。这种姿势即两腿弯曲并拢，两肘紧贴身旁。两臂交叉抱在救生衣前面。

HELP 姿势的优点：

a. 可最大限度地减少身体表面暴露在冷水中。

b. 能使头部、颈部尽量露出水面。

⑦禁止饮用含有酒精的饮料，因为饮酒或含酒精的饮料不仅不能帮助保持身体的温度，反而会加速体温的散失（因为酒精会加速血液循环）。

⑧必须有求生获救的坚定信心和积极的思想状态，经验证明，有无求生的意志，会产生完全不同的效果。

4. 对过冷现象的遇险者的护理和处置

①遇险者如神志尚清醒，并能叙述自己的经历，尽管颤抖得很厉害，只要脱去全部潮湿的衣服，换上干衣服或裹上毛毯，并在不低于 22 ℃ 的环境中休息，即可逐渐恢复体温。

②给患者提供热饮料如牛奶、白糖开水等，如在被救前已长时间没有进食，则应将饮料冲淡，并根据患者的体质及恢复情况增加牛奶和糖的浓度。

图 5-3 HELP 姿势

③切忌给患者喝酒或含酒精的饮料，也绝不能用按摩、药物或酒类涂擦的方法来促进患者的血液流通，此外采用局部加温或烤火的办法也是绝对错误的措施。

④对于刚从水中捞起的有严重过冷现象的患者，可放进 40~50 ℃ 的热水浴盆中浸浴迅速复温。浸浴时间不超过 10 min，擦干后用被子盖好保暖，如体温增加不超过 1.1 ℃ 时，每隔 10 min 后再浸浴一次，直至体温增加到 35 ℃ 为止。如果没有上述条件，至少也应使其当

时的体温不再下降。

⑤若患者已不发抖并处于半昏迷、昏迷或假死的严重情况下,应一方面急救以保存生命,另一方面应等待医生的指导,以进行仔细地护理。

第四节　在救生艇、筏上应采取的行动

一、影响求生者的心理因素

在救生艇、筏上的求生者,由于寒冷、酷暑、焦躁、饥饿、干渴、晕船、呕吐、伤痛、漫长的甚至是渺茫的等待等各种困难和险恶的环境,不仅会引起求生者一系列生理症状,而且还会产生一系列的心理症状。它会影响求生者的意志,动摇生存的信心。这种悲观情绪或恐惧心理也会像寒冷一样在几小时内夺走遇难者的生命。

根据国内外许多海上求生的实例调查,一致认为对于救生者来说意志的力量要比身体的力量更重要。无数实例可以证明,在救生艇、筏上怒海余生的求生者与他们同时遇险而不幸遇难的同伴相比,往往并非体力上的最强者,但却是精神上的最强者。

危险心理有以下几种。

(1)充满恐怖、悲观、绝望的心理状态

对于刚刚从海难中幸存下来的求生者,弃船时的混乱、恐怖的情景和场面像噩梦一样反复在脑海中显现出来,这个时期的存活者如果不能摆脱弃船时造成的心理上的打击,就会迅速地从恐怖到精神错乱,又从精神错乱到死亡。

(2)幻觉

在正常的陆地条件下,幻觉主要是精神病患者的症状,真正的幻觉是一种所谓没有感官印象的感觉。例如,"看见"根本就不存在的图像和情况,或"听到"根本就没有人讲过的话。在特殊情况下,如精疲力竭、长久不眠、持续饥饿和缺水时,持久的疼痛和情绪的激动,如害怕和盼望等,都会成为幻觉的诱发因素。这些情况几乎所有的遇难者都会碰到。所以集体遇难和单独遇难即使没有精神病,产生幻觉也是极常见的事。

在海上长期漂流时,遇难者自愿离开救生工具是屡见不鲜的,这些人离开时是否头脑清醒,一时是难以弄清楚的,其中有些是对周围环境产生了幻觉而导致"自杀"的。这种行为以夜里发生的最多。有时,遇险者因长时间陷在幻觉中,虽然已经真的获救了,却还是不相信。希望和愿望常以幻觉欺骗了他们的感觉,以致他们要经过相当长的时间,才能认识到自己是真正的获救了。

二、登艇、筏后为增加获救机会的最初行动

(1)当救生艇、筏上的遇难人员登乘完毕后,应立即切断系艇索,用艇、筏内的桨迅速划离难船一般划离难船1/4 n mile 处停留,不应远离失事地点,为了使救生筏加快离开的速度,筏内人员可将筏底四周的平衡水袋提起,减少漂流时所遇阻力。

(2)施放海锚(sea anchor),保持适当的通风,使艇、筏顶浪以减轻摇晃并减缓艇、筏漂

离的速度,使艇、筏尽可能停留在难船附近,增加被发现的机会。

(3)保持艇、筏处于完整、良好的状态,一旦发现艇、筏有破损要及时修补、堵漏,并及时排除艇、筏内的积水。

(4)防备严寒或酷热,在漂浮过程中当受到阳光、风、雨、海浪的侵袭下采取相应的正确措施。

(5)在艇、筏发生激烈的颠簸时,全体遇难人员均应立即服用晕船药物,以防止呕吐,也能抑制饮水的欲望。

(6)救生艇、筏离开难船后,应主动在失事地点附近海面上搜救其他落水人员。

(7)正确使用艇、筏内配备的易于被人发现的设备、信号。

(8)检查清点艇、筏内所有设备和备品,并正确使用。

(9)按规定分配艇、筏内的饮用水和食物,并尽可能补充。

(10)建立起一个尽可能完善的组织。

(11)组织艇、筏内全体人员 24 h 轮流值班。

①当艇、筏内人数足够时,应采取每更 2 人,一个负责外部瞭望,另一个负责内勤。每 1 h 为一更,除重伤员外应由全体人员轮流担任,保持 24 h 值班制度。

②内勤者的主要职责:

a.使用视觉、听觉以及一切有效手段,发现艇、筏内的各种危险情况。

b.随时排除艇、筏内积水,注意通风保暖和保持内部的干燥、卫生。

c.照料好伤病员。

③外勤者的主要职责:

a.对前来搜救或过往的船舶、飞机及其他落水者应保持有效的瞭望和应有的警觉,倾听喊叫声,注意黑暗中的灯光。

b.寻找陆地。

c.密切注视海况的变化。尤其是当大风浪来袭时,切实做好抗风浪的准备。

d.捕鱼以补充食品不足。

e.负责保持与其他艇、筏的联系。发现水中飘浮者要及时救助。

第五节　游艇人员海上求生的具体措施

一、海上求生的一般原则

海上遇难求生,最主要的是要注意自身保护,即不论在热带海洋还是在寒冷气候中都要注意避免暴露。

1.自身保护

(1)在寒冷气候中的保护措施

救生艇、筏的求生者在寒冷的气候里虽可避免在冷水中遭受的过冷危险,但随之而来的却是疾病的威胁——湿冻伤。这种病是由湿、冷和不活动的综合作用而引起的。如果求生者所乘坐的艇、筏漏水而使他们的腿长时间浸泡在 15 ℃的水中,约两天之后腿脚就会肿起来,先是感到发痒,随之感到"麻木"而失去知觉,表皮出现类似发炎的状态,局部组织出现真正的冻伤。

这种出现在腿脚上的湿冻伤,在国际上航海者惯用的名称是"浸泡足",对于这种湿冻伤的防护措施:

①应穿着保暖衣服,外层最好穿上能防水的衣服,并将袖口、领口、裤管口扎紧。

②穿着救生衣。

③保持艇、筏内温暖干燥,调整通风至最低需要。尽量避免腿脚长时间地浸泡在水中。

④必要时数名求生者可紧靠在一起取暖,如有备用毛毯、衣服均应用于保暖。为了保持血液循环,又不浪费体力,可伸缩四肢,活动手脚做一些简单的运动。

⑤避免长时间暴露在寒冷之中,避免风及雨等对人体的袭击,定时更替瞭望值班人员,缩短每更的时间。

⑥避免吸烟,吸烟会使手脚的供血减少。

(2)在酷热气候中的保护措施

酷热气候中,救生艇、筏上的求生者面临的最大威胁是缺水。如前所述一旦断水,遇难者的生命仅能维持数天,为了延长生命,求生者必须减少对饮水的需要量。由于人体摄取水分的数量是由体内排出水分的数量而定。因此为减少人体失去水分和预防疾病的发生应采取如下措施。

①按照救生艇、筏内配备的定额口粮食用,可以减少额外水分的需要。

②及时服用晕船药片,以防止晕船呕吐。

③平静休息,避免不必要的运动。

④在热带地区,白昼太热时,可将所穿衣服弄湿以降温,或将衣扣解开使身体露于微风中。

⑤用海锚调整通风口的方向,保证良好的通风,以防出汗。

⑥天热时应保持艇、筏外部及遮篷潮湿。

⑦架设遮篷,避免太阳直射。

⑧在阳光下尽可能多坐少躺,以减少身体受阳光照射面积。

⑨不可游泳,因游泳容易消耗体力而口渴。

⑩救生筏内应将筏底放气使海水冷却筏底以减低筏内的温度。

⑪止血并治疗外伤或烧伤。

(3)预防晕船

遇难者在艇、筏上遇到另一个较为严重的问题是与饮水和食物吸收密切相关的晕船,事实证明,即使久经海上风浪考验的老船员,在救生艇、筏上也会严重晕船。

导致晕船呕吐的重要原因是人的平衡系统,内耳的三个半规管失调。此外,由于艇、筏的摇摆颠簸,水天线的起伏不定和艇、筏内难闻的气味都会加重晕船的程度。

虽然多数人的晕船至多三天后就能适应,并停止呕吐,但是这时候人的机体已经丧失了大量的体液和电解质,以致会严重地危及生命。因此每一个遇难者在登上救生艇、筏后均应立即服用晕船药物,以防止呕吐。

为防止晕船可采取以下措施:

①施放海锚,保持适当的通风并使艇、筏顶浪以减轻摇摆。

②在可能情况下,正常供给水分。

③保持安静,适当休息,保存体力。

④互相鼓励帮助,坚定意志和信心。

2. 船位与艇位

(1)船位

遇难船艇必须将遇难船位(所在经纬度)通过无线电或其他手段发布,使岸台、救难组织、附近船舶或飞机能及时、迅速前来救援。

(2)救生艇、筏求生待救的位置

①救生艇、筏离开难船的行动:

a. 当救生艇、筏上的遇难人员登乘完毕后,应立即切断系艇索。

b. 用救生艇、筏内的桨迅速划离大船,但不应远离失事地点。

②必须迅速离开难船的原因,难船对救生艇、筏上的遇难者可能存在下列危险和威胁:

a. 根据不同失事原因难船可能伴随着火灾、爆炸。

b. 难船在沉没过程中还会发生剧烈倾斜,使舱面设备断裂、散落。

c. 难船下沉时会引起低水位和旋涡,有可能将艇、筏吸入旋涡中。

d. 难船燃油外溢和由此引起海面油火。

③救生艇、筏不应远离失事地点的原因:

a. 若救生艇、筏远离失事地点就可能失去获救的机会。因为当陆上搜救组织或附近船舶收到遇难船的求救信号后,他们马上会根据遇险地点并考虑风流的影响来搜索和救助,如果离开失事地点,不仅给前来救助的飞机或船舶造成搜索困难,而且有可能失去获救的可能。

b. 有利于与其他救生艇、筏集结。

c. 有利于搜救其他落水者。

d. 有利于捞取难船下沉后,浮散于海面的有用求生物资。例如,未及时放下的救生艇、筏及其他浮具在难船沉没后会自动浮出海面。

④救生艇、筏在失事地点附近海面等待救援:

a. 如失事后已收到援助组织前来救援的复电,则救生艇、筏必须在原地坚持,直到救援船舶或飞机前来救助为止。

b. 如失事后虽已发出遇险信号,但未收到复电或未及时发出遇险信号时,救生艇、筏在失事地点附近海面至少应该坚持两至三天,当救援希望确实已经不存在时,方可考虑离去。

c. 救生艇、筏离开失事地点后的航线选择应驶向:

ⓐ最近的陆地。

ⓑ飞机、商船必经的航线上。

（3）集结

①弃船后的救生艇、筏应尽可能与附近的其他艇、筏用缆绳联结在一起,这样可能增大待救的目标位置,便于前来救援的船艇、飞机及时发现。

②为了坚持集结在失事地点附近海面,应放出海锚或漂流锚以减少艇、筏在风浪中的漂移距离。

③所有艇、筏都竖起天遮,由于其颜色鲜明,更能显示待救位置,容易被发现。

④集结的好处还在于能发挥集体的力量互相照应,共同克服求生中遇到的各种困难。

（4）设法使救生艇、筏的位置易于被搜救者发现的措施

①将救生艇、筏保持在难船沉没地点附近,切勿远离。

②用缆绳将所有艇、筏联结在一起以增大目标。

③用艇上应急手提无线电电台或应急无线电示位标发射遇难信号。

④发现船舶或飞机时,适时发出烟火或其他识别信号。

⑤利用反光镜或发亮的锡片、手电筒等发出亮光信号。

⑥正确使用其他求救信号。

3.淡水、食物

（1）艇、筏上淡水的分配和使用

水是人体内含量最多的物质,约占体重的60%,是维持机体正常生理活动的必要营养物质之一。一个普通的成年人在一般条件下平均每天要排出2.5 L水,失去的水分如果补充不上,体内水分就会失去平衡。

人体失去1/5以上的体液时,就会死亡。根据研究得知,人每天饮水量以0.5 L为维持活命的最低限度。对海上求生者来说淡水比食物更加重要。有淡水无食物时,求生者仍可生存30~50天,但如无淡水只有食物,则仅能维持数天生命。因此在救生艇、筏上的遇难船员必须对饮水实行严格的控制管理和正确的分配使用。

①淡水的配备。在救生艇上的淡水是按额定乘员每人3 L配备的,可供满载人员7天使用(因为最初24 h内不供给淡水);救生筏中的淡水是按额定乘员每人1.5 L配备的,可供满载人员4天使用(也包括第一天不供应淡水)。

②淡水的分配与应用。艇、筏上的淡水要集中,有专人管理和分配。淡水的分配方法是从弃船求生24 h后每人每天0.5 L,饮用时,最好将每天分到的淡水分为三等份,日出前喝1/3,另外1/3日间用,最后1/3在日落之后喝,饮用时不要一口喝完,要一小口,一小口地喝,要尽可能在嘴里含一会儿,润一润嘴唇,然后慢慢地咽下。

（2）淡水的补充

①收集雨水和露水。雨水是最好的淡水来源,因此海上遇到下雨时,应使用一切可以做容器的装置多收集雨水,但最初收集到的雨水因为容器含有盐分,应该倒掉,然后收集干净的雨水,收集到雨水后应该让大家喝足,以补充前段日子体内水分的消耗,因为雨水不能长期保存,所以有雨水时先喝雨水,艇、筏上配备的淡水留作备用。

②利用海洋生物的体液。

a.生鱼的眼球有相当的水分。

b.鱼的脊骨不仅含有可饮用的髓液,而且含有大量蛋白质。

c.将捕捉到的鲜鱼切成块,放在干净的破布中拧绞出体液,放入容器。

d.海龟的血也是一种很好的代用水。

③海水的淡化:主要有物理和化学两种方法。

a.物理方法:用太阳能蒸馏器来制取淡水。其工具结构简单,效果良好,但容易受到气候影响。

b.化学方法:目前应用的方法有组合式交换法、离子交换法等,化学方法虽然不受气候影响,但成本高,主要配备在飞机上。

④极地航行时,可使用海中陈旧的冰块做水,这种冰块呈蓝色,片圆形,易破裂,不难辨认。

(3)几个有关问题和注意事项

①饮水可以保存多久与三个因素有关:气温、水温、贮水容器的清洁程度。

如果条件许可,平时救生艇内的淡水每隔30天更换一次,这样定期更换能使艇内淡水在40~60天保持气味良好,但在炎热的天气里,饮水的保存时间可能缩短一半。

②如何辨别水质的好坏——进行采样试验。

第一步:初试——饮少许,等待1~2 h,如果身体无不良影响(如头痛、发热、拉肚子等),可进行再试。

第二步:再试——多饮一些,等4~5 h 如无副作用,说明饮水水质基本是好的,但饮用也不宜过多。

③不能饮用海水。

不能饮用海水的理由是人体能够承受的盐浓度一般不超过1%,而海水中的含盐量平均为3.6%,如果饮用100 mL海水,为了排除这些海水里面多余的盐分,不仅要把海水中的水分全部排掉,而且还要使身体失去50 mL水分。国外调查表明:饮用海水而死亡的遇难者要比未喝海水而死亡的高出12倍。

④食物的消化过程需要消耗水分,尤其是高蛋白质的食物,如鸟、鱼、虾的肉等,这些食物只能在淡水充足时才可食用。

(4)救生艇、筏上应急口粮的配备与分配

①应急口粮的配备。应急口粮是一种按份包装的压缩食品,每份压缩食品都是按最佳比例配制而成的,它只含有少量蛋白质,是淡水供应不足情况唯一较适宜的食物(但不是唯一食物)。

救生艇内应急口粮是按额定乘员6天配备的,而救生筏内则按3天配备(与水的配备标准相同)。

②应急口粮的分配。

第一天:(遇险最初24 h内)不供给食物。

第二、三天:按日出、中午及日落时间分配三次口粮,但不得给予超额食物。

第四天:若仍未获救,则从第四天起,口粮配额应予减少,如属必要可减少至规定配额的一半。

若艇、筏上已经断水,则不得再吃食物,以免更减少体内水分。

(5)海上食物的补充

①捕鱼:救生艇、筏上的求生者可以将海鲜作为食物,捕捉方法可以用鱼钩或别针等钓鱼。

②捞取海藻:海藻、褐藻、海带等大多可以生食。

③收集浮游生物:各种浮游生物也可以补充求生者食物不足,收集浮游生物的方法是利用袜、裤、衬衣的袖子或其他多孔的衣着制成渔网,将网拖在艇、筏后面。

(6)如何辨认食物的好坏

求生者从海中捞取食物后,应注意辨认所捞食物的好坏,在吃海藻之前应仔细检查,把附在上面的小生物弄掉。有些没有正常鱼鳞而带有刺、硬毛或棘毛的鱼多数是毒鱼,不能食用。通常发现有下列迹象的鱼不能食用:

①发育不正常的鱼。

②腹部隆起的鱼。

③眼球深陷入头腔的鱼。

④鳍翘之腹部黏滑的鱼。

⑤有恶劣气味的鱼。

⑥用手掀入鱼肉有凹陷记印的鱼。

⑦鱼肉辛辣的鱼。

(7)配备食物的标准

救生艇、筏上不应配备葡萄糖或炼乳之类使人口渴的食物。

(8)人体所需的盐分

如果救生艇、筏上无储备盐,而又处于天气酷热,出汗很多时,身体内将需要补充盐分,这是机体维持生命不可缺少的电解质。体内缺盐时的表现:口渴,甚至饮相当数量的水仍觉得口渴,这时可将海水冲淡后(海水含 15%~30%)内服。

二、利用手表在海上辨别方向

1. 辨别方法

如果救生艇、筏上有钟表且走时准确的话,则可将时针对准太阳。在时针和 12 点之间的中线就能指示出北和南的方向,垂直南北线的为东(E)、西(S)方向(图 5-4)。

2. 接近陆地迹象

(1)观察气象

①在晴朗的天空中,救生艇、筏上的求生者看到远

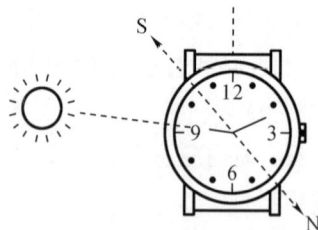

图 5-4　利用手表在海上辨别方向

处天空中有棉花状积云,则在这种云的下方很可能有陆地、岛屿,因为这种云通常都出现在陆地上空。

②白天在海上看到天空有其他云类在浮动,则在其移动的方向上很可能有陆地、岛屿,

这是因为陆地、岛屿附近海面上形成的云,受海陆风的作用(白天从海上吹向陆地)往往会向陆地方向浮动。

③看到天空或云的底部有绿色光晕,则在其下方多半有珊瑚礁或近岸的咸水湖。这是因为这些地方的水深度较浅,海水比深海区要浅得多,因此被阳光照射后,反射特别强烈,能将天空中的云底照亮形成绿色光晕。

(2)观察鸟类和昆虫

①如果救生艇、筏上的求生者上发现鸟群,尤其是常有鸟群活动,则说明附近有陆地、岛屿,且陆地、岛屿就在鸟群早出晚归的方向上。

②夜间海上发现有蚊虫叮咬,说明艇、筏已接近陆地、岛屿,这时应注意瞭望观察以探明其方向。

(3)观察海水、海藻

①救生艇、筏上的求生人员发现海水的颜色已变成棕色,则说明已靠近河口,即距岸已经不远了。

②发现海上漂流的海藻中有植物、树枝等,很显然说明陆地就在附近。

三、登岛与求生

1. 登岛的注意事项

登岛时要特别注意安全,因为"一次不假思索的登陆行动遭到失败,可能反被拯救你的陆地所杀害"。因此接近陆地并准备登陆的求生者必须注意以下各点:

①在岛的下风,缓流方向选择一安全登陆地点,在白天涨潮时登陆,在登陆点时应派一人瞭望,边测深边前进,以保证救生艇、筏和人员的安全。

②在向岸边接近前,应将救生艇、筏上的物品捆牢并收好,全体人员均应穿好救生衣。

③到达海滩后,不可一哄而上,不应将救生艇、筏丢弃。应将人员分成两组,一组留守在艇,另一组登岛探明情况。

④当探明岛上可以驻留时,应将救生艇、筏和上面的物资搬到岛上妥善保存好,以备使用。荒岛上能否驻留的首要条件就是有无可供饮用的淡水。

2. 在岛上待救的措施

在荒岛上正确的做法如下。

①做好人员保护、建立住宿,勿受风雨侵袭。

②设法获得生存所需的食物和饮水。

③坚持24 h不间断的瞭望,并随时准备发出求救信号。

3. 饮水

要在海岛上维持生活,等待救援,首先要解决饮水问题。寻找水源的方法如下。

①察看野兽的足迹和鸟类的方向,注意其汇集的方向有助于找到水源。

②树木长得比较高大和茂盛的地方,地下水往往比较丰富。

③青草茂盛的地方,如灯芯草、芦苇、桐树、杨柳等植物生长的地方附近可能有地下水。

④石灰岩洞穴中可能有泉水,但在人洞前要特别注意安全。

⑤峡谷中多沙石处多有泉水渗出。

⑥如果水源暂时没有找到,可以从植物汁液中吸取水分,但要防止中毒,一般来说汁液有怪味,很可能有毒。

4.饮用水的处理

如果水内含有较多的泥沙或杂质时,可用沙层或多层布做成一布袋进行过滤。如有仙人掌,可将其切开放在水中,其黏液可沉淀杂物,起到明矾的作用。饮用水消毒的方法有三种。

①煮沸 3 min 以上最为保险。

②用漂白粉片(液)进行消毒。

③用碘溶液消毒。

5.食物

捕捉鸟兽的方法和注意事项如下。

①在鸟兽常汇集的水源处或在必经之路上设陷阱、捕网。

②在捕捉鸟兽时,要注意自身保护,免遭捕捉物的袭击或伤害,狩猎时迎风接近猎物。

③利用钓鱼工具进行捕捉。

④一切鸟肉和兽肉都可食用。

⑤在海滩上或岩石的陷落处,很容易收集到贝类、蟹。

当不知道所获得的动物和植物是否能食用时,进行采样试验。

6.住处

(1)荒岛上住所的选择

①能保护求生人员免受风吹雨打和野兽毒蛇的侵袭。在构造形式上应根据季节、地区和气候等因素而定,注意宿地干燥通风,在寒冷气候条件下,要注意避风保暖,夜间可燃起篝火取暖和避免野兽靠近。

②住宿的位置应考虑易被发现,及便于行动和解决饮水与食物,尽量减少体力消耗。

③要便于瞭望,以便及时发现过行为表现的船舶、飞机;并及时向他们发出易于觉察和发现的呼救信号。

(2)住所的建立

住所的构造形式应考虑以下几点。

①应考虑季节、地区、气象等因素,注意住所的干燥通风或避风保暖。

②住所要用树枝构成 A 形架支撑,外面要用油布、帆布或树皮棕叶等掩盖,以防风雨侵袭。

③住所周围应挖掘一排水沟。

④可利用救生筏改成一处住所。

⑤睡眠宜用吊床或用干草垫高。

7.在北极区小岛上求生

如果在北极区一个小岛上登陆,除了要解决饮水、食物外,还必须考虑在冰雪中的自身保护。

（1）求生者在冰雪中的自身保护

①防风雪措施：应充分利用雪块建立一座防风雪的墙，最好能建造一座雪块房子，所建雪屋必须设雪进出口及通风孔，才不会被雪封锁。

②保存体力：当下冰雹或气候凛冽时，不要离开雪屋外出，因为屋外除了漫天纷飞的冰雪，根本看不见东西，徒然消耗自己的体力。

③避开冰雪裂缝：在深雪中行走时，要用一根棍子在雪中探路，发现深雪下面有冰雪裂缝时，要及时绕道避开。

④防止压碎河面上薄冰：为了防止压碎薄冰，跌入冰水中，必须匍匐而行，以分散体重。

⑤防止迷失方向：在千里的雪原上行走，很快会迷失方向，外出时必须随时设置路标，记住周围地形特征。

⑥制作雪靴、眼镜：为下雪时的行动做准备。

（2）饮水

①夏天，可从湖泊和水溪中获得饮用水。

②冬天，需要大量的燃料才能将冰雪融化而得到饮用水。

8.瞭望与求救

（1）瞭望

①登岛后应立即安排由全体人员轮流担任的 24 h 瞭望值班。

②瞭望位置应设在能全面观察岛屿周围海面和天空，而不为地形或任何物体遮挡的地方。

③瞭望人员应使用一切有效手段对海空瞭望，发现过往船舶或飞机应及时发现易为他们察觉发现的求救信号。

（2）求救信号

①利用救生艇、筏上各种信号、无线电设备和应急示位标发出求救信号。

②在面向大海的沙滩或山坡上用石头、贝壳和植物等堆砌成 SOS 或 survivor 字样，字母越大越好。

③准备及时足够的火种和木柴等，以便于发现过往船舶或飞机时，能及时发现易被察觉的求救信号。

白天，用潮湿的植物燃烧，形成浓烟最为有效。夜间，燃烧干柴，使发出火焰最为有效。

第六节　人员获救

船舶遇难后，当遇难船舶、救助艇或高速救助艇、筏被搜索发现后，说明获救在即，剩下的只是时间、具体的救援方法和应注意的事项。本节将介绍可能有的救援方法和注意事项。

一、船舶救援

①前来救援的船舶通常停在待救助艇或高速救助艇、筏的上风侧。这样做可使艇、筏

处于较平稳的下风海面,救援船依靠风压向艇、筏靠近。这时被救艇、筏应主动驶至大船的下风侧待救。

②当救援船驶近时,艇、筏应将海锚、漂流锚收起以防缠绕来船的螺旋桨。

③在恶劣的天气情况下,前来救援大船横向受风浪前进时,改变航向很困难,尤其是向上风改向,有时用满舵、慢速甚至半速进车都没有效果。因此海上遇险的艇和漂浮待救的落水者应尽量不要横在大船的船首方向,以免造成危险。

④如果可能,救援船应使用起重设备连人带艇、筏一起吊上大船,以便节省时间,使待救人员能及早得到护理。同时应于下风舷侧挂下网孔为 20 cm 左右的网,以便待救人员攀上大船。

⑤救援海上落水人员,如有条件,救援船应放下救助艇,派出救捞人员。先将他们救到救助艇上,然后返回大船,利用吊货设备,将他们吊上大船。水中待救人员,最好主动集结,以便救援。

⑥船舶对难船进行救援(转移遇难人员或提供设备等)时,可用抛绳设备先将钢丝绳送给难船,然后利用滑车、救生设备和往返牵引索等救援难船上的人员或向其提供有关设备物资。

⑦当海上风大浪高无法进行救援作业时,这时救援船可撒些镇浪油,使海面平稳,以便顺利进行救助。

二、直升机救援

1. 基本知识

(1)直升机可以执行救援任务

①可向遇难船舶提供援助物资和设备。

②可以从难船上撤离遇险者或伤病员。

③可以从艇、筏上搭救遇险者。

④可以从海上救捞落水人员。

(2)直升机进行救援的悬空高度和吊运区要求

直升机进行吊升的悬空高度一般是距甲板(艇、筏)27 m 左右,要求吊运区周围 15 m 内无障碍物。因为直升机的升降设备和舱口一般都处在飞机的右边,因此除特殊情况下,直升机都是从船的左舷正横后进入吊运区。

(3)直升机的活动半径

在天气正常情况下,直升机的最大活动半径为 150～250 n mile。如果有空中加油机陪同,则可飞行到更远的距离进行救援。

(4)直升机使用的吊升设备

直升机使用的吊升设备如图 5-5 所示。

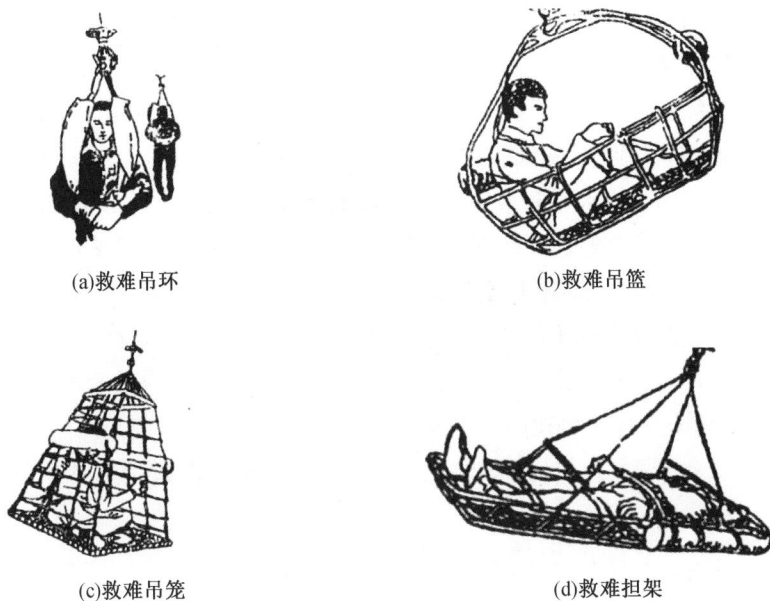

(a)救难吊环　　　　　　　　(b)救难吊篮

(c)救难吊笼　　　　　　　　(d)救难担架

图5-5　直升机使用的吊升设备

2. 直升机对艇、筏和落水人员进行救援时的注意事项

①直升机在艇、筏上方悬空时,由于受直升机向下气流的冲击,可能造成艇、筏倾覆。因此艇、筏上的人员应聚集在艇、筏的中央,直至被全部吊升完为止。

②所有被吊升的人员均应穿好救生衣,但穿救生衣会使伤病员病情恶化者除外。

③被吊升人员切勿穿着宽松衣服、戴帽子、头巾或遮盖未经捆扎牢固的毛毯等物。

④通常对于被吊升人员的附属物品不单独吊升。

⑤艇、筏上的待救人员为避免吊升设备的金属部分带有的静电与人体产生放电,造成伤害,应先让其接地(接触海水)后,才可抓摸吊升设备。

⑥为便于直升机救援,应设法给直升机驾驶员指示现场风向。可举旗并使其随风飘扬,也可采用桨杆举起衣服使其随风飘扬。

⑦直升机吊升人员时,机上与艇、筏之间使用下述信号联络。勿吊升:手臂伸开放平手指紧握,拇指向下;吊升:手臂向上伸在水平,手指紧握,拇指向上。

⑧最后一名待救人员在吊升前应将艇、筏上的示位灯关闭,以免给过往船只和飞机造成错觉。

3. 直升机直接对遇难船救援的注意事项

①难船和救援直升机之间应建立直接无线电通话,使用频率2 182 kHz,该波段还可使飞机上的自动测向仪依此测到难船的方向。

②难船应向直升机(或通过海岸电台)详细报告下列资料:船位、时间、会合地点、所在海区的气象、海况以及识别本船的方法等。

③在甲板上(一般在艉部甲板)设置一吊运区,其要求如下:

a. 选择一空阔甲板,要求在半径15 m范围内无任何障碍物体。对在飞机气流影响下会漂浮的物品应予清除或紧固。

b. 吊运区中央应标注白色"H"字样,以向直升机显示吊运区位置。

c. 夜间应尽量将吊运区照亮,此外还应向桅杆、烟囱和其他高大上层建筑用灯光照明或在顶部显示红灯。

d. 夜间可将探照灯开亮,垂直向上照射。

e. 由于某种原因不能在准备好的吊运区作业时,可放下救生艇间接地进行作业。

f. 吊运区应远离船上的易燃物、爆炸物,以防止静电引起火灾和爆炸。

④若直升机需要在难船降落,应在着落区附近备好消防设备。

⑤当直升机按常规由艉部接近难船时,船长应亲自操船,使船首在20°~30°顶风,船速以10~15 kn为宜。若吊运区不在船尾,则应使船首右20°~30°顶风航进,若船、机间已建立起通信联络,则应按直升机驾驶员指示操作。

⑥若吊升设备上系有引导拉索时,可立即抓住,以防升降索及吊升设备与船上的设备索具等钩挂或缠绕在一起。

【本章习题】

1. 海上求生的定义与种类是什么?

2. 当海难发生时,人员弃船求生,所面临的主要困难有哪些?

3. 海上求生的要素包括哪几个方面?

4. 听到弃船命令时应采取哪些行动?

5. 正确的跳水姿势有哪些?

6. 如何选择最佳的跳水位置?

7. 离开难船后可以采取哪些行动?

8. 落水者在低温水中求生自救的要点有哪些?

9. 简述对过冷现象的遇险者的护理和处置方式有哪些?

10. 简述游艇人员海上求生具体措施有哪些。

11. 直升机对救助艇、筏和落水人员进行救援时的注意事项有哪些?

第六章 游艇防污染管理

【知识目标】

1. 了解船舶对海洋的污染状况；
2. 了解船舶防污染的有关公约和规定；
3. 掌握船舶防污染技术及设备的使用方法。

【能力目标】

1. 能清楚认识船舶对海洋的污染情况；
2. 能正确理解船舶防污染的公约和规定；
3. 能够正确使用船舶防污染设备。

第一节 船舶对海洋的污染

一、海洋污染案例

随着人们海洋活动的增加，人们对海洋的污染越发严重，下面我们先来看几个案例来了解一下船舶对海洋造成的污染。

1. "托雷·卡尼翁(Torrey Canyon)"海难事故

1967年3月，利比亚油船"托雷·卡尼翁(Torrey Canyon)"在英吉利海峡"七石礁"触礁的海难事故，引发了世界上第一起大规模溢油惨祸。该船装有11.9万吨科威特原油，触礁后货油舱破损造成5万吨原油溢出，其中有3万吨左右漂入英吉利海峡航道，并污染了法国北部海岸，一周后有2万吨原油扩散漂流污染了科尔尼希西海岸。此后该船折断，又流出5万吨原油，向南漂往比斯开湾，最后英国政府不得不派飞机轰炸，将余下的2万吨左右原油烧掉。这一事件造成附近海域和海岸大面积严重污染，仅为处理石油污染，就动用了大量人力、物力，出动了42艘船舶和1 400多人次，使用了十几万吨油分散剂，英、法两国仅为清除污染就付出了1 000万英镑的巨额费用。该污染事故使英、法两国遭受了巨大经济损失。

2. "阿莫科·卡迪斯(Amoco Cadiz)"海难事故

1978年3月16日，美国油船"阿莫科·卡迪斯(Amoco Cadiz)"海难事故是史无前例的惨祸。该船装运22万吨轻质原油，由阿拉伯湾开往荷兰鹿特丹港，在法国大西洋沿岸离布勒斯特港不远的地方触礁，由于持续几天的狂风巨浪，船体遭受巨大破损而折断。因没有找到任何有效措施来保住正在下沉的未破损油舱内的原油，于是决定将油船其余部分炸毁。结果 22 万吨原油全部流入海中,最终形成约 29 km 宽、128 km 长、面积达 3 700 km² 的一片黑油带,污染了英国约 320 km、法国约 180 km 的海岸线。化学家们发现,在该船出事地点附近的海域里,海水中石油浓度高达 1%,在某些小港海底 8 ~ 30 cm 深的泥层中,污染物的含量竟高达 1% ~ 2%。仅仅几天就有 4 500 多只海鸟死亡。在沿岸 4 km 的污染水域内,整整 4 个月没有发现活的浮游生物。海滨的沼泽地里覆盖了一层黑色的石油,螃蟹、多毛虫和身上沾满石油的海鸥在油液中大批地死去,贝类水产的繁殖海床被毁坏,海滨浴场被污染。该起事故仅清理费用就达 1 亿美元,另外造成水产损失 300 万美元、旅游损失 6 000 万美元。1992 年该案经美国联邦法院判决,船东还要赔偿 2 亿美元。由于这起海难发生在法国沿岸,而船公司是美国的,因此成了一个国际问题,甚至影响到了法国的政局。

3. "埃克森·瓦尔迪兹(Exxon Valdez)"海难事故

1989 年 3 月 24 日,美国超级油船"埃克森·瓦尔迪兹(Exxon Valdez)"载有约 17 万吨原油从美国阿拉斯加的威廉王子港开往加利福尼亚的长滩港。在刚开出不久,为了躲避冰块而航行到了正常航道外,在威廉王子湾触礁,导致该船 11 个油舱中的 8 个破裂,溢出原油约 3.5 万吨。开始两天,大多数的溢油聚积在一起,浓度较高。第三天海面起风,使溢油破碎并快速漂移。最终使得 2 400 km 的海岸线受到油污染,其中 370 km 污染严重(有明显影响)。该起事故对当地造成了巨大的生态破坏,导致约 4 000 头海獭、10 万 ~ 30 万只海鸟死亡,专家认为生态系统恢复时间要长达 20 多年。该起事故清理费 22 亿美元、赔偿费 10 亿美元,全部损失约 115 亿美元。

"托雷·卡尼翁(Torrey Canyon)"触礁海难事故致使英、法两国遭受了巨大经济损失,也直接促进了《1973 年国际防止船舶造成污染公约》(简称 MARPOL73)的通过。"埃克森·瓦尔迪兹(Exxon Valdez)"触礁事故使美国政府为此专门制定了《1990 年油污法》。

二、海洋的重要性

地球上的陆地和海洋总面积约 5.1 亿 km²,其中海洋面积为 3.61 亿 km²,约占全球总面积的 71%。海洋对人类社会非常重要,是生命的摇篮,是人类赖以生存和发展的物质基础,是促进社会经济发展的重要资源。海洋不仅是天然宝库,同时也为海上大量运输人员和货物提供了最廉价的途径。海上船舶运输相对其他运输方式成本很低,仅为陆域铁路运输的 40% ~ 50%,目前世界总货运量的 70% ~ 80% 是由海上船舶运输承担,因此海上船舶运输又被称为"世界贸易的载体",是世界各国经济、文化交流的重要手段。

随着世界经济一体化进程的不断加快,全球性的海上航运贸易得到空前发展,营运航行的船舶数量与日俱增,世界船舶的总吨位也在不断增加。海上交通日益繁忙,港口吞吐量剧增,导致海上船舶污染事故时有发生,船舶对海洋生态环境造成严重影响。

海洋污染包括陆源污染、船舶污染、海洋倾废污染和人类海底活动引起的污染。其中,船舶污染是海洋污染的主要原因之一。

同其他人类活动一样,船舶在海上营运过程中,不可避免地直接或间接把一些物质或能量引入海洋环境,以至于损害生物资源、危及人类健康、妨碍包括渔业活动在内的各种海洋活动、破坏海水的品质和降低海水的使用舒适程度,即造成海洋污染。

通过对历史上发生的各类船舶污染海洋事故的统计分析和研究可以发现,船舶对海洋环境造成的污染具有以下特点。

(1)污染源多而复杂

船舶既要输运货物,同时又是人们的生活场所,从船载各种货物到因工作和生活需要而产生的各种垃圾,处理不当均会对海洋造成污染。

(2)污染持续性强、危害性大

海洋是各污染物的最终归宿,污染物进入海洋后,再也没有其他场所可以转移,因此一些不能溶解和不易分解的污染物(如重金属、有机化学品以及船舶防污底漆中的有机锡类等),易在海洋中积累,数量逐年增多,并迁移、转化而扩大危害。此外,船载货物量大,一旦发生事故(尤其是重大海难事故),具有污染性的货物泄漏造成的危害巨大。

(3)污染范围广

世界上的各个海洋是互相沟通的,浩瀚大海,时刻都在运动,污染物在海洋中可扩散到很广阔的海域。此外,由于船舶的移动性,也易在全球范围内传播污染(如船舶压载水污染)。

船舶污染海洋造成的损害主要有:

①使海洋生物死亡或发生畸形,造成水产资源损害,破坏了海洋的生态平衡。

②使海洋食品中聚积毒素,危及人类的食物源,危害人类健康。

③使浮游生物死亡,海洋吸收二氧化碳能力减低,加速温室效应。

④妨碍人类包括渔业活动在内的各种海洋活动,影响对海洋的开发和利用。

⑤破坏海水品质,降低海水的使用舒适程度,造成旅游等损失。

我国是一个海洋大国,拥有 18 000 km 的大陆海岸线和众多的岛屿,管辖海域面积近 300 万 km² 。海洋资源是我国自然资源的重要组成部分,海洋经济在我国的国民经济中占有非常重要的地位。随着我国海洋经济的迅猛发展,海上活动船舶数量的迅速增加,防治船舶造成海洋污染的形势也日趋严峻。

船舶对海洋的防污染意识,每个人都应牢记在心。

第二节 船舶防污染的有关公约和规定

为减少船舶对海洋的污染,国内、外均制定了相关的公约和规定,本节将介绍部分著名的船舶防污染有关公约和规定。

一、《经 1978 年议定书修订的 1973 年国际防止船舶造成污染公约》(MARPOL73/78)

1.公约背景

20 世纪上半叶,海洋油污染被公认为全球的一个重要问题,许多国家通过制定国家法规来控制辖区水域内油类的排放。1954 年,英国政府在伦敦组织召开了国际海洋油污染会议,本次会议通过了全球第一个有效的国际防止海洋油污染公约——《1954 年国际防止海洋油污染公约》(以下简称 OILPOL1954)。该公约于 1958 年 7 月 26 日生效,此后又于 1962 年、1969 年和 1971 年进行了修订。它通过设立禁止排放区和提供接收设备等方式来控制原油、燃油、重质柴油和润滑油对海洋造成的污染。OILPOL1954 规定,150 总吨及以上的油船在距最近陆地 50 n mile 范围内禁止排放油类或含油混合物,500 总吨及以上的其他船舶禁止排放浓度 100 mg/L 及以上的含油混合物,并且要求船舶在进行相关作业时填写油类记录簿;OILPOL1954 要求缔约国政府采取一切适当的步骤促进港口提供足够的设备以接收来自船舶的残余物和含油混合物。OILPOL1954 的主要目的是解决油船正常操作过程中以及其他船舶机舱含油污水排放所带来的油类污染问题,虽然其内容相对简单,但在当时对防止海洋油污染起到了一定的积极作用。

我国在 1990 年召开的第 29 届国际海事组织(IMO)海洋环境保护委员会(以下简称 MEPC)会议上正式加入 INTERVENTION1969 及其议定书,该公约于 1990 年 5 月 24 日对我国生效。

随着现代工业的发展,船舶数量得到大幅度提高,船舶吨位也日趋大型化,10 万吨及以上的大型船舶大量建成并投入运营,船舶对海洋带来的污染种类日趋多样,诸如有毒有害物质、生活污水、垃圾等对海洋造成的污染也日趋严重。再加上沿海各国为保持其经济的可持续发展,对海洋环境质量的要求越来越高,对进入其海域的船舶污染物的控制越来越严,OILPOL1954 的规定已经远远不能满足国际海运的要求。由此便催生了迄今最重要的防止海洋污染的国际公约——《经 1978 年议定书修订的 1973 年国际防止船舶造成污染公约》(简称 MARPOL73/78)。

2. 公约简介

MARPOL73/78 是防止由于船舶操作性和事故性排放而造成海洋环境污染的主要国际公约,它是《1973 年国际防止船舶造成污染公约》(以下简称《73 防污公约》)和《关于 1973 年国际防止船舶造成污染公约的 1978 年议定书》(以下简称《1978 年议定书》)的组合条约。MARPOL73/78 生效之后,即取代了 OILPOL1954,成为国际社会用于防止海洋污染的主要公约。

(1)《73 防污公约》

《73 防污公约》于 1973 年在伦敦召开的国际海洋污染会议上,经各与会国审议通过,共包括 20 条正文和 5 个技术附则(附则Ⅵ为 1997 年议定书增补)。《73 防污公约》所管辖的有害物质是指任何进入海洋后易于危害人类健康、危害生物资源和海洋生物、损害休憩环境或妨碍对海洋的其他合法利用的物质,以及公约控制的任何物质。这些物质的排放是指不论由于何种原因所造成的船舶排放,包括任何的逸出、排出、溢出、泄漏、泵出、冒出或排空。5 个技术附则主要涉及油类、化学品、包装危险货物、生活污水和固体垃圾的污染防治。其中,附则Ⅰ(防止油污染规则)和附则Ⅱ(控制散装有毒液体物质污染规则)作为强制性附则要求与公约一起生效,附则Ⅲ、Ⅳ和Ⅴ作为任选附则,申请加入的国家可以在申请加入时,声明不接受附则Ⅲ、Ⅳ和Ⅴ中的部分或全部附则,但必须接受附则Ⅰ和Ⅱ。当时许多国家,尤其是发展中国家和拥有船舶吨位较多的国家,由于技术和经济的原因而不愿意加入,使得《73 防污公约》一直没有达到其不少于 15 个国家和不少于世界商船总吨位 50% 的生效条件。直到 1978 年,仅有约旦、肯尼亚和突尼斯三个国家签署加入。

(2)《1978 年议定书》

为了执行《73 防污公约》,1978 年 2 月 6 日至 17 日,IMO 在伦敦召开了油船安全和防止污染联席会议,会议通过了《关于 1973 年国际防止船舶造成污染公约的 1978 年议定书》(即《1978 年议定书》),该议定书吸收了《73 防污公约》的内容,两者合成为一个文件,也就是我们现在说的 MARPOL73/78,凡是加入《1978 年议定书》的国家即被认为接受了《73 防污公约》。《1978 年议定书》对《73 防污公约》的许多规定进行了修正,尤其是同意缔约国在议定书生效后的 3 年内,或在 MEPC 中经议定书缔约国 2/3 多数所确定的更长时间内,可以不受公约附则 II 的约束,这样许多国家获得了宝贵的时间来克服散装液体货物运输的技术困难。因此,MARPOL73/78 很快达到了其生效条件,于 1983 年 10 月 2 日正式生效。我国于 1983 年 7 月 1 日加入,成为其缔约国。截至 2009 年 11 月 30 日,已经有 150 个国家加入该公约,船舶总吨位占世界商船总吨位的 99.14%。

(3)《1997 年议定书》

MARPOL73/78 各当事国认识到需要防止和控制船舶造成空气污染,于 1997 年 9 月 26 日通过了 MARPOL73/78 的《1997 年议定书》,该议定书主要内容是在原有附则 V 之后新增了附则 VI——防止船舶造成大气污染规则。

二、《国际船舶压载水和沉积物控制与管理公约》(BWMCONVENTION2004)

船舶承担了全球约 80% 的货物运输,在运输过程中,它们一直使用压载水来保证船舶稳性和航行安全。据估计,世界上每年由船舶转移的压载水有 100 亿吨之多。每天至少有 7 000 种海洋生物随船舶压载水在全球范围内传播。研究表明许多种细菌、植物和动物会以不同的形式存活于压载水中,在一个国家加装的压载水中所含有的物种会在船舶到达另一国家装货时被排放到当地的水体中。虽然许多外来物种的这种传播并无害处,但某些物种却会对经济和环境造成灾难性的后果,比如欧洲的斑马贝在美国大湖区大量繁殖,亚洲北部的藻类入侵澳大利亚等,均对当地的环境和经济造成了严重的破坏。这种外来生物的入侵性传播与陆源海洋污染、对海洋生物资源的掠夺性开发利用、海洋栖息环境的物理性改变和破坏,被全球环境基金组织(global environment facility,GEF)认定为海洋面临的四大威胁。

为应对船舶压载水造成的有害水生物和病原体入侵问题,早在 1997 年,IMO 就以决议 A.868(20)通过了《关于控制和管理船舶压载水、减少有害水生物和病原体传播指南》。之后,IMO 和有关国际组织及机构一直致力于压载水处理方法的研究和处理设施的研制,并制定压载水各种处理方式的统一标准。同时,为帮助发展中国家克服在有效实施 IMO 决议方面存在的困难,IMO 与联合国发展计划署(UNDP)和 GEF 合作实施了一个全球性的项目——帮助发展中国家克服有效实施船舶压载水管理和控制措施方面困难的项目(简称全球压载水管理项目)。巴西、中国、印度、南非、乌克兰和伊朗被选择为该项目的实施国。2004 年 2 月,IMO 在伦敦召开压载水管理国际会议通过了《国际船舶压载水和沉积物控制与管理公约》,旨在通过对船舶压载水和沉积物的控制与管理来防止、减少和最终消除有害水生物和病原体的转移对环境、公众健康、财产和资源带来的风险。

2016 年 9 月 8 日芬兰加入该公约后,缔约国船舶吨位总数占比已经达到 35. 144 1%,缔约国(地区)总数达到 52 个,已经完全满足了触发公约生效的条件(35%,30 个国家和地区,之后 12 个月生效),这就意味着公约于 2017 年 9 月 8 日正式生效。

三、《控制船舶有害防污底系统国际公约》(AFSCONVENTION2001)

海藻和软体动物等海洋生物附着在船体底部会降低船舶的航行速度、增加油耗,为防止污底,人们在船舶工业中大量使用防污底漆。在航海早期,石灰、砒霜等通常被使用。到后来,随着化学工业的发展,人们开始使用金属化合物(如有机锡)作为防污底漆。这些化合物在船舶航行过程中,由于电解等作用会慢慢地进入海洋,危害海洋生物,污染海洋环境,并通过食物链进入人体,对人类健康造成损害。

为了开发有效且对环境安全的船舶防污底系统,使用毒害性较小或无害的系统,保护海洋环境和人类健康,国际社会自 20 世纪 80 年代便开始了一系列的工作,取得了显著的成效。在一些国家针对含有机锡(TBT)的防污底漆单边立法进行控制的尝试后,1988 年巴黎备忘录(PARCOM)国家向 IMO 的 MEPC 提出,应通过制定法律文件限制 TBT 的使用。

1988 年 9 月,MEPC 第 26 届会议第一次研究并交流防污底漆中 TBT 成分对生态的影响。

1990 年 3 月,MEPC 第 29 届会议第一次将防污底漆列入议程,并讨论了有机锡对海洋环境和人类健康的影响。

1990 年 11 月,MEPC 第 30 届会议通过了第 46 号决议——采取措施以控制防污底漆中 TBT 对环境的有害影响。该决议建议各国政府采取措施禁止在船长小于 25 m 的非铝基船壳上使用含有 TBT 的防污底漆,同时限制使用的防污底漆中 TBT 的平均释放速度不应超过 $4 \mu g/(cm^2 \cdot d)$。

1992 年,在巴西里约热内卢召开的 20 世纪联合国环境与发展大会上签署的《21 世纪议程》第 17 章中,要求各国采取措施以减少船舶防污底漆中 TBT 对海洋环境的污染。

1994 年 3 月,MEPC 第 35 届会议认为目前还不能全面禁止使用 TBT,因为还没有它的替代品,所以要努力开发新的油漆。不过可以研究制定检测油漆中抗生物释放率方法的国际标准。

1996 年 7 月,MEPC 第 38 届会议设立了一个减少船的防污底漆中 TBT 有害影响的通信小组,以考虑减少使用乃至禁止使用含有 TBT 防污底漆措施的立法与执行的有关事项。

1999 年,IMO 通过了 A. 895(21)号决议——关于船舶使用的防污底系统。该决议敦促 MEPC 尽快制定对全球有约束力的法律文件以消除因船舶使用含有 TBT 的防污底漆所带来的有害影响,提出从现在起,逐步分阶段达到禁止在船舶防污底漆中使用 TBT 的目标。

2000 年,MEPC 第 44 届会议仍将控制和使用船舶有害防污底漆作为一个重要议题,不仅对法律文件的框架结构及其公约草案进行了研究,而且工作组对一些具体工作也取得了一定的进展。例如对将要制定的公约生效程序和时间、公约适用范围以及有害防污底漆的代用品进行了研究和讨论,并提交了一份控制和禁用有害防污底漆的公约文案给 MEPC 第

45 届会议审议。

2001 年 10 月 5 日,IMO 在伦敦总部召开了由 75 个会员国、11 个联系会员、2 个政府间组织和 23 个非政府组织参加的外交大会,大会对经 MEPC 多次讨论并在 MEPC 第 46 届会议上形成的最终草案进行了逐条审议、修改、补充和完善,最终通过了新的《控制船舶有害防污底系统国际公约》(AFSCONVENTION2001)。

2007 年 9 月 17 日,经过 6 年的时间,在 MEPC 第 56 届会议上,巴拿马政府代表团向 IMO 秘书处递交了加入文件,使加入公约的国家增加到 25 个,占世界商船总吨位的 38%,从而达到了公约的生效条件(25 个国家、占世界商船总吨位 25%),该公约于 12 个月以后,即 2008 年 9 月 17 日正式生效。

我国于 2011 年 3 月 3 日加入该公约,并于 2011 年 6 月 7 日对我国生效,同时适用于澳门特别行政区,不适用于香港特别行政区。

四、《2009 年香港国际安全与无害环境拆船公约》(HONGKONGSRC2009)

船舶拆解为退役船舶提供了一个可持续发展和环境友好的方式,船壳、机械、设备和配件乃至家具等都可以被重新利用。虽然船舶拆解的初衷是好的,但近年来船舶拆解业的实践表明,现有拆船业与其初衷大相径庭。为此,国际社会对拆船业造成的环境、健康和资源破坏问题极为关注。

有关拆船的问题最早由挪威在 1998 年召开的 MEPC 第 42 届会议上提出,并要求在 MEPC 第 43 届会议上将此问题纳入会议议程。在 MEPC 第 43 届会议上,委员会决定将拆船问题列入工作计划。从 MEPC 第 44 届会议开始,IMO 与国际劳工组织(ILO)和巴塞尔公约(BC)秘书处及其缔约国展开了长期而广泛的合作。

拆船行业涉及安全、健康和环境问题,巴塞尔公约要求通过 IMO 就此问题制定国际公约。1999 年 6 月第 5 次巴塞尔公约缔约国大会上决定解决废钢船拆解问题,并指示其技术工作组尽快制定关于环境管理方面的技术导则。在 MEPC 第 47 届会议上,拆船成了仅次于"压载水中有害水生物"的一个重要议题。MEPC 第 49 届会议通过了关于拆船导则的委员会决议,并提交 IMO 大会讨论。2003 年 12 月,IMO 第 23 届缔约国大会上讨论通过了有关拆船的大会决议 A.962(23)——《国际海事组织拆船导则》。

随着《国际海事组织拆船导则》的通过,MEPC 开始了进一步的工作。MEPC 第 51 届会议同意了机构间技术援助的框架,批准对 ILO/IMO/BC 联合工作组的委托事项。联合工作组将承担对这 3 个组织各自通过的相关标准的全面审查,以确定任何可能存在的遗漏、空缺或内容的重复等。

在 MEPC 第 52 届会议上,委员会考虑制定有关拆船的强制性措施,同意可以使拆船导则的某些部分具有强制效力。会议工作组建议制定一个新的全球适用的强制性文件。

在 MEPC 第 53 届会议上,委员会同意作为高度优先事项来制定一个具有法律约束力和全球适用的有关拆船的公约。在巴塞尔公约第 7 次缔约国大会上,IMO/ILO/BC 联合工作组的事务被列入正式议程。中国代表团在会上发言指出,巴塞尔公约应将拆船问题的工作重点放在废船拆解的环境无害化处理上,应加强国际间的合作,有关国家、船东和组织应对主要拆船地区予以技术指导和资金资助,帮助他们提高拆船过程中的环境无害化管理水平。该意见得到采纳,并被写入决议草案在本次会议上通过。

2005 年 2 月 15 日至 17 日,IMO/ILO/BC 联合工作组召开第一次会议。同年 11 月 21 日至 12 月 2 日,IMO 第 24 届大会召开,会议通过了对拆船导则 A.962(23)的修正案,同时还通过了"制定新的拆船法律约束性文件"的大会决议 A.980(24),并通过了 A.981(24)制定一个新的具有强制力的拆船公约,要求 MEPC 起草法律文件草案,同意将在 2008—2009 年召开的外交大会上进行审议和通过。同年 12 月 12 日至 14 日,IMO/ILO/BC 联合工作组举行第 2 次会议,其间收到了挪威提出的以安全和无害环境方式进行拆船的一个具有法律约束力的新公约草案,供 MEPC 第 54 届会议审议。

在 MEPC 第 54 届会议上,委员会在拆船公约草案的问题上取得了进展,会上成立了拆船工作组,进一步对该草案和相关提案进行讨论。之后,拆船通信组对公约草案进行了进一步的修正,丰富了原公约草案的内容。

在 MEPC 第 55 届会议上,拆船工作组进一步完善了公约文本,为国际航运和拆船行业提供了拆船规范。MEPC 委员会要求 IMO 理事会 2007 年召开的第 98 届会议考虑在 2008—2009 年安排一次为期 5 天的国际会议通过该公约。

MEPC 第 56 届会议决定《国际安全与环境无害化拆船公约(草案)》于 2008 年召开的 MEPC 第 58 届会议上最终定稿,并计划于 2009 年召开 IMO 外交大会审议通过。

2009 年 5 月 11 日,IMO 拆船公约外交大会在中国香港举行,5 月 15 日本次外交大会通过了《2009 年香港国际安全与无害环境拆船公约》(HONGKONGSRC2009)。拆船公约是首部解决与船舶拆解有关的国际海事公约,旨在确保船舶退役后的拆解活动不会对人体健康和环境造成危害。公约要求,每艘被拆船舶都应备有一份有害材料清单。公约列明了禁止或限制在缔约国造船厂、修船厂使用的有害物质。新建船舶应该进行初次检验,营运过程中应进行附加检验,拆解前进行最终检验。拆船厂应为每艘待拆船舶制定拆解计划。缔约国应采取有效措施保证拆船厂的拆解作业符合公约要求。

公约定于 2009 年 9 月 1 日至 2010 年 8 月 31 日在 IMO 总部开放签署,加入公约的国家达到 15 个、船舶总吨位占世界商船总吨位 40% 后的 24 个月,且这些国家在过去 10 年内的拆船总量不少于其商船总吨位之和的 3%,公约即生效。

五、《1972 年防止倾倒废物及其他物质污染海洋公约》(LC1972)

1. 公约背景

根据 1972 年 6 月在斯德哥尔摩召开的联合国人类环境会议第 86 号建议案,英国政府于 1972 年 10 月至 11 月在伦敦组织召开了关于海上倾废公约的政府间会议,会议通过了《1972 年防止倾倒废物及其他物质污染海洋公约》(LC1972)。该公约于 1975 年 8 月 30 日生效,由 IMO 承担有关公约的秘书处责任。我国于 1985 年 11 月 14 日加入该公约,成为其缔约国,1985 年 12 月 15 日该公约在我国生效。截至 2014 年 7 月底,已经有 87 个国家加入该公约,船舶总吨位占世界商船总吨位的 67.09%。

2. 公约简介

考虑 LC1972 和 1996 年议定书之间的关系以及国际社会对保护海洋环境的趋势,本书主要介绍 1996 年议定书的内容。1996 年议定书包括 29 条正文和 3 个附件,其中所使用的主要术语定义如下:

(1)倾倒是指:

①从船舶、航空器、平台或其他海上人造结构物上将废物或其他物质在海洋中做的任何故意处置。

②将船舶、航空器、平台或其他海上人造结构物在海洋中做的任何故意处置。

③从船舶、航空器、平台或其他海上人造结构物上将废物或其他物质在海床及其底土中做的任何贮藏。

④仅为故意处置目的在现场对平台或其他海上人造结构物做的任何弃置或任何倾覆。

(2)倾倒不包括:

①将船舶、航空器、平台或其他海上人工结构物及其设备的正常运作所伴生或产生的废物或其他物质处置到海洋中,但为处置此种物质而运作的船舶、航空器、平台或其他海上人造结构物所运输或向其运输的废物或其他物质,以及在此种船舶、航空器、平台或其他人造结构物上处理此种废物或其他物质所产生的废物或其他物质除外。

②并非为单纯物质处置的物质放置,但此种放置不应违背本议定书的宗旨。

③在海洋中弃置并非为单纯物质处置而放置的物质(如电缆、管道和海洋调查装置)。

(3)海洋是指除各国内水之外的所有其他海洋水域以及海床及其底土,它不包括仅从陆地通入的海床下的贮藏所。

(4)废物或其他物质是指任何种类、形态或形式的材料和物质。

(5)污染是指人类活动将废物或其他物质直接或间接地引入海洋中,造成或可能造成诸如损害生物资源和海洋生态系统、危害人体健康、妨碍包括捕鱼和对海洋的其他合法利用在内的海上活动、影响海水使用质量和降低环境舒适性之类的有害影响。

六、《1990 年国际油污防备、反应和合作公约》(OPRC1990)和《2000 年有害有毒物质污染事故防备、反应和合作议定书》(OPRC-HNS2000)

IMO1990 年 11 月 19 日至 30 日在伦敦召开外交大会,共有 93 个国家和 17 个国际组织代表或观察员出席了会议。考虑预防措施和防止工作对于在开始时避免油污的重要性,以及在发生油污时迅速有效的行动对于减少事故可能造成损害的必要性,和建立双边、多边协议的重要性,会议通过了《1990 年国际油污防备、反应和合作公约》(OPRC1990)。外交大会 11 月 30 日闭幕时,虽然有 15 个国家的会议代表经本国政府授权签署了本公约,但是都声明"有待批准"。因此,实际上公约的生效时间为 1995 年 5 月 13 日。我国于 1998 年 3 月 30 日交存加入书,按照交存之日后 3 个月生效的原则,该公约于 1998 年 6 月 30 日正式对我国生效。截至 2009 年 11 月 30 日,已经有 100 个国家加入该公约,船舶总吨位占世界商船总吨位的 68.20%。

根据 1990 年油污防备和反应国际合作会议的第 10 号决议,IMO 与所有有关国际组织合作,加强了对有害和有毒物质污染防备、反应和合作等问题的研究。考虑在发生有害和有毒物质污染事故时,必须采取迅速和有效的行动将此种事故可能造成的损害减至最低,IMO 在 2000 年 3 月 14 日于伦敦批准通过了《2000 年有害有毒物质污染事故防备、反应和合作议定书》(OPRC-HNS2000),自 2000 年 3 月 15 日在 IMO 总部开放供签署。OPRC-HNS2000 要求各当事国船舶、海港和处理设施的相关人员备有污染事故应急计划,并建立对污染事故采取迅速有效反应行动的国家系统。同时,在国际污染反应合作、技术合作以及双边和多边合作等方面做了规定。2006 年 6 月 14 日,葡萄牙作为第 15 个国家签署该议定书之后,已经达到足够的批准国家数量,议定书于 2007 年 6 月 14 日生效。我国于 2009 年 11 月 19 日交存加入书,按照交存之日后 3 个月生效的原则,该公约于 2010 年 2 月 19 日正式对我国生效,同时适用于澳门特别行政区,暂不适用于香港特别行政区。

1. OPRC1990

OPRC1990 共 19 条和 1 个附则,不适用于任何军舰、军用辅助船或由国家拥有或使用并在当时用于政府非商业性服务的其他船舶,其目的在于促进各国加强油污防治工作,强调有效防备的重要性,在发生重大油污事故时加强区域性或国际性合作,采取快速有效的行动减少油污造成的损害。该公约所指的"油"是指任何形式的石油,包括原油、燃油、油泥、油渣和炼制产品;"油污事故"是指同一起源的一起或一系列造成或可能造成油的排放,对海洋环境或对一个或多个国家的海岸线或有关利益方构成或可能构成威胁,需要采取应急行动或其他迅速反应措施的事故。

2. OPRC-HNS2000

OPRC-HNS2000 共 18 条和 1 个附件,不适用于任何军舰、军用辅助船或由国家拥有或使用并在当时用于政府非商业性服务的其他船舶。它要求每一当事国应采取不影响由其拥有或使用的这类船舶的作业或作业能力的适当措施,确保此种船舶在合理和可行时,以符合本议定书的方式活动。

OPRC-HNS2000 所指的"有害和有毒物质"是指除油类以外的,如果进入海洋环境很可能造成危及人体健康,损害生物资源以及海洋生物,损害舒适度或妨碍其他合理利用海洋的任何物质。"有害和有毒物质污染事故"是指任何发生或同一起因而连续发生包括火灾或爆炸,因而导致或可能发生有害和有毒物质的排放、释放或喷出以及因而造成或可能造成对海洋环境或海岸线或一国或多国利益构成或可能构成威胁和需要采取应急行动或其他迅速反应措施的事故。

第三节 船舶防污染技术与设备

船舶对海洋的污染主要是溢油污染,目前对溢油的处理主要有三种技术手段,即物理法、化学法和生物法。物理法主要是使用围油栏将溢油围住,使用撇油器和吸油毡等吸附材料回收溢油;化学法主要包括燃烧法和使用消油剂、凝油剂等化学试剂来分散或凝集溢油,以便进一步回收;生物法主要是通过微生物的新陈代谢作用将油类降解,从而达到减少溢油污染的目的。其中,以物理法中的机械回收方法最为有益,这种方法不但保护了环境,还回收了资源,在能够正常发挥作用的前提下,清除效率要显著高于人力回收和采用吸油材料吸附溢油。下面分别对三种方法加以介绍。

一、物理法

目前处理溢油的物理法主要有围栏法、硬刷撇油器法、吸油材料法、活性炭吸附过滤法、激光处理法等。这些物理方法主要应对大规模、大范围的海面石油泄漏事故,通过物理措施将原油吸收、捕捉后再进行分离、回收。但对于汽油、煤油、柴油等轻质油,由于其密度小,黏度小,在海面扩散速度快等特点,各种物理方法往往难以奏效。

（一）围油栏

围油栏是处理溢油事故中一种常用的设备,急流溢油中科学正确使用围油栏对急流溢油的拦截、围控、回收将是行之有效的。

1.围油栏的结构

围油栏一般为聚氯乙烯(PVC)材料制作的带状物,也可用其他诸如橡胶、泡沫塑料、稻草、木材、金属等材料制作,主要由浮体、裙体、张力带和配重等部分组成(图6-1)。浮体主要起浮力作用,使围油栏浮在水面上;裙体在水下形成一道屏障,防止溢油从下面流走;张力带指一些能够承受施加在围油栏上的水平拉力的长带构件,主要用来承受风、波浪、潮流和拖曳产生的拉力;配重指一些能够使围油栏下垂,并改善围油栏性能的压载物,一般垂直于裙体之下,起保护垂直平衡作用。如图6-2所示,用于布放的围油栏,必须具备一定的抗风、流和浪能力,另外,其裙体还必须具备一定的抗拉强度。一般来说,围油栏的性能需要通过测试来确定,确定方法主要有两种:①直接将围油栏置于实际海况中,测量其能够拦截溢油的风速、波高和流速的最大标准。②在实验室中对围油栏分别进行抗风、抗浪、抗流的测试,根据结果推算其性能。

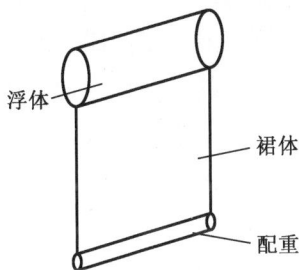

图6-1　围油栏结构示意图

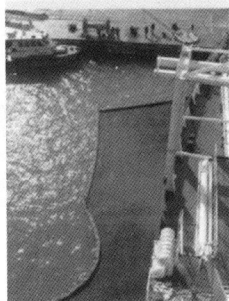

图6-2　围油栏的应用

2.围油栏的布放

为了能够理想地防止已有扩散,根据已有情况和水文气象条件及周围环境状况确定围油栏的布放也是相当重要的。围油栏的布放方法有如下5种。

（1）包围法

该方法在溢油初期或者单位时间溢出量不多,以及风和潮流都较小的情况下使用,用来包围溢油源。根据溢油回收工作的需要,应设作业船、油回收船的进出口。

（2）等待法

该方法在溢出量大、围油栏不足或者风和潮流影响大、包围溢油困难的情况下使用。

（3）闭锁法

该方法在港域狭窄的水道、运河等发生溢油时使用。

（4）诱导法

该方法适用于溢出量大、风和潮流影响大、溢油现场用围油栏围油不可能的时候,或者为了保护海岸及水产资源,可利用围油栏将溢油诱导至能够警醒回收作业或者污染较小的海面。

（5）移动法

该方法在深水的海面或风、潮流大的情况下,以及在使用锚不可能或者溢油在海面漂浮的范围已经很广泛的情况下使用。该方法需要两艘作业船配合工作。

上述5种方法属于基本的布放方法。实际布放时需要围油栏作业队伍做到及时有效。围油栏的布放可根据具体情况灵活应用,可以多种方法同时进行,但要考虑自然条件的变化,有计划地展开。

（二）撇油器

溢油回收器是指在水面捕集浮油的机械装置。撇油器(oil skimmer)是主要的收油装置之一,其适用范围广,收油效果好,抗风等级高,适用于中等以上规模或大面积集中回收溢油。

撇油器的作用原理为:利用油和油水混合物的流动特性、油水的密度差,以及材料对油和油水混合物的吸附性,将油从水面上分离出来。其一般组成有:撇油头、传输系统、动力站。对其作用效果的主要影响因素有:撇油器的工作环境、回收的溢油种类、油膜厚度、海况、水面垃圾。

堰式撇油器是借助重力使油从水面流入集油器内的油泵进入储油容器的装置。堰式撇油器原理如图6-3所示,利用溢油的重力和流动性,调整堰式撇油器的堰边刚好低于油膜表面,让油通过堰边流进集油器,通过泵将集油器内的溢油泵送到储油容器。其优点是尺寸小、结构简单、维护容易、回收速率高、适用范围广;缺点是堰边高度调整困难,受波浪、油膜厚度影响大,对水面垃圾敏感,受黏度影响大,不适用于回收高黏度油。

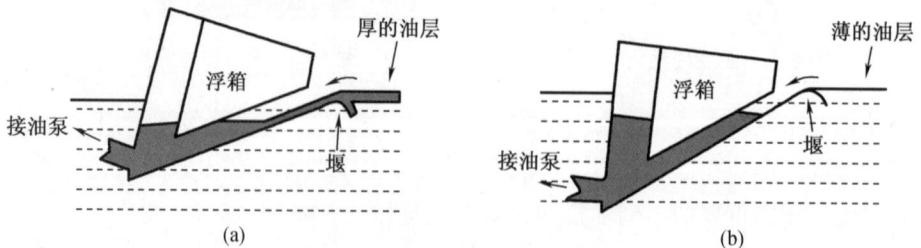

图6-3 堰式撇油器原理示意图

撇油器的种类很多,而且大都综合了多种撇油原理。不同撇油器的适用条件差异很大,通常配合起来使用效果会更好。撇油器的标称回收速率是指在理想条件下的最大回收速率。而现场绝大多数达不到这些条件,因此实际的回收速率平均约达标称的 25%。Exxon Valdez 事件和《美国 1990 年油污法》颁布后,处理量大的撇油器和油泵更受青睐。但是从实际的观点出发,即使是最佳的清扫形式,同时用一个 $50 \sim 100 \ m^3/h$ 的撇油器来收集就够了。真正需要很高处理量的情况极少发生,即使发生,通过几个小一些的撇油器与其他的环节相配合也可到最佳效率。

(三)溢油回收船

溢油回收船是专门设计用来回收水面溢油和油垃圾的船舶。溢油回收船主要包括溢油回收装置、回收油储存舱、驳运装置、机械动力系统和垃圾回收设备等装备。

对溢油回收船功能的要求取决于使用海域和海域环境。溢油回收装置、驳运装置和存储能力应相匹配,动力装置有快速反应能力,溢油回收作业时能够低速航行,并具有一定的拖带能力。

按照船舶建造的规范,溢油回收船可分为航行于近海海域、港口水域和遮蔽水域 3 类。

溢油回收船的性能和特点是由溢油回收装置的性能和特点决定的。因此,按照溢油回收装置的性能和特点可将溢油回收船分为抽吸式、黏附式、水动力式和堰式 4 种类型。

1. 抽吸式溢油回收船

抽吸式溢油回收船是一种利用泵抽吸水面浮油的船舶,有浮体抽吸式和真空抽吸式两种。抽吸式溢油回收船的溢油回收装置工作原理类似于真空撇油器,当船舶前进时,通过船舶前面的导油臂将水面溢油引导向溢油回收舱,然后通过吸头将溢油泵入储存舱。因此,其适用于平静水域,波浪大时回收效率明显下降,特别适用于回收油层较厚的低黏度油。这种溢油回收船结构简单,造价低廉,适用于港口水域。

2. 黏附式溢油回收船

黏附式溢油回收船是一种利用亲油材料制成的绳、带和桶黏附溢油的原理进行回收溢油的船舶。其工作原理如同绳式撇油器、带式撇油器、链式撇油器和桶式撇油器。这种回收船舶制造简单,船舶较小,适用于在港区水域回收各种类型的溢油,也可以随母船到近海进行作业。

3. 水动力式溢油回收船

水动力式溢油回收船是利用旋转的传送带产生的水动力引导溢油进入溢油回收舱,借助油水比重差,溢油重新浮于水面,积聚一定厚度,被泵送到存储舱的船舶。根据旋转的传送带的布放形式又可分为浸没式和漂浮式。工作原理类似于动态斜面式撇油器和非吸附式撇油器。这种工作原理适宜建造大型的近海回收船,并可以附加布放和拖带围油栏、喷洒溢油分散剂、采取消防救生等应急指挥措施,还可以携带其他类型的撇油器进行工作。

4. 堰式溢油回收船

堰式溢油回收船是利用堰板或扫油臂引入油水混合物,然后进行油水分离的船舶。当船舶前进时,水面溢油通过可调堰板或扫油臂进入油水分离舱,利用油水比重差,油水自然分离,将舱底部的水排出回收油。

"海特191"轮(图6-4)是中国海事系统中型溢油应急回收船首制船舶,总投资6 500万元人民币,是由中国海事局结合北部湾海域特点为广西专门设计的千吨级溢油应急回收船。"海特191"轮船舶总长59.60 m,型宽12.00 m,型深5.20 m,轻载吃水2.80 m,满载吃水3.80 m,轻载排水量1 100 t,满载排水量1 580 t,深静水航速13.5 kn,轻载最大航速15.0 kn,续航力800 n mile,浮油回收舱舱容639 m³,最大浮油回收能力200 m³/h。

图6-4 "海特191"轮

"海特191"轮为目前世界上最先进的溢油应急回收船。该船配置的收油技术在世界上首次采用,主要包括自动调节流道翼流板、轴流泵舷外排水、动态斜面(DIP)收油及真空泵抽油方式等最先进的回收溢油技术,可一次性回收中高黏度浮油640 m³,收油效率每小时可达200 m³。该船采用全方位溢油监视、跟踪、探测雷达系统,能搜索方圆数千米海面溢油;在艏、艉甲板配备了大型起吊设备,能直接在船上吊装围油栏等围控设备。

"海特191"轮主要用于广西沿海近岸海域(含港区水域)船舶溢油事故的应急处置,包括溢油回收、临时储存、处理等,并兼顾溢油围控、消油剂喷洒、应急辅助卸载、溢油监视和重点污染源监护等功能,也可用于溢油应急专业训练并支持海上交通监视作业等。在设计时,"海特191"轮除了特别可作为专业溢油回收作业用途外,还兼顾考虑了巡航功能,平时可担负60 m级巡逻船日常巡航使用。

上述几种溢油回收船都可以配合围油栏进行作业,也可以独立工作,若要充分发挥溢油回收船的作用,还应注意下列事项:①考虑溢油现场的大气和海况。溢油回收船的回收效率与天气和海况有关,回收船舶的航行能力也受到天气和海况条件的影响,应考虑回收船的航行区域和抗风等级。②溢油回收船的回收装置不同,应根据适用的溢油类型的种类和规模来选择具有不同回收装置的回收船舶。例如,对高黏度、规模大的溢油,应选择带式等回收船舶;对低、中黏度的溢油应选择水动力式、偃式等回收船舶。③在溢油回收作业时,应考虑回收船舶的应急反应能力。溢油回收船舶能否发挥作用,关键取决于回收船舶能否在溢油大面积扩散前赶到现场,并跟踪溢油。

回收作业时,还应考虑溢油的储存能力。近海作业时,还需要考虑子母船舶配合作业。

(四)吸油材料

吸油材料能利用其表面、间隙以及空腔的毛细管作用,或者分子间的物理凝聚力形成的网络结构吸附油及油脂,能起到集中和临时固定油及油脂类有机物的作用,适用于浅海、岸边,以及比较平静的场所。

吸油材料的发展经历了一个由传统向高性能型演化的过程。最初人们利用海绵、黏土等多孔性物质来吸油,可是结果并不理想,这种吸油材料有着明显的缺点:①吸油量不大,吸油倍率(质量比)较小;②油水选择性不高,往往吸油的同时也吸水;③吸油后保油性差,稍一加压就会重新漏油。这些缺点的存在使得它们的应用受到限制。

后来,人们受到表面活性剂表面改性的启发,用吸油毡作为吸油材料,如图 6-5 所示,吸油毡本身是亲油物质或经改性后是亲油物质,因此吸油毡的吸率和油水选择性都有所提高,可是在加压力下重新漏油的问题却仍不能解决。

图 6-5 应用吸油毡吸油

最近几年来,研究人员们受到高吸水树脂的某些理论的启发,使吸油材料向高吸油树脂发展。目前研究较多的高吸油树脂往往是低交联的聚合物,它以亲油性单体为基本单位,经适度交联构成网络结构,吸收的油以范德华力保存在这个网络中。这种吸油材料吸油倍率高、油水选择性好,且保油性能大大提高,不易重新漏油,是一种高性能的新型材料。

目前,高吸油树脂已经在很多领域得到应用。例如:利用它的吸油性,高吸油树脂可以用于工业含油废水处理、食品废油处理、海面石油泄漏处理等;还有利用其对油的缓释性,来做缓释基材;也可以作为油污过滤材料、橡胶改性剂、纸张用添加剂、粘胶添加剂等来使用。

吸油材料应具备吸油性能好、价格合理、易于再生利用的特点。廉价、高效、环保的复合吸油材料将成为研究的热点。随着环保意识的加强,使用可生物降解吸油材料的呼声也会越来越强烈。同时随着对可生物降解吸油材料开发研究的不断深入,对其加工工艺进行不断改进,各种价格便宜、吸油性能卓越的可生物降解吸油材料将会不断投放市场,成为吸油材料的主导产品。

二、化学法

(一)现场燃烧

现场燃烧是指在溢油现场燃烧漂浮在水面上的油。这种技术主要用于处理近海大型溢油事故。同时,应急反应人员还逐渐认识到这种燃烧技术能够进行快速、安全和有效地处理诸如近海石油勘探、生产、海上输油管线、油轮事故等发生的溢油事故,也适用于特定的河流环境中发生的溢油事故。尽管用于现场燃烧的设备和技术都得到了很大的发展,溢油的燃烧并不能代替溢油的围控和溢油的自然消失。无论在什么情况下,虽然人们都会使用传统的围油栏和撇油器进行围控和机械回收技术,且能安全有效地发挥围油栏和撇油器的作用。然而,在某些情况下,现场燃烧(或使用化学消油剂)可能是快速而安全地消除大量溢油的唯一方法。

1.燃烧的基本理论

(1)点火和燃烧对油和水的要求

如果油层足够厚、点火区域面积足够大和点火温度足以使油蒸发,那么就可以燃烧水面上的大部分原油和炼制品。为了防止油层的热量向油层下面的水产生传输损失,油层的最小厚度不少于 2~3 mm。所有使用新鲜原油进行燃烧试验的结果显示,当油层厚度降低到 1~2 mm 时燃烧很快停止。如果油层太薄,水冷却速度快,热量损失很快,使油温降低到油蒸发温度以下,而不足以支持油的燃烧。如蒸发成分少的柴油、风化乳化的原油以及 C 级燃料油,这种最小燃烧厚度可能达到 8~10 mm。维持燃烧的关键是使用防火围油栏及利用冰或岸线等自然条件,围控溢油保持这一厚度。

(2)燃烧速率与效率

水面上溢油的燃烧速率是指油层厚度降低的速率,或单位区域面积内溢油容积的减少速率。燃烧效率是指由于燃烧使油从水面上消失的百分比。燃烧效率主要由开始燃烧时的油层厚度和燃烧后的油层厚度决定。通过进行燃烧实验表明燃烧效率高于 90%,有些燃烧实验显示燃烧效率高达 98%~99%。

2.可能的恶劣条件

在许多情况下使用现场燃烧技术消除大量因近海石油勘探、装卸作业、海上输油管线和油船泄漏产生的溢油是非常有效的。现场燃烧分成 3 个阶段:围控欲燃烧的溢油,燃烧围控或自然围控的溢油,控制和抑制意外的着火。

使用防火围油栏和航空点火系统控制收集燃烧的溢油。一些关键要素包括:使燃烧的溢油与溢油源保持一定的安全距离;在溢油源的下游进行控制燃烧溢油;在海底井喷或损坏的油船的下风处立即围控并燃烧溢油;收集、积厚并点燃已经扩散的溢油;在岸线拦截处控制燃烧溢油。

在下列情况下,溢油拥有相对的厚度。如风将溢油吹向一个海岸线、浮冰等屏障;在大船、岛屿等的下风处;在比较平静的水面上瞬间泄漏出很多的溢油,形成几个毫米厚的临时均衡油层。一旦点燃溢油,因燃烧形成的热力作用使边缘的溢油向着火区域流动,增加油层厚度,促进燃烧。

在溢油现场,为了减少着火和爆炸带来的危险,有时让溢油中的易燃物质自然挥发。从另一方面说,如果对溢油立即采取围控措施,可能发生火灾,损坏距离溢油现场最近的船舶、设施或设备,还可能导致溢油源二次着火,造成更大的损失。

使用防火围油栏阻止燃烧溢油的扩散或拦截将要燃烧的油膜,使燃烧的溢油与附近的船舶、码头、设施隔断,也可以使用防火围油栏围控燃烧的溢油,以便用泡沫来灭火。

3. 燃烧系统

成功燃烧水面溢油需要两个先决条件：一个条件是增加溢油油层厚度的手段；另一个条件是点火的安全方法。溢油可以被岸线、浮冰或其他物体自然地围控。防火围油栏也可以围控溢油，增加溢油的油层厚度，实现在溢油源现场燃烧或远离溢油源燃烧。

（1）防火围油栏

早在19世纪70年代，加拿大DOME石油公司研制了一种不锈钢制成的防火围油栏，其成本昂贵且笨重。在19世纪80年代早期，SHELL石油公司研制了一种在破冰条件下具有溢油应急反应能力的防火围油栏。目前，3M公司最新一代防火围油栏更加牢固、耐火时间更长。其围油栏是由陶瓷纤维和耐高温的浮芯组成的。这种防火围油栏的结构设计和操作与传统围油栏非常相似，并经过48 h的燃烧试验。美国OILSTOP公司最新研制了体积较小的充气式防火围油栏。防火围油栏作业时的场景如图6-6所示。

图6-6　防火围油栏作业

（2）点火系统

一旦使用防火围油栏围控溢油，就要燃烧被控制的溢油，根据要点燃的溢油种类选择点火装置。对一大型溢油、连续溢油的油层或防火围油栏已经控制的溢油只使用一个点火装置就足以。如果溢油已经风化或乳化，或溢油被风波浪搅动，可能需要多个点火装置才能点火成功。在所有情况下，为了使点火装置向油膜传递足够的热量蒸发溢油并点燃溢油，要求点火装置对油层造成最小的扰动是非常重要的。

在有些情况下，点火源可以是浸有油的破布。还有一些专用的点火装置，包括：美国SIMPLEX公司生产的直升机抛投点燃火炬装置，该点火装置喷洒出大量的凝固燃油滴落在油层表面燃烧。加拿大研制了两种手动点火装置，"PYROID"和"DOME"点火装置，安装在直升机上的标准点火装置喷洒出很多聚苯乙烯小粒，利用喷洒这些聚苯乙烯小粒时释放出的化学热量点燃这些小粒。最近，加拿大环保组织做了用商用激光点燃溢油的试验，在一些平静的水面情况下试验取得了成功。

4. 安全注意事项

在所有的溢油应急反应中，人身安全最为重要，在制定任何燃烧程序、现场燃烧或特殊燃烧计划时都必须优先制定安全计划。指挥人员必须通盘考虑现场燃烧潜在的爆炸危险性，这种危险评估至少包括下列因素：根据估计的燃烧溢油的数量、燃烧速率和燃烧控制措施进行预测燃烧的规模和持续的时间;由于潮流变化、设备失败或拖带围油栏等情况应考虑燃烧地点的变化或可能的变化(这包括因人员、动物、船舶等靠近燃烧区域,直接暴露在燃烧产生的热量中或暴露在燃烧所产生的烟雾中而进行移动);由于偶然或应急反应原因,可能从燃烧控制区域对燃烧溢油的移动和持续时间失去控制;应考虑像锚泊船舶、码头、桥梁等一些固定的设施设备或地点会直接暴露在溢油燃烧的火焰中或燃烧产物的集中地区。

任何涉及现场燃烧的人员都应经过专业培训,具备应变能力,包括涉及有毒有害废弃物的处理及其应急反应的能力。通过国家有关规定,制定有关安全操作程序,包括使用足够长的防水围油栏拖栏,侦察飞机进行侦察,船舶位于上风处,监测人们居住地区的空气质量,并提供足够的人员安全设备。

5. 环境注意事项

人们对现场燃烧最关注的是由燃烧产生的烟雾。石油燃烧的主要产物有:烟灰——颗粒状的会下沉,烟气——一氧化碳、二氧化碳和二氧化硫、未燃烧的碳氢化合物和燃烧剩余的残余物。虽然烟灰只占燃烧产物比例的很小部分,但由于烟灰明显可见,所以人们更加关注。但由于燃烧限制在防火围油栏围控的区域内,典型的火焰直径不大于 30 m,燃烧形成的烟灰距离燃烧地点大约有 1 n mile,开始烟灰相对集中,后来逐渐分散,变成灰色烟云,在没有风的情况下,扩散速率逐渐减小。如果稍微有风,燃烧同样规模的溢油所产生的烟雾就会被冲淡,使用同样的检测设备就很难进行标准检测。

在围油栏控制内的油的燃烧情况与油池中的油燃烧情况进行许多方面的比较,实验表明,现场燃烧所产生的烟雾中一氧化碳、二氧化氮等含量很低。大约95%的碳燃烧成二氧化碳。人们关注的环烷烃也燃烧到较低水平,达到国家大气标准。

对一次特定的溢油事故,要做好燃烧溢油区域的空气影响和非燃烧区域的潜在影响的比较。如果对溢油事故不采取燃烧措施,溢油中的易挥发组分蒸发以及其他组分就会散发到大气中。未燃烧的溢油可能移动到浅水区和更敏感的环境区域。溢油还可能影响岸线或沉积到海底。在有些情况下,总的感觉是燃烧产生的负面影响减少,燃烧产物(温度、空气污染)的影响时间短,损害减少。

无论采取何种燃烧形式,溢油燃烧产生的残余物数量远比原来的溢油数量少,一般只占溢油的 2%~5%。由于水的冷却,燃烧残渣凝固,黏度很高,在风和流的作用下,积聚在一起,容易使用围油栏围控。

在所有情况下,为了确保安全地进行现场燃烧,减少对环境的影响,应对控制燃烧的规模进行评估,并对现场燃烧进行精心计划。只有这样才可以避免燃烧对人员集中地区、自然资源等产生的影响,以及减少对现场的工作人员、船舶、设备和岸线等的威胁。

现场燃烧能够快速地处理大量溢油,并能够减少很多后续处置措施,是一种处理大型溢油事故的技术措施之一,应出台相应的工作指南和使用燃烧技术的政策,明确可以使用燃烧技术的海域,提高使用现场燃烧技术的成功率。

(二)化学制剂

化学制剂由于能够通过改变油品的物理化学性质使其得到处理清除,具体操作方便、处理效果好、残油量少等优点,应用很广泛。目前用于溢油处理的常用化学制剂有分散剂、凝油剂和集油剂。

1. 分散剂

溢油分散剂俗称"消油剂"。它是用来减少溢油与水之间的界面张力,从而使油迅速乳化分散在水中的化学药剂。在许多不能采用机械回收或有火灾危险的紧急情况下,及时地喷洒溢油分散剂,是消除水面石油污染和防止火灾的主要措施。

(1)溢油分散剂的组成及作用机理

溢油分散剂主剂为非离子型表面活性剂。19世纪70年代前主剂多为醚型,因对鱼贝类水生物毒害作用大,且不易被生物降解,后被酯型所代替,其乳化性能好,毒性小。溢油分散剂中的溶剂早期是采用以芳香烃为主的石油系碳氢化合物,由于其进入水生物体内不能被分解,易通过食物链进入人体而形成致癌因,后被正烷烃所代替。目前所开发的一些溢油分散剂均是从植物油、糖、甜菜等天然原料中提取,溶剂为某些合成剂,其毒性都非常低。

(2)溢油分散剂的适用条件

溢油分散剂适合在开阔、水流快、温度高的水域使用,适合处理5 mm以下厚度的溢油。如果溢油厚度过大,不但乳化分散溢油的效果不佳而且其使用量过大。通常处理水上溢油首先是使用机械回收方法,尽量将溢油回收之后,再使用溢油分散剂处理残油。

溢油分散剂适合于处理相对密度中等且具有挥发性的原油和燃料油。轻质燃料油和轻质原油相对密度小,易于挥发,其风化的半衰期只有十几小时,因此溢油可以自然消散入大气中;相对密度大的原油和燃料油不易挥发,其风化的半衰期长达一百多小时,使用溢油分散剂效果不佳。相对密度更大的重原油和残油,几乎不挥发,使用溢油分散剂无效。

溢油分散剂适合处理黏度小于 $1\,000\times10^{-6}$ m²/s 的油品,因为随着溢油黏度的增大,其处理效果降低。

溢油分散剂非易燃品,化学性质稳定,对金属无腐蚀作用,运输比较安全,其应储存在岸上或船上的干燥通风处,避免曝晒或雨淋。目前有的船公司已将溢油分散剂列入了《船上油污应急计划》防污器材中。

(3)影响分散剂效果的因素

很多化学及环境因素能够影响分散剂的效果。这些因素有:油的物理和化学性质、分散剂的组成、分散剂的施洒方法、分散剂和油的施洒比例、温度、水体盐度及混合能量。施洒同样数量的分散剂,新鲜油的最低分散率要比风化油高30%。而高度黏稠的、非扩散油及液状石蜡具有抗化学分散作用,一般认为不适于采用分散剂。

(4)溢油分散剂国家标准及使用规定

国家标准有《溢油分散剂 第1部分:技术条件》(GB/T 18188.1—2021)和《溢油分散剂 使用准则》(GB 18188.2—2000)。《溢油分散剂 使用准则》(GB18188.2—2000)中规定可使用分散剂的情况有:溢油发生或可能发生火灾、爆炸,危及人命安全或造成财产重大损失;溢油用其他方法处理非常困难,而使用分散剂将对生态及社会经济的影响小于不处理的情况。规定禁止使用分散剂的情况有:溢油为易挥发性的汽油、煤油等轻质油品;溢油已被强烈乳化,形成了含50%以上水分的油包水乳状液或在环境温度下呈块状;溢油发生在对水产资源有重大影响的海域。

（5）存在问题及前景展望

尽管分散剂已经在溢油处理现场得到了很好地应用，分散剂引起的生态效应仍是众说纷纭。此外，石油烃在环境中的最终去除在很大程度上依赖于微生物的作用，施洒分散剂对油降解菌的影响却是不明确的。因此，在分散剂的研究中，一方面应研究其作为一种应急措施可能带来的生态影响，另一方面，还应该进一步研究如何将其更好地与其他措施（如后续的生物修复）相互配合和呼应。

我国对溢油分散剂的开发始于20世纪70年代。目前的分散剂主要用于近岸和浅海油田的溢油处理，但性能指标与国外产品仍有一定的差距。随着国际石油贸易的进一步发展，在我国海域发生溢油事故的频率将会增加。因此，极有必要加强与溢油分散剂相关的科学研究。

2. 凝油剂

凝油剂一般具有如下的结构特性：①亲油性能（常含亲油基团）；②凝油性能（常含功能基团或凝油基团，如羟基或羧基等）；③疏水性能（不溶于水）。

凝油剂具有使油水分离，增大油水界面张力的作用，因此凝油剂不属于表面活性剂。其作用与乳化分散剂（又称消油剂）相反。凝油剂是将溢油胶凝成固体或半固体块状而浮于水面，因此又与溢油沉降剂的作用相反。凝油剂虽然能将溢油胶凝，但未必能将分散于水中的油集聚起来，即对乳化油不一定有破乳作用，所以凝油剂与破乳剂又有本质的区别。集油剂能够将扩散开的油集聚起来，但不能使之胶凝，而凝油剂则能使油凝结，且往往具有集油性能。因此，凝油剂与集油剂又不同。

凝油剂既应具有足够低的亲水性，又必须具有极性或足够的分子间作用力，否则将不能凝油。油要胶凝，凝油剂之间或凝油剂与被胶凝的油之间必定能产生强的分子间作用力。这时，凝油剂与油迅速形成强度较大的凝油块而漂浮在水面上，起到凝油效果。如果凝油剂的亲水性较大，或具有水溶性，凝油剂将不能有效地包胶油，且往往使水体浑浊。如果凝油剂的用量较大，凝油剂的相对密度又大于水的相对密度，凝油块将沉于水底，凝油体系不稳定，油点有脱包现象发生而上升到水面。这也是溢油沉降剂为什么不如凝油剂应用前景广阔的一个原因。如果凝油剂与油之间的分子间作用力为较弱的范德华作用力，那么，油中的极性基团或者具有长链，或者具有足够的浓度，才能产生足够的凝胶强度。这也是非极性长链蜡或高聚物具有凝油性能的原因。

凝油剂通常低毒和无毒，与溢油形成凝胶后一起被回收，是一种有效防止水体污染的化学处理剂。其优点有：①避免了使用分散剂所带来的二次污染；②毒性低或无毒；③胶凝的溢油可以回收，且不受风浪的影响；④能有效防止溢油扩散，提高围油栏等回收装置的使用效率。

此外，凝油剂也有其缺点：①价格较高；②凝油性能不稳定（会受多种因素影响）；③与溢油形成的凝胶黏度随水体温度升高而降低；④复合凝油剂会受水体酸碱度的影响。因此，一般将凝油剂作为辅助手段使用。

今后，凝油剂的发展方向主要是起效快、污染低、用量低、毒性低、易回收、受周围环境影响小的新型凝油剂。

3. 集油剂

集油剂(也称聚油剂)是一种用于处理水面溢油污染的化学处理剂。它可以在水面形成一层极薄的集油膜,显著降低水的表面张力,从而使与集油膜接触的油膜收缩。它可用于阻止水面溢油油膜的扩展,并可使薄油膜收缩为厚油膜,达到溢油容易回收和处理,减少溢油污染危害的目的。

集油剂在处理海面溢油时具有一定的特点和优势,能够快速、安全、方便地对溢油进行处理,可以用于清除不易靠近区域的油膜,并且只要表层水的流向不指向陆地,便可以用来阻止油膜向海岸扩展,并且可以提高所有油回收系统的效率。同分散剂一样,集油剂也可以采用船舶喷洒、人工喷洒和空中喷洒。

集油剂本身也有一定的缺点,表现在:①对于高挥发性的汽油,很容易引发火灾;②油层厚度较大时,使用集油剂无效;③集油剂可以阻止油膜的扩散,但不能使油膜停在固定的位置,油表面膜系统会随水流而运动;④集油剂不能逆着水流驱动油膜离开海岸或其他不易接近的地区;⑤风化后的原油和来自工业废水的漂流物会干扰集油剂的效果。综上所述,溢油发生后,应尽快使用集油剂。

处理海面溢油所使用的化学制剂,一般都是通过将溢油聚集增厚或凝固的方法来改变其在海洋环境中的存在形式,从而降低溢油在海水中的污染程度。但是,化学制剂的使用也会带来一些不利因素,表现在化学制剂本身也可能会给海洋环境造成污染,因此在使用化学制剂时,必须根据相关的规定来使用,避免对环境造成二次污染。

三、生物法

细菌可以清除海洋表面油膜和分解海水中溶解的石油烃,同时具有化学方法所不可比拟的优点。微生物的石油降解能力是对石油污染进行生物修复的生物学基础,直接决定生物修复的效率,被认为是解决石油污染的根本方法。

1. 生物降解机理

生物法的处理原理是利用微生物降解分散在水中的有机污染物——原油,使其最终完全无机化。可降解石油的微生物种类繁多,主要有细菌、放线菌、酵母菌和霉菌等,此外蓝细菌和绿藻也能降解石油中的多种芳香烃。海洋环境中也广泛分布着石油降解微生物,主要的是细菌,如假单细胞菌(Pseudomonas)、黄杆菌属(Flavobacteriuin)、弧菌属(Vibrio)、无色菌属(Achromobacter)、微球菌属(Micrococcus)、放线菌属(Actinomyces)等。

微生物降解原油的总反应过程如下:

微生物+石油烃类(碳源)+营养物(N、P 等)+氧→微生物增殖+二氧化碳+水+氨及磷酸根等。

2. 生物降解溢油的优点

目前,应用微生物治理石油烃类物质的污染,较物理或化学方法成本低、投资少、效率高,正受到世界各国的普遍重视。目前常用的"油船吸油法"中普遍存在着速度慢、效率低的问题,吸油率一般不到 40%,且分层速度慢,若溢油出现乳化现象则分层时间更长或很难分层。投放分散剂来处理没有回收的石油会造成二次污染,用沉降法处理溢油同样会污染海底生物。而用细菌或酵母菌却可清除海洋表面油膜和分解海水中溶解的石油烃,费用低、效率高、安全性好,而且所能处理的污染物阈值低、残留少,被认为是最可行、最有效的方法。特别是基因工程技术的飞跃发展,促进超级细菌的产生,降解能力大增。

由于溢油对海洋环境、自然资源和养殖资源等都有长期的危害,因此溢油污染已经成为人们必须面对的重大环境问题。在溢油处理技术中,生物修复技术的发展潜力巨大,特别是在生态敏感区和掩蔽型的潮滩,生物修复技术更是显示出了其强大的优势。目前,生物修复技术已经取得了很多成果,但还需要从以下几方面进行进一步探索:

①加强选育适宜海洋生态环境的高效烃降解菌的研究,但应综合考虑其与海洋土著微生物之间的协同作用。

②加强环境友好型海洋石油污染生物修复剂(包括高效烃降解菌、生物表面活性剂、营养缓释剂及其组合复配)的研发。

③进行海洋石油污染生物修复室内模拟试验和海上围隔现场修复试验,建立海洋石油污染生物修复处理评价体系,考察修复菌剂对海洋生态环境的影响。

④进一步研究基因工程菌的安全性和有效性。

⑤将生物修复技术与物理和化学方法有机结合起来,使其能够更有效地发挥作用。

四、溢油处理技术目前存在的问题及发展趋势

1. 存在的问题

(1)现有应急技术和方法的不足

物理法目前的应急产品质量大,运移困难,布置工作烦琐,撇油器的收集效率不高,相关操作人员参与多,操作人员需要专门培训等,制约了应急处置效率。

化学法最大的不足在于其二次危害性,现有的化学处置方法几乎都存在二次污染的危险,其使用受到很大制约。另外,在应用方法方面,化学剂的布撒有效性和反应快速性存在不足,影响使用效果。

生物法中生物降解的速度无法满足应急工作的需要。另外,对某些特殊的油品成分,还缺乏有效的生物降解产品。

(2)应对能力有限

从国内外历次油品水体污染的应急情况来看,目前的应急处置技术还不足以应付较大规模的溢油事件。如2007年12月的韩国"三星一号"溢油事件,虽然国家动员上千船只、数万人来应对,但仍然不能阻止发生严重生态灾难。

(3)应急响应速度不足

制约响应速度的主要因素如下。

发现不及时或判断有误时,偏远地区的污染事件很难及时发现;有时,决策者对形势预料不足,如2010年美国墨西哥湾溢油事件。

应急响应过程慢,与应急基地较远地区的油品水体污染事故发生后,领导决策需要时间,应急装备机动需要时间,应急产品调动也需要时间,任何环节出问题,都会影响应急响应速度。

装备机动能力有限,现有的应急处置装备运移速度较慢,而且多数只能用于海洋条件应急,制约了远程或内陆水体污染应急的响应速度。

其他条件制约如事发点非常遥远,水况、路况条件很差,气候条件非常恶劣等,都会制约应急响应速度。

(4)环境适应性不强

制约水体污染应急响应效率的主要环境因素如下。

水面及水深状况。现有的应急技术适合在宽阔水面应用,对水深要求较高,不适合溪流、河流、小湖泊类的狭窄水面和浅水条件,特殊工况中会严重影响应急效果。

水流及浪涌状况。现有的应急技术,在处置有一定流速的溪流、河流污染时存在很大局限。而在宽阔水面油品水体污染事故中,水体浪涌是制约救援的重要因素,在大浪条件下,物理法救援会受到极大限制,甚至完全无法使用。

大风或恶劣天气。天气条件是影响救援成功与否的重要环节,目前的油品水体污染应急技术在对抗恶劣天气方面严重不足。

2. 发展趋势

升级应急处置装备,提高应对能力和环境适应性。针对目前应急装备应对能力不强、环境适应性差的问题,今后应大力研发应急能力强、环境适应性强的技术产品,为应对大规模溢油事故提供充分的技术支持。

加强应急处置新技术、新产品研究,提高应急效率。一方面要努力通过研究突破现有应急效率低的技术瓶颈,另一方面应努力开拓新的研究思路,如研究新材料、新的生物处置方法等,提高应急效率,增强应急能力。

加强快速机动应急装备的研制,提高应急响应速度。现有应急装备机动能力可应对近海岸或港口溢油事故,在应对远距离突发事件时反应较慢,需要深入研究更快的机动应急装备,从而提高应急响应速度。

加强区域合作机制研究,促进资源共享和区域协作。随着溢油规模的扩大,一个国家的应急处置能力严重不足,应加强高风险区域国际合作机制研究,构建应急资源共享和应急联动体系,以提高区域应对能力。

五、案例分析

1. 事例背景

1998 年 12 月 3 日至 1999 年 6 月 25 日期间,某油田井发生倒塌,井底部套管破裂,引发长达半年的重大原油泄漏事故。事故发生后,大量原油从海底浮出海面,在水中漂流,并随时间推移,水温升高,油块逐渐熔化成油带和油膜。1999 年 3 月中旬,油膜、油带已扩散到井周围 7 n mile;5 月下旬,油膜向四周扩散,污染中心区面积达 250 km^2。该起溢油事故时间之长、范围之广、危害之大,是近几年来最严重的溢油事故。它造成直接经济损失 354.7 万元,间接经济损失 795.48 万元。

2.溢油区周围自然状况

（1）气候

①风速风向。该海区全年平均出现南风概率最高为 18.81%，以东北风出现频率最少为 3.94%，冬季多偏北风、西北风和东北风，而东南风出现频率较低，夏季以南风和东南风出现频率最高，西北风出现频率最小。

②气温。该海域的平均气温为 11.7%，月平均最高气温以 7 月初最高，为 28.8 ℃，月平均最低气温以 1 月份最低，为-6.3 ℃。

③降水。年平均降水量为 549 mm，降水集中于 6~8 月份，共计 368 mm，占全年降水量的 67%。

④主要灾害性天气。主要有风暴潮、海雾、海冰。

（2）海洋水文

①海水温度。周边是一个半封闭的海区，属于浅水海区。因此，升温和降温比较迅速。

②海水盐度。夏季，海水盐度高于春季，分布趋势呈现外海高于近岸，西部高于东部；冬季，由于各河入海径流少，在季风作用下蒸发的结果，使得海区的平均盐度比秋季略有增高；秋季的盐度分布由表及底远高于近岸。

③波浪。海区波浪以风浪为主。本海区波型以风浪为主，处于半封闭型的渤海内部，外海大浪不易传入，出现的海浪具有成长快、消失快的特点。

④海流。油田所在海区内潮流的运动形式为往复流，潮流性质属于正规的半日潮流。

（3）地貌特征及底质类型

该海域水深为 14~17 m，海水深度变化不大。其特征是海岸平原平坦宽阔，其上有贝壳堤及沙堤和沼泽地，海岸宽广，坡度平缓。

3.溢油污染情况

下面从溢油几个时间段分析溢油污染扩散情况。

①1998 年 12 月 15 日至 1999 年 1 月 20 日为溢油初级阶段，溢油为连续性溢油，溢油量较小。油带以轻质油膜为主，多呈"U"字形，带状油膜宽度为 50~100 m，长度为 5~10 km。

②1999 年 1 月 21 日至 3 月 13 日，溢油为连续性溢油，溢油量比初始阶段有所增加。溢油扩散面积逐步扩大，带状油膜宽度 50~200 m，长度约 10~15 km，并伴有黑色原油。

③1999 年 3 月 14 日至 6 月 5 日，溢油仍为连续性溢油，溢油量明显加大，是整个溢油期间溢油量最大的时间段。溢出原油呈黑色块状，直径为 2~4 cm，最大约 7 cm。溢油宽度为 100~200 m，长度为 10~18 km。

④1999 年 6 月 6 日至 6 月 25 日，通过打孔、注灰、封井，溢油为间歇性溢油，溢油量比前段时间有明显减少。宽度为 100~200 m，长度为 10~18 km。

总之，在 192 天的溢油中，原油溢出后在风、流、温度、潮汐等因素影响下，呈带状、片状分布，颜色一般由黑褐色乳化成蓝褐色-蓝色-彩虹色-银灰色。溢出的原油块直径在 1~5 cm，最大达 7 cm。带状油膜宽度在 50~100 m，最大达 150~200 m，长度一般在 10~18 km；黑色原油带长度一般在 2~4 km，最长时达 6 km，扩散成油膜，宽度为 10~20 m，最宽处达 30 m。油带漂移速度、面积大小与流速、风向、风速有直接关系，在流向、风向一致的情况下,溢油扩散范围就大,与流向与风向不一致情况下,溢油扩散范围相对小于风向、流向相同时。

4. 溢油处理方案设计

(1)确定溢油处理方案采取的处理方针

首先要根据实际所有的应急处理能力来确定保护区域的先后轻重次序。一般来说,处理溢油的能力总是难以满足将整个地区都妥善地保护起来的要求。因此就有必要将整个地区划分成若干个小区域。然后根据这些区域的重要性来确定其优先保护的次序。

其次是针对事故的性质和当地客观环境,例如地形、风力、波浪、潮汐、水流等因素选择在各种不同情况下应该采取的处理措施,以满足迅速处理,尽可能缩小危害范围与程度以及消除后患等要求。就目前已有的技术手段来说,一般可以先控制(例如利用围油栏等围住溢油,防止扩散)、后清除(例如使用污油回收泵、回收船及各种吸油材料将溢油回收)、再妥善存放(例如将回收的油运交污油处理场或择地深埋等)。对于风浪太大,无法采用机械回收方法的地区,则可考虑采用化学药剂来消除等措施。对于破损的油轮,在可能情况下采取过驳的方法卸去存油,然后拖去修理。实在风浪大而当地水深又足够,并且不在港内时,则可考虑沉船。但这样做,必须保证载油舱柜具有足够的强度和良好的密闭性能,以避免船沉入水下后存油逸出,再次污染水域。焚烧将引起空气污染,一般不采用或尽量少采用。

其三要做到尽可能在水上处理溢油,努力防止溢油渗至海滩或河岸。因为油与砂土混合,将增加清理工作量,并且由于难于彻底清理,受波浪或潮汐的冲刷,将会导致再次污染。

(2)溢油的控制

根据其溢油情况,在钻井平台溢油中心用包围布放的方法布放固体浮子式围油栏的防火围油栏(浮体为耐热钢材料制成)。使用防火围油栏,既可以达到控制溢油的进一步扩散又因为防火围油栏具有不可燃烧性,可将溢油拖至合适环境中进行燃烧处理,而且固体浮子式围油栏具有牢靠、快捷、方便、不燃烧的优点,布放速度更快,对刺扎不敏感,适合于溢油中心高危环境的溢油控制。

对于溢油带的溢油可以使用多气室充气式围油栏。溢油地点其海浪以及海流影响不显著,风的影响也较小,因此比较适合多气室充气式围油栏。其具有如下特点:①分段组装,安装容易,使用方便;②由于各气室互不相通,各自独立,一个部位破损漏气不会影响其他气室和整个围油栏的使用,并且修理方便,只需要更换某个破损内胆即可;③在内胆外设有内套和外套保护,可以承受较大的压力,因此可以容纳较大的充气量,比较适合渤海湾的环境。在溢油初期,溢油量较小可使用包围法布放,在溢油量较大的时段则可以采用包围法和诱导法相结合的布放方式。

(3)溢油的清除

①撇油器的应用。

油田附近海域比较开阔,溢油范围宽广,比较适合使用撇油器进行溢油回收,如图6-7所示。当然,伴随着石油动态运动及特性的持续变化,如何确定溢油处理的规模和持续时间已成为一个新的挑战。这要求必须对现有撇油器进行改进,包括收油的过程和工作原理,以及撇油器的维护和部署。

尺寸小、质量轻、结构简单、维护保养容易、回收速率高、适用范围广的堰式撇油器,以及操纵装置小、技术要求简单、对垃圾不敏感、维护容易、造价低廉的真空式撇油器都比较合适。

②燃烧处理。

对于溢油中心位置以及环境脆弱地区中使用的防火围油栏控制溢油范围的情况,可以在环境较为适合的海域进行燃烧处理,因为油田距离陆地较近,而且由于内海环境条件限制,因此可以采用溢油受控燃烧法。影响此方法的关键因素在于如何在开阔水域聚集溢油、燃烧技术、燃烧条件、耐火围油栏等。溢油海面燃烧如图6-8所示。

图6-7 撇油器收油

图6-8 溢油海面燃烧

③空中喷洒分散剂。

统一指挥在开阔水域使用溢油分散剂(图6-9)可能是降低溢油对海岸线影响最有效、迅速的方法。油田的周围环境比较适合大型分散剂的使用。

图6-9 空中喷洒溢油分散剂

④生物处理法。

生物处理在生态敏感区和掩蔽型的潮滩的地区处理溢油有很大的优势,但是生物处理受微生物的种类、数量、毒性代谢产物的产生、微生物间的相互竞争、石油的理化特征以及许多环境因素(温度、营养盐、电子受体、氧化还原电位、盐度和海流等)等因素的影响,此次溢油可以不使用此方法。

（5）清理

①沼泽清污。

沼泽的清理通常是小规模展开,采用一些技术使生态系统自然修复以达到保护脆弱的湿地生态系统的目的,油田沿岸有较多的芦苇地区,在环境脆弱地区可以适用。

②海岸清理。

本油田属于沉积海岸,由厚且松散的沉积物组成。此次溢油对于海岸线污染不是特别严重,可以通过低压水冲洗、吸油材料、人工清除和生物处理的方式。

【本章习题】

1. 海洋污染的特点是　　　　　　　　　　　　　　　　　　　　　（　　）

①不易发现;②持续性强;③扩散范围大;④消除较容易;⑤对人类危害严重;⑥无法彻底防止。

A. ①③④　　　　　B. ①②③④　　　　　C. ①②⑤　　　　　D. ②③⑤

2. 非油污染包括　　　　　　　　　　　　　　　　　　　　　　　（　　）

A. 非油的有害液体、货物　　　　　B. 生活污水

C. 货舱舱底水　　　　　　　　　　D. 以上全部

3. 未经粉碎的塑料制品应_____投弃。　　　　　　　　　　　（　　）

A. 距最近陆地 3 n mile 外　　　　　B. 距最近陆地 12 n mile 外

C. 不得入海　　　　　　　　　　　D. 无硬性规定

4. 船舶生活垃圾未经粉碎处理,可在距最近陆地_____以外投弃入海。（　　）

A. 3 n mile　　　B. 12 n mile　　　C. 15 n mile　　　D. 20 n mile

5. 船舶生活污水的排放要求规定　　　　　　　　　　　　　　　（　　）

A. 排放必须距最近陆地 50 n mile 以外

B. 瞬时排放率不超过 60 L/n mile

C. 油污水的含油量小于 100 ppm（1ppm＝0.0001%）

D. 在航行中不少于 4 kn 时,中等速率进行排放

6. 按规定,《垃圾记录簿》使用完后,应保存　　　　　　　　　　（　　）

A. 一年　　　　B. 二年　　　　C. 三年　　　　D. 四年

7. 我国海洋环境保护法和防止船舶污染海域的规定中,对油性污染的含义是　（　　）

A. 一切石油及其制品,但不包括动植物油

B. 一切油类物质

C. 仅限于原油和成品油

D. 仅限于石油制品中不易挥发的油类

8. 船舶发生污染事故后,我国防污条例规定,在提交的报告中应包括　　（　　）

A. 污染发生的时间、地点　　　　　B. 消除污染措施

C. 污染海域的气象水文情况　　　　D. 以上全部

9. 按规定自航船在航行中排放_____时,其航速不低于 7 kn。　　　　　( )

A. 含油污水　　　B. 有毒物质　　　C. 塑料制品　　　D. 生活垃圾

10. MARPOL 公约适用于　　　　　　　　　　　　　　　　　( )

A. 商船　　　　　　　　　　　B. 军用船

C. 渔船　　　　　　　　　　　D. 各种民用船

11. 按规定,经过粉碎后的生活垃圾固体,如果直径小于 25 mm,则可在_____投放。

　　　　　　　　　　　　　　　　　　　　　　　　　( )

A. 港内　　　　　　　　　　　B. 距最近陆地 3 n mile 以外

C. 距最近陆地 12 n mile 外　　　　D. 公海

12. MARPOL73/78 规定:①一切塑料制品均不得入海;②船舶生活垃圾和食品废物未经粉碎时必须在距最近陆地 12 n mile 之外投弃;③当船舶长时间停港须排放舱底污水时,应控制含油量小于 15 ppm 即可排放;④油轮排放货油舱油性混合物时距最近陆地应为 12 n mile 以上。

A. ①②　　　　　　　　　　　B. ①②③

C. ①②③④　　　　　　　　　　D. 以上都错误

13. 下列_____不是运行中的油水分离器发生报警的常见原因。　　( )

A. 水中的油分浓度超过规定值报警

B. 因油位过高

C. 超负荷运行

D. 系统检测装置、检测电极受到污染

14. 船用生活污水物化处理柜的优点是　　　　　　　　　　　( )

A. 启动快、对污水适应性好

B. 净化效果好、体积小

C. 用药少、成本低、很少再生污染

D. A+B+C

第七章　游艇与游艇码头管理

【知识目标】

1.熟悉游艇管理规定的相关知识；
2.了解游艇码头管理的相关知识。

【能力目标】

1.认识游艇的相关管理规定；
2.认识游艇码头的相关管理规定。

第一节　游艇管理规定

一、游艇业现状

游艇业在国际上有着巨大的市场份额,全球每年的游艇经济收入超过500亿美元,发达国家平均每171人就拥有一艘游艇,挪威、新西兰等地更高达每8人拥有一艘。专业人士认为,当地区人均国内生产总值(GDP)达到5 000美元时,游艇经济就开始萌芽了,这也印证了我国目前游艇业的发展状况。

据统计,目前我国已经有200多家游艇制造企业,产值超过1 000万的企业就有30多家,这些企业主要集中在深圳、上海、青岛、天津、厦门、珠海等城市。沿海有游艇100多艘,主要集中在青岛、深圳等地。游艇业作为新兴产业受到很多地方领导的高度重视,他们纷纷对游艇业的发展寄予厚望,把游艇业作为城市品牌。辽宁、河北、山东、江苏、上海、浙江、福建、广东、海南等沿海和内陆水上旅游资源丰富且经济相对发达的省市游艇业已有所发展,其中以深圳、上海、青岛、日照等地发展较快。青岛、日照由于有2008年奥运会帆船比赛和世界帆船比赛的因素,游艇业发展非常迅猛。深圳毗邻香港,且四季如春,发展游艇业具有得天独厚的自然条件。上海加快发展游艇经济,要将奉贤区打造为游艇城。与发达国家平均每171人拥有一艘游艇相比,我国游艇的人均占有量仍有巨大提升空间。可以预计,随着经济的进一步发展,人们生活观念的逐步转变,游艇业将会在我国得到迅猛发展。

目前我国水上交通安全监管的法规主要是针对营运船舶来制定的,很多规定对游艇安全监管不适用。为了适应社会的发展需要,服务经济建设,促进游艇业的健康发展,迫切需要按照游艇的特性,制定包括游艇的登记、检验、航行规则和游艇驾驶员的培训、考试以及游艇俱乐部的运作模式等内容的管理制度。

二、游艇安全监管和立法的原则

游艇作为一种私人性质的、非营运用途的休闲船舶,主要用于游览观光、休闲娱乐、商务接待,它有其自身的特点,在建造风格上追求个性化,不参与公共交通运输,如果完全套用营运船舶的管理理念来管理游艇,会阻碍其健康发展。

游艇不同于营运船舶,除了遵守国际避碰规则外,其他国际海事公约,如《国际海上人命安全公约》《海员培训、发证和值班标准国际公约》大多对它不适用,它属于非公约船,因此国际上缺少一致的标准和规范。在登记和检验制度上,有的国家不需要检验,有的需要检验但不需要登记,甚至有的完全不需要登记和检验;在游艇驾驶员的配备要求上,有的由主管机关主导培训、考试、发证,有的完全由行业协会承担培训、考试、发证工作,各国的要求和做法各不相同,但共同的一点都是实行较宽松的管理。因此对游艇的管理,一方面必须立足于我国国情,在现行海事法律、法规框架下,借鉴国外游艇发达地区的管理经验,除必须严格遵守航行规则外,应当简化游艇的登记、检验手续,对游艇驾驶员不能按照《船员条例》的要求进行注册管理,不实行船舶签证、安全检查和安全配员制度,建立一个宽松的、有利于游艇健康发展的法律环境。

结合国外游艇管理经验,审视我国游艇管理现状,游艇安全监管和立法坚持以下原则:

①保障游艇安全与促进游艇业健康发展相结合;

②游艇自身安全与公共安全兼顾;

③实施有利于保障游艇安全的特殊管理制度;

④实行海事管理机构监管、游艇业主自主管理与行业自律相结合。

三、游艇的定义和《游艇安全管理规定》的适用范围

首先要明确游艇的定义。加拿大航运条例规定,游艇是指仅用于个人娱乐而非商业目的的船艇。新西兰有关法律规定,游艇是指仅用于船东娱乐或作为船东住所,且不被用于出租或取得报酬的船舶。我国香港特别行政区商船(游艇)规例规定,游艇是指符合以下条件的小轮、私人游艇、充气式船只、中式帆船、西式中国帆船或其他船只:①已装备或者载有引擎,或设计为可装设或载有引擎,藉以使该船只能靠机械设备推进;②纯为游乐而拥有或使用的;③并非为收取租金或报酬而出租的(根据租船协议和租购协议的条款租出者除外)。

结合有关国家或地区对游艇的定义,《游艇安全管理规定》将游艇定义为:"本规定所称的'游艇',是指仅限于游艇所有人自身用于游览观光、休闲娱乐等活动的具备机械推进动力装置的船舶。"考虑游艇俱乐部所有提供给会员使用的船艇,使用人用于游览观光、休闲娱乐等非营利活动,也属于该规定所称的"游艇"。

四、游艇的检验和登记

游艇作为非公约船舶,没有专门针对它的统一安全和防污染要求,其检验管理由各国国内法规规定。有些国家和地区对游艇管理比较严格,如欧盟和英国。有些国家和地区对

游艇管理比较宽松,如加拿大、新西兰和中国香港。

在欧盟,2003 年出台了 2003/44/EC 指令,要求无论是本地制造还是进口欧盟的游艇(主要对 1998 年以后制造或进入欧盟的船舶),长度在 2.5~24 m 的,其设计和建造必须符合指令要求。经检验符合指令标准的贴 CE 标志。在英国,其《大型游艇法》出台后,要求新大型游艇从设计阶段就将如何符合该法考虑在内。对于已建成的游艇,通过改造也要符合该法要求。

在加拿大,游艇作为小船的一种,主要由《小船法规》规定,其他法规如《碰撞法》及《运输法》中也有涉及。《小船法规》第 3~6 条要求游艇配备救生、安全设备和航行设备等。对这些设备的检验不是强制的,游艇主可自愿申请检验,经检验合格的贴标。该标不具有法律效力,仅能证明在检查时,船舶的安全设备符合相关要求。我国香港特别行政区的游艇管理法规仅要求 150GT 以上,载客 60 人以上及形态比较怪异的游艇必须申请检验,检验内容主要是安全设备。新西兰不对游艇进行检验。

不难看出,游艇检验的宽严是各国对本国游艇业管理方针的体现,游艇检验的项目和程度应与本国国情相适应,也取决于各国游艇管理的方针。

我国游艇检验管理立法也应立足国情。目前,我国游艇业尚在起步阶段,无论是游艇制造还是使用都不够成熟,现阶段对游艇检验管理不宜过于宽松,以免影响游艇自身及公共安全;同时,也不能过于严苛,以免影响游艇业的健康发展。所以《游艇安全管理规定》在游艇检验方面包括两个方面的内容,一是游艇应当经船舶检验机构按照交通运输部批准或者认可的游艇检验规定和规范进行检验,并取得相应的船舶检验证书后方可使用;二是游艇应当申请附加检验。

不同的国家或地区对游艇的登记采取不同的态度,有的要求登记,有的不要求登记,即便是要求登记的,一般情况下也不要求提供游艇检验证书。在我国香港特别行政区船舶注册登记与牌照申请是可以分开进行的。领取牌照是法定要求:无论营业性质还是非营业性质的船舶,只要在香港水域活动而非临时靠港都需要取得牌照,但牌照只有具有香港身份证的个人或香港公司方可申请。申领牌照手续比较简单,只需要填写"游乐船只牌照申请书",提供船长、颜色、厂商名称等船舶概况即可,无须提供技术证明。对特殊游艇,即150GT 以上,载客 60 人以上及形态比较怪异的游艇必须申请检验后方可发牌照。船舶注册登记是自愿的:经过注册登记确认所有权的船舶可挂香港旗航行,同时有物权证明的性质,注册对申请人没有限制。在新西兰,政府不要求游艇进行登记,一艘新的游艇应有一份Coastguard 与船舶工业协会签发的安全证书,而所谓的安全证书实质上相当于游艇出厂时的产品质量合格证书。通常游艇主均会参加一个游艇俱乐部,并自觉到 Coastguard 或找验船师对游艇及其设备进行定期检验。

我国对游艇登记,采用基本等同于商船的管理制度。

五、游艇操作人员的管理

不同的国家或地区对游艇操作人员的要求也不一样。

加拿大 1999 年《游艇操作人员适任管理法规》颁布之后,新出现的游艇操作人员均须通过考试取得证书。加拿大游艇操作人员的培训考试和发证均由培训机构进行。培训机构要经过质量管理体系的认证,对其授课、考试及发证过程进行评估。在中国香港,游艇操作员由香港海事处认可的机构进行培训,相关人员可参加培训机构组织的考试也可参加海事处组织的考试,考试合格后,向海事处申请签发《游艇船长(轮机员)证书》。新西兰海事局未对操作员证书做法定要求,仅要求艇上有一人履行船长职责并具有良好"船艺"即可。英国按船舶大小对游艇操作人员职位做了分类要求。乘员定额 12 人以上的游艇,视为客船,要求按照商船配备船员。乘员定额 12 人以下的游艇,若长度在 24 m 以上且 80GT 以上 3 000GT 以下,要按照相关法律要求分别配备甲板部和轮机部的人员;对小于 24 m 或者 80GT 以下的船舶在配员上没有强制要求。

《游艇安全管理规定》对游艇操作人员实行了较为严格的管理制度。一方面,游艇操作人员不是职业船员,不需要按照《船员条例》的规定进行注册管理,只需要取得操作证书(类似于船员管理中的适任证书)。另一方面,游艇操作人员应当接受培训、考试,取得游艇操作人员证书,方可上船。在培训、考试科目上,有别于营运船舶,特别是不需要掌握货物配载等方面的要求。

六、游艇俱乐部的管理

游艇俱乐部是实施游艇业自主管理的主要组织。游艇俱乐部管理的如何,直接影响游艇水上交通安全。《游艇安全管理规定》从以下几个方面做了规定,第一,游艇俱乐部应当具备法人资格,具备一定安全和防污染能力,并报海事管理机构备案;第二,游艇业主与其加入的游艇俱乐部之间通过协议,明确游艇俱乐部对游艇的日常安全管理和维护保养责任,确保游艇处于良好的安全、技术状态;第三,除了游艇的日常安全管理和维护保养责任可以由游艇俱乐部与游艇业主协商明确责任外,以下责任和义务,必须由游艇俱乐部承担:对游艇操作人员和乘员开展游艇安全、防治污染环境知识和应急反应的宣传、培训和教育;督促游艇操作人员和乘员遵守水上交通安全和防治污染管理规定,落实相应的措施;保障停泊水域或者停泊点的游艇的安全;核查游艇、游艇操作人员的持证情况,保证出航游艇、游艇操作人员持有相应有效证书;向游艇提供航行所需的气象、水文情况和海事管理机构发布的航行通(警)告等信息服务;遇有恶劣气候条件等不适合出航的情况或者海事管理机构禁止出航的警示时,应当制止游艇出航并通知已经出航的游艇返航;掌握游艇的每次出航、返航以及乘员情况,并做好记录备查;保持与游艇、海事管理机构之间的通信畅通;按照向海事管理机构备案的应急预案,定期组织内部管理的应急演练和游艇成员参加的应急演习。

第二节　游艇码头管理

为了加强游艇的服务与管理,加强游艇码头的建设和管理,更好地为游艇业服务,游艇码头也有一定的管理制度,体现在以下方面。

一、检验、登记

(1)游艇在水域航行应持有有效的船舶国籍证书、船舶检验证书或者国家认可的其他适航性证明文件。

(2)游艇应当在其检验证书或检验报告所确定的适航范围或相当的航区内航行。未持有上述检验证书或检验报告的境外游艇,可向船检机构申请核发游艇适航性证明文件或检验报告。

(3)对于持有国家认可的游艇产品认证证书和标志的进口游艇,检验时依照国家有关部门规定可免予提供图纸资料。

(4)住所不在本地的游艇所有人,依照国家有关部门规定可以在本地申请办理游艇船舶登记手续。

二、安全保障

(1)游艇驾驶人员应持有有效的游艇操作人员适任证书,方可驾驶游艇。持有境外海事主管当局或其授权机构颁发的游艇操作人员适任证书的境外居民,依照国家有关部门规定可在海南水域短期内(7日)驾驶游艇,无须换证。需要长期在海南水域驾驶游艇的境外居民,应当依法向海事管理机构申请办理游艇操作人员适任证书。

(2)在保证安全的前提下,依照国家有关部门规定对境外游艇可不实行强制引航。

(3)境外游艇可以在经主管机关批准开放的港口、游艇码头、停泊点、海上游览景区停靠,开展游览观光活动。不得在非开放的港口停靠并上下人员。

(4)在海南水域活动的游艇,应配备艇载定位识别等装置,配备的装置应当保持正常工作状态,不得擅自关闭、拆卸。

(5)游艇在航行中临时停泊,应不妨碍其他船舶航行、停泊和作业,不得在主航道、禁航区、安全作业区及其他公布的禁止停泊水域停泊。

(6)游艇遇险或发生水上交通事故、污染事故,游艇驾驶员及其他乘员应立即向海事管理机构报告。出入境游艇在发生水上交通事故等情况时,还应向边防检察机关报告。

(7)游艇供受油应遵守船舶供受油作业的有关规定,落实安全措施,确保供受油设备设施良好可用。

(8)游艇不得向水域排放油类物质、生活污水、垃圾、动植物废弃物和有毒有害物质。

(9)游艇码头和系泊点应当制定有关安全和防治污染的管理制度,按要求配备防治污染设备和器材,并依法经过验收。

(10)举行游艇水上大型活动,组织单位应事先拟定活动计划,提前向海事管理机构报备,申请发布航行警告和航行通告。有境外游艇参与的活动,应同时向其他口岸查验机关报告。

三、出入境管理

(1)入境游艇在抵达口岸前,应当依法向拟抵达口岸的海事管理机构和其他口岸查验机关报备。境外游艇进出海南水域,海事管理机构依照国家有关部门规定办理一次进出口岸手续,其间在海南各开放口岸之间航行,免予办理进出口岸海事批准手续。

(2)入境游艇应当依法在开放口岸或经批准临时办理出入境手续的游艇码头或靠泊点接受检查。入境游艇应当依法在抵达后24 h内办理入境手续。未办理入境手续前,不得上下人员、装卸物品。

(3)进出境游艇应当依法接受海关监管,并办理相关手续。上下进出境游艇的人员携带物品的,应当依法向海关如实申报,并接受海关监管。对进出境游艇及所载物品的监管,按照海关相关的规定执行。

(4)在国内外无重大疫情的情况下,入境游艇可以依照国家有关部门规定申请电信检疫、锚地检疫、靠泊检疫,特殊情况下应接受指定地点检疫。不具备悬挂检疫信号条件的境外游艇,依照国家有关部门规定经检疫查验合格后可入境。缺失《船舶免予卫生控制措施证书/船舶卫生控制措施证书》的境外游艇,依照国家有关部门规定查验入境后补办证书。

(5)从国内其他口岸进入海南的境外游艇,凭上一口岸查验机关签发的相关文件办理进口岸手续。

(6)出入境游艇驾驶员、工作人员、乘员,凭有效证件,依法办理相应的入出境(港)手续。

(7)依照国家有关部门规定,境外游艇在港口停泊期间,登艇人员免办《登轮许可证》;境外游艇邀请人员前往邻近开放水域游览并返回本港口的,经边防检察机关批准免办《登轮许可证》;境外游艇邀请人员前往海南其他港口,应办理《登轮许可证》。

(8)游艇不得携带国家规定禁止进境的动植物及其产品入境,境外游艇携带的禁止进境动植物、动植物产品和其他检疫物,应由检验检疫机构依法封存或做无害化处理。其他动植物及其产品经检疫合格后方可使用。

(9)境外游艇在海南水域航行、停泊期间,发现受染病人或突发公共卫生事件,或者有人非因意外伤害而死亡且死因不明的,应当依法立即向检验检疫机构报告,接受临时检疫,并向边防检察机关报告。

(10)出入境游艇在海南开放口岸或特许水域航行、停泊期间,不得擅自拆封、使用口岸查验机关封存在艇上的物品。口岸查验机关依法登艇检查时,游艇应当予以配合。

(11)出入境游艇航行前应当事先向口岸查验机关报备航行计划。计划如有变更,应当提前重新报告。

(12)境外游艇在入境港附近开放水域游览后返回原港口的,边防检察机关依照国家有关部门规定免予办理进港手续。境外游艇在海南各口岸之间转港,依照国家有关部门规定提前向出入口岸的边防检察机关报告拟前往的口岸及预计抵达时间等信息,经批准后即可转港。

(13)境外游艇前往省外的国内其他口岸,应依法向口岸查验机关申请办理出港手续。

(14)游艇出境应当在最后离开的开放口岸或经批准可临时办理出入境手续的游艇码头或靠泊点依法办理出境手续。游艇应当提前向口岸查验机关申请办理出境手续,办理出境手续后不得上下人员、装卸物品,出现人员变动等情况,应重新办理相关手续。

（15）境内制造的游艇以自航形式在海南出口境外，可持有我国相关机构签发的临时国籍证书和检验证书或境外政府机构或其授权的机构签发的登记和检验证书，也可持有境外政府机构或其授权机构认可的产品认证证明。

四、游艇俱乐部（游艇会）

（1）设立游艇俱乐部（游艇会）应具备以下条件：①具有相应的游艇停泊码头和设施；②拥有专业的管理队伍；③具有对游艇进行日常检修、维护、保养的服务设施和安全保障能力；④具有游艇废弃物、残油、垃圾的回收和处理能力；⑤有完善的管理制度、符合要求的应急预案和落实措施；⑥办理游艇出入境业务的国际游艇俱乐部（游艇会），在相应的游艇停靠码头配备出入境查验设施和安全信息管理系统。

（2）设立游艇俱乐部（游艇会）应经省交通管理部门审核，依法注册后应向海事管理机构备案。涉及出入境游艇业务的，还应向其他口岸查验机关和省口岸管理部门备案。

（3）游艇俱乐部（游艇会）应当承担下列责任和义务。

①对游艇操作人员和乘员开展游艇安全、应急反应和出入境手续申办的宣传、培训，督促游艇人员遵守出入境管理法律法规、水上交通安全和防止污染管理规定，并落实相应措施。

②提供游艇航行所需的气象、水文和通告、警告等信息，遇有不适合出航的情况，应当阻止游艇出航并及时通知已经出航的游艇返航。

③记录游艇及其操作人员的持证情况，记录游艇出航、返航以及乘员情况，并向有关口岸查验机关报告境外游艇出入港等相关情况。

④督促或协助游艇办理相关手续。

⑤定期开展应急演练。

⑥出现突发事件时应及时启动应急预案，并及时向海事管理机构报告，涉及境外游艇的，应同时报告其他口岸查验机关。

⑦妥善安排游艇防台风等工作。

【本章习题】

1. 我国对游艇登记，采用基本等同于_____的管理制度。

2. 游艇在水域航行应持有有效的_____证书、_____证书或者国家认可的其他适航性证明文件。

3. 在保证安全的前提下，依照国家有关部门规定对境外游艇可不实行_____引航。

4. 举行游艇水上大型活动，组织单位应事先拟定活动计划，提前向_____机构报备。

5. 入境游艇应当依法在开放口岸或经批准临时办理出入境手续的游艇码头或靠泊点接受检查。入境游艇应当依法在抵达后_____小时内办理入境查验手续。未办理入境手续前，不得上下人员、装卸物品。

6. 游艇不得携带国家规定禁止进境的动植物及其产品入境，境外游艇携带的禁止进境动植物、动植物产品和其他检疫物，应由_____机构依法封存或做无害化处理。其他动植物及其产品经检疫合格后方可使用。

7.境外游艇前往省外的国内其他口岸,应依法向_____机关申请办理出港手续。

8.依照国家有关部门规定,境外游艇在港口停泊期间,登艇人员免办_____;境外游艇邀请人员前往邻近开放水域游览并返回本港口的,经边防检察机关批准免办_____;境外游艇邀请人员前往海南其他港口,应办理_____。

9.游艇遇险或发生水上交通事故、污染事故,游艇驾驶员及其他乘员应立即向_____机构报告。出入境游艇在发生水上交通事故等情况时,还应向_____机关报告。

10.游艇驾驶人员应持有有效的_____证书,方可驾驶游艇。

11.简要回答对游艇的检验、登记有何规定和要求。

12.当游艇遇险或发生水上交通事故时,作为游艇船长,应该如何去做?

13.游艇入境时,应该办理哪些手续?

14.游艇出境时,应该办理哪些手续?

15.如果你想成立一家游艇俱乐部,应具备哪些条件?

16.游艇俱乐部应当承担哪些责任和义务?

参 考 文 献

［1］ 朱珉虎.游艇概论［M］.上海:上海交通大学出版社,2012.
［2］ 杨新发.世界游艇产业发展报告［R］.上海:上海交通大学出版社,2011.
［3］ 杨新发.中国游艇产业发展综述报告［R］.上海:上海交通大学出版社,2011.
［4］ 张丽,盛红.我国游艇俱乐部发展研究［J］.现代商业,2011(6):40-41.
［5］ 李亮宽.游艇安全与管理［M］.哈尔滨:哈尔滨工程大学出版社,2015.
［6］ 马喜仲.游艇仓储与码头技术管理［M］.哈尔滨:哈尔滨工程大学出版社,2015.